U1075828

权威・前沿・原创

皮书系列为
"十二五""十三五"国家重点图书出版规划项目

安徽经济蓝皮书
BLUE BOOK OF
ANHUI ECONOMY

安徽省社会学学会
安徽省社会科学院／编
中共安徽省委党校

合芜蚌国家自主创新示范区发展报告（2016~2017）

ANNUAL REPORT ON THE NATIONAL INDEPENDENT INNOVATION DEMONSTRATION AREA-HEFEI, WUHU & BENGBU (2016-2017)

主　　编／黄家海　王开玉　蔡　宪
执行主编／方金友　郝欣富

社会科学文献出版社
SOCIAL SCIENCES ACADEMIC PRESS (CHINA)

图书在版编目(CIP)数据

合芜蚌国家自主创新示范区发展报告. 2016～2017 / 黄家海，王开玉，蔡宪主编. --北京：社会科学文献出版社，2017.7
(安徽经济蓝皮书)
ISBN 978-7-5201-0980-2

Ⅰ.①合… Ⅱ.①黄… ②王… ③蔡… Ⅲ.①高技术开发区-研究报告-安徽-2016～2017 Ⅳ.①F127.54

中国版本图书馆CIP数据核字(2017)第142396号

安徽经济蓝皮书
合芜蚌国家自主创新示范区发展报告(2016～2017)

主　　编 / 黄家海　王开玉　蔡　宪
执行主编 / 方金友　郝欣富

出 版 人 / 谢寿光
项目统筹 / 邓泳红　吴　丹
责任编辑 / 陈　雪　丁阿丽　白　云　解书森

出　　版 / 社会科学文献出版社·皮书出版分社(010)59367127
地址：北京市北三环中路甲29号院华龙大厦　邮编：100029
网址：www.ssap.com.cn
发　　行 / 市场营销中心(010)59367081　59367018
印　　装 / 北京季蜂印刷有限公司

规　　格 / 开　本：787mm×1092mm　1/16
印　张：15.75　字　数：235千字
版　　次 / 2017年7月第1版　2017年7月第1次印刷
书　　号 / ISBN 978-7-5201-0980-2
定　　价 / 79.00元

皮书序列号 / PSN B-2014-383-1/1

《合芜蚌国家自主创新示范区发展报告（2016～2017）》编委会名单

主要编撰者简介

黄家海　男，安徽五河人，研究员。1969年参加工作，先后担任合肥工业大学团委委员、农机系团总支副书记；中共安徽省委组织部干部三处处长；中共安徽省委党校校委委员、教育长、副校长、常务副校长。安徽省七届党代会代表，九届安徽省政协常委、港澳台侨和外事委员会副主任。现任安徽省社会学学会名誉会长。主要成果有：出版专著《学思集》《论衡集》《观悟集》；主编《民生时代的中国乡村社会》《社会学视角下的和谐社会》《社会学家谈和谐社会》《农村基层干部教育简明读本》等；在各类报刊发表理论文章130多篇。

王开玉　男，安徽凤阳人，安徽省社会科学院二级研究员，安徽省社会学学会名誉会长。享受国务院特殊津贴、安徽省政府特殊津贴专家。2016年9月因病去世。生前为安徽蓝皮书项目协调人，担任过“安徽蓝皮书”“安徽经济蓝皮书”“安徽社会建设蓝皮书”等执行主编。

蔡　宪　男，安徽寿县人。中共安徽省委党校原副校长，现任中国社会学会常务理事、安徽省社会学学会会长。主要成果为：主编《民生时代的中国乡村社会》等；撰写了《产业支撑：安徽由农业大省向农业强省跨越发展的必然选择》等100多篇论文。

摘　要

根据中央关于建设创新型国家的战略部署，2008 年，安徽省启动建设合芜蚌自主创新综合配套改革试验区。2009 年，经国务院批准，科技部等国家部委同意推进建设合芜蚌自主创新综合试验区。2016 年 6 月，国务院印发《关于同意合芜蚌国家高新区建设国家自主创新示范区的批复》（国函〔2016〕107 号）。《合芜蚌国家自主创新示范区发展报告（2016～2017）》是安徽经济蓝皮书的新品牌，是关于合芜蚌示范区发展经验的总结和概括。全书分为总报告、分报告、产业篇、创新主体篇、专题篇五部分。总报告分析了合芜蚌示范区的发展成就、存在的问题，阐述了示范区的发展方向、发展目标以及规划布局，提出了示范区未来发展的对策。分报告为示范区的三个核心城市——合肥市、芜湖市、蚌埠市的自主创新发展报告，三个报告分析了三个城市根据各自的特点、优势，推动科技创新发展，促进示范区的自主创新。产业篇则分析了示范区内的战略性新兴产业、新能源汽车产业、文化产业三个产业的发展现状，并提出了对策建议。创新主体篇从企业、高校和科研机构三个主体出发分析了其在体制机制、政策、平台建设方面的经验。专题篇从示范区在安徽区域内的融合发展以及示范区与国内外自主创新发展比较两个方面，揭示出合芜蚌示范区建设的经验。

关键词： 合芜蚌示范区　自主创新　科技创新　体制机制创新

Abstract

In accord with the state's strategic deployment of an innovation country, Anhui Province initiated, in 2008, the project of Hefei, Wuhu & Bengbu as an independent innovation comprehensive test area. Approved in 2009 by the State Council, the Ministry of Science and Technology and other national ministries agreed on promoting the project of Hefei, Wuhu & Bengbu as an independent innovation comprehensive test area. In June 2016, the State Council issued "Approval of the National High - tech Zone of Hefei, Wuhu & Bengbu Transforming to an Independent Innovation Comprehensive Test Area" (State letter [2016] No. 107). *Blue Book of Anhui Economy*: *Annual Report on the National Independent Innovation Demonstration Area-Hefei*, *Wuhu & Bengbu* (*2016 - 2017*) is a brand new blue book of Anhui economy, is a summary and generalization of experience on the development of the demonstration area-*Hefei*, *Wuhu & Bengbu*. The book consists of five parts: general report, topical reports, industry reports, innovative subject reports and special topics. The general report is a review of initiation and development of Hefei, Wuhu & Bengbu as an independent innovation comprehensive test area, analyzing and expounding the achievements, problems as well as the orientation, the goals and the planning layout of future development of the demonstration area. The topical reports are respectively on independent innovation development of the three core cities-Hefei, Wuhu and Bengbu, based on each city's characteristics and advantages. The industry reports analyze the development of the strategic emerging industries, new energy automotive industry, cultural industry, and put forward countermeasures and suggestions. The innovative subject reports from the enterprise, universities and scientific research institutions of the three main analysis of its institutional mechanisms, policies, platform construction experience. The special topics give comparison studies of integration development of the demonstration area in Anhui and domestic and foreign independent innovation, revealing the experience of the demonstration area.

Keywords: *The National Independent Innovation Demonstration Area-Hefei, Wuhu & Bengbu*; Innovation; Science and Technology Innovation; Institutional Innovation

序　言

安徽经济蓝皮书的“前身”是“中国省会经济圈蓝皮书”，这是开玉策划的最早的安徽蓝皮书，算来已连续发布至第6本，不想本书竟成了开玉的一本遗著！

我和开玉的相识源于社会学。20世纪90年代开始筹备安徽省社会科学院社会学所时，开玉同志担任了第一任社会学所所长。之后，又协助陆学艺老师和时任安徽省省委书记回良玉同志、时任省委副书记汪洋同志筹建安徽大学社会学系。自那时起，开玉就一心一意为安徽社会学的发展殚精竭虑。

开玉担任了十多年安徽省社会科学院社会学所所长，是安徽省第一批二级研究员。作为社会学学者，开玉的研究一直遵循陆学艺先生所说的“公鸡报晓原则”：学者要像报晓的公鸡一样，其思想、考虑一定要在政府决策之前。陆学艺先生所领衔的多项社会学基础研究，开玉都参与其中并做出了突出的贡献。从“当代中国社会阶层研究”，到“百县市调查”，再到“百村调查”，开玉带领安徽省社会科学院、安徽省社会学学会、安徽大学的研究团队，出版了《中国中等收入者研究》等著作，提出“中国中等收入者是中产阶级的初级形态”、“农民工是中国农村中等收入者的主体”等论断，不仅得到国内专家的认同，还被新华社等媒体作为我国学者研究的重要创新成果向国内外发布。开玉主持的“中国百村经济社会调查”安徽子课题研究，先后开展了对合肥市郊区老洪村、霍山县落儿岭村、休宁县盐铺村和凤台县钱庙村的调查工作，出版了多部百村调查专著，为安徽也为全国社会学界培养了一批实践、研究、教育人才。

说起安徽蓝皮书的渊源，虽然已经过去十年有余，但我至今仍记忆犹新。那还是2006年，我受开玉的邀请，到合肥调研。当聊到合肥的经济发展较快，开玉说，很希望从学者的角度把合肥的发展总结、记录下来。当时我建议，地方经济社会的研究报告如以“皮书”的形式出版能够让其价值发挥到最大。开玉立即拿出笔，请我在当时的合肥省会经济圈规划方案上签署了做“皮书”的系列研究建议。拿着这份建议，开玉运筹帷幄，调动了安徽省社会科学院、合肥市政协、中国科学技术大学、安徽大学等机构的资源和研究力量，在他的策划下，《中国省会经济圈蓝皮书：合肥·六安·巢湖发展报告 No. 1》于 2007 年正式出版。这是安徽省第一本聚焦区域经济发展的蓝皮书，也是全国第一本以省会经济圈为主题的蓝皮书。以此为发端，安徽蓝皮书首次跻身全国蓝皮书出版行列。通过持续跟踪和深入研究，蓝皮书提出的“积极构建省会经济圈、合力打造崛起增长极”等建言，直接影响了安徽省的行政区划布局，有力地推动了合肥都市圈建设。第二本省会经济圈蓝皮书阐述的“合肥模式”“合肥速度”成为中部地区应对金融危机的亮点之一，不断扩大“合肥力度”，为合肥都市圈成为长三角世界级城市群副中心出谋划策。

开玉很早就认识到：“蓝皮书就是学者最好的平台，能发挥决策咨询、引导媒体的作用。”基于这种对蓝皮书的深刻认知，开玉以其毕生的精力直面社会现实问题，并始终与媒体保持着密切的联系。他是最受记者欢迎的学者，他总是能把自身的研究成果以大众喜闻乐见的语言传达给媒体，同时，又能对社会现实给予理性的分析，提出建设性的意见。可以说，通过做蓝皮书，开玉把作为社会学学者所具备的现实担当与宽和智慧又做了一次很好的诠释。

当前世界经济处于深度转型和调整期，我国也进入了转型的经济新常态时期，结构性矛盾逐渐显现，整体经济结构亟须转变。党的十八大以来，在以习近平同志为总书记的党中央的带领下，深入实施创新驱动发展战略，坚持把创新作为引领发展的第一动力，这成为中国创新发展的新动力、新速度和新源头。安徽沿江近海、居中靠东，处于“一带一路”和长江经济带的重要节点，习近平总书记形象地称之为“左右逢源”。可以说，近十几年来安徽尤其是合肥的经济发展在全国发展速度放缓、进入发展“新常态”的背景下，仍然保持了一个较高的速度。

从以合肥为代表的省会经济圈研究“合肥速度”、“合肥力度”，到安徽经济蓝皮书研究皖江城市带承接产业转移示范区、芜湖创新型城市，再到这本《合芜蚌国家自主创新示范区发展报告（2016～2017）》，以安徽省第一个自主创新“国字号”示范区招牌为研究对象，安徽经济蓝皮书在开玉的带领下始终把握皮书研创的规律，做出了特色。

第一，关注现实，研究区域发展的热点问题、重点问题。在长江经济带和长江三角洲城市群发展等国家重大战略背景下，对合芜蚌国家自主创新示范区进行研究，并发布研究报告，对于提升合芜蚌示范区的科技创新能力，使其成为科技体制改革和创新政策的先行区、科技成果转化示范区、产业创新升级引领区、大众创新创业生态区，成为具有国际影响力的产业创新中心，打造具有创新特色的“安徽新动能”，意义重大！

第二，整合区域内最强的研究力量，发挥智库作用。开玉在安徽所策划的每一本蓝皮书都吸纳了该领域内最专业的人士和机构。以本书为例，本书的研创由安徽省社会学学会、安徽省社会科学院、中共安徽省委党校三个机构合作完成。总报告由开玉执笔，单篇报告作者中，除了这三大机构外，还吸纳了合肥市、芜湖市、蚌埠市三地的科技创新研究人员。

第三，立足决策咨询，报告既注重社会科学方法，更注重对策建议的提出。开玉在安徽省社会科学院主持编纂过一段时间的《咨政》送阅件。在他主持期间，《咨政》送阅件不仅年度发刊量得以较大幅度的提升，而且质量得到提高，每年省领导的批示率都在60%以上，极大地扩大了安徽省社会科学院在安徽省的决策影响力。可以说，开玉对于面向决策者的报告的研究方法、写作方法都颇有心得，所以，他领衔的这本智库报告在很大程度上发挥了皮书决策咨询的功能。

开玉退休后方开拓安徽的皮书事业，十多年来，开玉策划并研创了十多本蓝皮书，被誉为安徽蓝皮书“第一人”。他常说，蓝皮书就是一个大平台，做一本皮书就要结一群志同道合的朋友！与开玉共同担任本书主编的黄家海先生、蔡宪先生曾任中共安徽省委党校的常务副校长、副校长，他们都是开玉做研究的好友，对于安徽的发展洞悉于心。作为每本安徽蓝皮书的主要负责人，从各种资源的协调到书稿框架设计乃至总报告的撰写，几乎每项工作，开玉都亲力亲为。本书从动议、策划到组织编写，开玉付出了大量心血和智慧。2016 年 9 月 17 日，开玉同志积劳成疾，因病不幸离世，令人悲痛惋惜！

今天，这本蓝皮书在研创团队的共同努力下，就要付梓印刷了，这是对开玉同志最好的告慰！

是为序。

目 录

Ⅰ 总报告

Ⅱ 分报告

Ⅲ　产业篇

Ⅳ　创新主体篇

Ⅴ　专题篇

CONTENTS

I General Report

Ⅱ Topical Reports

Ⅲ Industry Reports

Ⅳ Innovative Subject Reports

Ⅴ Special Topics

总 报 告

General Report

B.1
2016～2017年合芜蚌国家自主创新示范区发展报告*

合芜蚌国家自主创新示范区研究课题组**

摘 要： 合芜蚌国家自主创新示范区是安徽省第一个“国字号”自主创新示范区。合芜蚌示范区始建于2008年，2016年获批，结合安徽实际，以创新驱动发展为“先手棋”，以深化体制机制改革为“皖字标”，以双创联动产业化为创新“徽文化”。经过九年的建设，合芜蚌国家自主创新示范区产业结构转型

* 本报告是安徽省2016年第一批科技计划项目重大软课题专项“加快合芜蚌自主创新综合试验区建设的实证研究”（项目编号1607a0202010）的阶段性成果。

** 课题组负责人：黄家海，安徽省社会学学会名誉会长、研究员；王开玉，安徽省社会学学会名誉会长、安徽省社会科学院二级研究员；蔡宪，安徽省社会学学会会长、研究员；郝欣富，中共安徽省委党校教授。课题组成员：方金友，安徽省社会科学院研究员；周艳，安徽省社会科学院助理研究员；陈丽雯，南京大学社会学院硕士研究生。执笔人：陈丽雯、王开玉。

升级态势良好，企业核心竞争力显著增强，区域创新布局层次完备，创新沃土与福地环境优良。在进一步深化改革过程中，合芜蚌示范区仍存在发展难点，需要深化体制机制改革，推进科技成果实体化，强势推进优势产业集聚，着力建设人才集聚高地，构建大众创新创业环境，推动军民深度融合，打造具有创新特色的“安徽新动能”，推进安徽省从科技大省向科技强省的跨越。

关键词： 合芜蚌示范区 科技创新 双创联动 体制机制创新

党的十八大以来，在以习近平同志为总书记的党中央的带领下，深入实施创新驱动发展战略，坚持把创新作为引领发展的第一动力成为中国创新发展的新要求。《2017 年政府工作报告》中也提出“以创新引领实体经济转型升级，深入实施创新驱动发展战略，推动实体经济优化结构，不断提高其质量、效益和竞争力”。自 2008 年起，安徽省启动建设合芜蚌自主创新综合配套改革试验区（以下简称“合芜蚌试验区”），九年来一直坚持科技创新和体制机制创新的“双轮驱动”。2016 年 6 月 8 日，国务院下发文件同意建设合芜蚌国家自主创新示范区（以下简称“合芜蚌示范区”）。这是在合芜蚌试验区的基础上形成的区域协同创新发展新体系、新模式。

在进一步推动“互联网 +”行动和国家大数据建设的战略背景下，安徽省贯彻落实新发展理念，把握引领经济发展的新常态，以推动供给侧结构性改革为主线，适度促进总需求和总供给的平衡发展。结合国家重大发展战略和区域布局规划，合芜蚌示范区进一步推进体制机制的完备化，深化简政放权、实行放管结合、优化服务，将自主创新作为安徽区域经济发展的核心，着力成为科技体制改革和创新政策的先行区、科技成果转化示范区、产业创新升级引领区和大众创新创业生态区，初步探索出以重点区域带动安徽省创新驱动发展之路。

一　合芜蚌国家自主创新示范区建设背景

安徽省沿江近海、居中靠东，处于"一带一路"和长江经济带的重要节点，习近平总书记形象地称之为"左右逢源"。在世界区域经济发展的过程中，城市化及其衍生的城市群成为集聚效应的受益者。① 合芜蚌示范区就是立足于国情省情，顺应城市化发展，以城市群为基础形成统一的城市产业基础、公共设施基础，在此基础上提升城市和区域的科技创新力，进而形成具有中国特色的城市区域体系。在安徽省推进长江经济带和长江三角洲城市群等重大战略实施过程中，合芜蚌示范区能够成为有效抓手，实现长江流域完整经济创新链的构建，促进东部、中部和西部的区域联动，打造以"科技强省"为目标的区域经济联合体。

合芜蚌示范区的建设是经过长期对自主创新探索形成的后发优势和比较优势相协调的区域经济发展路径，其产生和发展可以分为以下几个阶段。

（一）第一阶段（2008~2013年）：以自主创新为中轴，合芜蚌自主创新综合配套改革试验区初具规模

2008年10月，中共安徽省委、安徽省人民政府出台《关于合芜蚌自主创新综合配套改革试验区的实施意见（试行）》（皖发〔2008〕17号）。文件中指出，安徽省委、省政府决定设立合芜蚌自主创新综合配套改革试验区，积极探索推进自主创新的有效途径和体制机制，构筑经济增长极，推动安徽省经济社会又好又快发展。这一文件标志着安徽省正式启动合芜蚌自主创新综合配套改革试验区建设工程。与其他地区相比，安徽省提出的"自主创新"主题为全国独有。国家发改委提出明确的指导意见，指出合芜蚌试验区在先行先试的基础上可以开展相关体制机制的探索和实践。2009年，

① R. E. 帕克、E. N. 伯吉斯、R. D. 麦肯齐：《城市社会学：芝加哥学派城市研究》，宋俊岭、郑也夫译，商务印书馆，2012。

经国务院批准，科技部等国家部委同意推进建设合芜蚌试验区，先后赋予合芜蚌试验区自主开展企业股权和分红激励等重大政策试点。

在合芜蚌试验区的探索基础上，从 2008 年起，安徽省财政部每年安排 5 亿元专项资金，在合芜蚌试验区全面实施创新型产业升级、培育创新型企业、集聚创新人才、建设创新载体、建设创新平台和优化创新环境“六大工程”。在“皖江城市带承接产业转移示范区”“国家技术创新工程试点省”等创新背景下，安徽省以合芜蚌试验区为抓手，创新中部地区的区域经济系统，进而推进国家创新体系的完备化、系统化。作为安徽省的新“特区”，合芜蚌试验区既是区域创新体系的代表，也是建设创新型安徽的突破口，更是推进国家创新体系的有机组成部分。

（二）第二阶段（2014 ~2015年）：以创新驱动为战略，推动建设“大众创业、万众创新”新高地

2014 年 2 月，安徽省人民政府办公厅发布《中共安徽省委、安徽省人民政府关于实施创新驱动发展战略进一步加快创新型省份建设的意见》（皖发〔2014〕4 号）和《关于印发实施创新驱动发展战略进一步加快创新型省份建设配套文件的通知》（皖政办〔2014〕8 号）。2015 年 7 月，为深入贯彻落实《中共中央国务院关于深化体制机制改革加快实施创新驱动发展战略的若干意见》（中发〔2015〕8 号）精神，安徽省人民政府办公厅印发了《安徽省支持自主创新能力建设实施细则》《安徽省扶持高层次科技人才团队在皖创新创业实施细则》等八项细则，这标志着合芜蚌自主创新综合配套改革试验区形成了以创新驱动发展战略为中心，推动安徽省创新型省份建设的新目标，也就标志着合芜蚌试验区成为以科技创新与体制机制创新“双轮驱动”、以“大众创业、万众创新”为背景的“双创”新高地。

第一，构建区域创新体系。合芜蚌试验区在以创新为驱动力的发展战略基础上，以其经济圈和经济圈的交融形成安徽沿江地段的经济增长极，进而提出“一轴双核两翼”，也就是皖江示范区的空间构想。“一轴”包括安庆、池州、铜陵、巢湖、芜湖、马鞍山 6 市，“双核”指合肥和芜湖，“两翼”

指滁州和宣城。

第二，合芜蚌试验区成为“双创”成果新高地。合芜蚌试验区在“培植创新沃土，打造创业福地”的基础上已成为大众创业、万众创新的新高地。2014 年，合芜蚌试验区以占安徽省 16.8% 的土地面积创造了安徽省 40.9% 的经济总量和 39.6% 的财政收入。安徽省多项创新指标已进入全国“第一方阵”。[①] 由于合芜蚌试验区的龙头带动作用，合芜蚌试验区创新活力充沛，已成为安徽省经济创新的主要动力。

第三，合芜蚌试验区成为汇集创新人才的“聚宝盆”。合肥、芜湖和蚌埠三市集聚了安徽省一流的高校资源，一流高校所培养出的适应自主创新的中高端人才的汇集能够为安徽省“大众创业、万众创新”的持续发展注入源源动力。

合芜蚌试验区坚持创新驱动的战略，以自主创新作为经济社会发展的原动力，以体制机制创新为发展手段，促进创新人才、创新资源等要素的聚集，发展创新型产业，逐步形成了创新系统完善、创新资源集聚、创新文化多元的区域创新型经济系统，促进安徽区域经济的特色发展。

（三）第三阶段（2016年至今）：以系统推进全面创新改革试验为起点，合芜蚌国家自主创新示范区获批，成为徽皖创新龙头

2016 年 6 月，合芜蚌示范区获批，成为徽皖片区的创新龙头。

在新阶段，安徽省规划利用 3 年时间基本构建全面创新改革的长效机制，向全国推广一批改革创新的重大政策。在系统推进全面创新改革试验的过程中，合芜蚌示范区对创新研究的理论和实践有较为明晰的思路。主要有以下几个方面。

第一，研究系统推进全面创新改革试验的方案。以合芜蚌研究系统推进全面创新改革，为全国的创新驱动和自主创新带动经济市场发展提供模板。

---

① “培植创新沃土，打造创业福地”课题组：《培植创新沃土，打造创业福地——合芜蚌自主创新综合配套改革试验区成为大众创业、万众创新的新高地》，《安徽社会建设蓝皮书：安徽社会建设分析报告（2014~2015）》，社会科学文献出版社，2015。

2016 年 11 ~12 月，根据《安徽省人民政府办公厅关于印发安徽省系统推进全面创新改革试验任务分工等的通知》（皖政办〔2016〕35 号）、《安徽省全创改领导小组关于印发合肥市系统推进全面创新改革试验实施方案的通知》（皖全创改〔2016〕2 号）等有关文件精神，结合省情市情，经安徽省政府，合肥、芜湖、蚌埠三市政府批准，合芜蚌三市已编制具体的全面创新改革试验任务，进行市级层面的推广和指导。2016 年 12 月，安徽省全面落实“全创改”试点，76 项创新改革整体推进，11 家试点单位方案获省政府批复。

第二，以创新驱动发展为核心，建设自主创新能力建设的服务平台，培育出安徽省经济增长极和经济增长区。合芜蚌示范区集聚了安徽省 90% 以上的创新资源，共有 103 家国家级研发机构，形成了量子通信、大学光气、语音合成等一批世界领先的科技成果，研发出国内最薄液晶玻璃、自动变速箱、大吨位叉车等一批重大产业创新成果。

以上三个阶段是一个系统化的渐进发展过程。现阶段，合芜蚌示范区通过产业集聚和产业扩散的效应，提升科技创新能力，促进创新驱动发展，以区域内的先发带动后发，对新兴产业和新兴行业给予一定的创新资源支撑，为合芜蚌示范区的可复制、可借鉴的经验提供重要的保障。

合芜蚌示范区建设以来的时期，也正值“十三五”的起始阶段。在这一阶段，安徽省科技工作按照“四个全面”战略布局，牢固树立创新发展理念，以创新驱动发展战略为标准，重点推动区域协同创新方案、创新改革示范方案、产业创新升级方案、创新开放合作模式等的实施，逐步在合芜蚌示范区内形成“大众创业、万众创新”新局面，推动创新链和产业链的交互融合，为进一步融入“一核五圈四带”空间格局的长江三角洲城市群提供创新发展基础。

二　合芜蚌国家自主创新示范区的先行优势

自合芜蚌试验区建设以来，九年期间，合芜蚌区域的自主创新水平和能力得到显著提升，因其创新驱动发展使得合芜蚌区域的经济发展水平也逐步提升，成为区域新型经济增长极。经过多年的科技发展和产业集聚，合芜蚌区域从试验区走向国家级示范区，成为“国字号”招牌，有其必然的因素。

（一）创新驱动发展，成为创新“先手棋”

习近平总书记指出，实施创新驱动发展战略是加快转变经济发展方式和破解经济发展深层次矛盾和问题的必然选择，也是引领我国经济新常态发展和保持我国经济持续健康发展的必然选择。

创新驱动发展对安徽省经济发展的促进作用主要表现在“四个显著”。一是科技创新的能力显著提升。2015 年，安徽省的发明专利申请量与授权量分别居全国第 5 位和第 7 位。截至 2016 年，安徽省区域创新能力连续五年居全国第 9 位，中部第 1 位。[①] 二是企业的创新驱动能力显著提升，合芜蚌区域内涌现出了一批既具创新能力又具竞争力的自主品牌企业。到 2016 年末，安徽省高新技术企业申请专利占安徽省专利申请总数的 25.26%，2016 年，高新技术企业授权专利占安徽省专利授权总数的 40.28%。其中，营业总收入达到 10 亿元以上的有 147 家，百亿元以上的有 8 家；上市高新技术企业有 61 家。[②] 三是重大平台建设水平显著提升。合芜蚌示范区内，中国科学技术大学先进技术研究院等一批国内重点创新平台相继落地，国家级研发平台和院士工作站的数量分别达 161 个和 114 个。四是创新创业环境显著趋于国际化。从 2015 年开始，合芜蚌区域面向全球引进 160 个科技创新团队、1000 名高水平科技创新人才。

总体上来说，安徽区域经济的发展依托创新驱动发展战略形成具有系统性、整体性和代表性的区域经济和科技创新方案。习近平总书记视察安徽期

① 谢宏豹、苏晓琼：《安徽区域创新能力居全国前九》，《合肥日报》，2016 年 12 月 29 日，http：//news. hf365. com/system/2016/12/29/015144326. shtml。

② 高新处：《2016 年安徽省高新技术产业统计公报》，安徽省科技厅，2017 年 1 月 24 日，http：//www. ahkjt. gov. cn/technologi/service/kjtj/gxjscyfz/webinfo/2017/01/1474180518391033. htm。

间，指出安徽实施创新驱动和产业升级有优势，希望安徽省把创新作为最大政策，下好创新“先手棋”，实现弯道超越、转型升级。在“大众创业、万众创新”蓬勃发展的过程中，合芜蚌示范区在创新文化和创新基础的氛围中开展先行先试，实现区域体制机制改革创新和科技创新，进而摆脱原有的传统产业低速低质发展，创新成果层出不穷。

（二）深化体制机制改革，成为创新“皖字标”

合芜蚌示范区在先行先试政策的牵动下以打造科技体制改革和创新政策的先行区为目标，在已推广的自创区共性政策的基础上探索创新政策体系，将科技创新的相关指标纳入市、县级发展战略中，探索更多的适应本区域发展的个性政策，形成更多的独具合芜蚌徽皖特色的区域性创新政策，在中部区域中形成安徽特色的创新方式，深化科技创新系统，构建生态创新系统，推进科技与金融融合系统，创新政府服务系统。

在深化科技创新系统方面，2014 年，安徽省委、省政府出台创新驱动发展战略“1 +6”政策和实施细则，将科技创新和各项创新政策的落实作为工作的重点。2015 年，《安徽省人民政府办公厅关于修订印发实施创新驱动发展战略进一步加快创新型省份建设配套文件的通知》（皖政办〔2015〕40 号）以多个具体实施方案完善科技政策系统创新，即“1 +6 +2”配套政策（如图 1 所示），区域创新能力、发明专利授权量、每万人口有效发明专

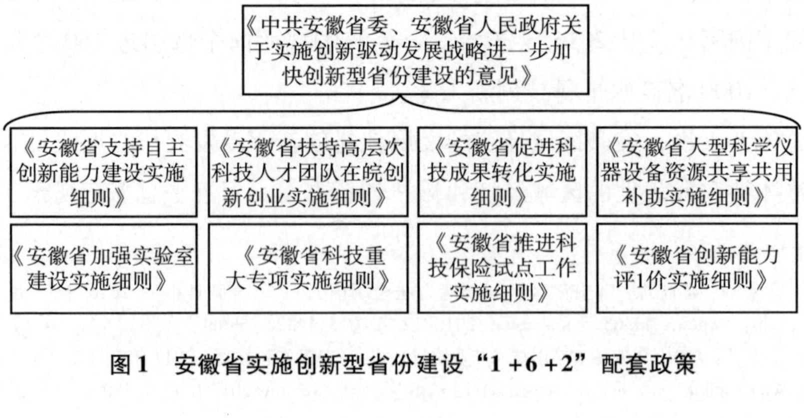

图 1　安徽省实施创新型省份建设“1 +6 +2”配套政策

利拥有量等主要创新指标保持全国先进、中部领先水平。在深化科技创新工作的过程中，合芜蚌示范区以产业创新、体制机制改革、企业创新、创新人才、科技金融、科技奖励、品牌标准、知识产权等构建出徽皖片区完整科技创新工作系统。

在创新产业扶持系统方面，安徽省委、省政府先后出台多项政策措施，培育合芜蚌区域的创新产业和创新企业，搭建创新平台。2011 年，经国务院批准，合芜蚌试验区启动企业股权及分红激励等重大“先行先试”的政策试点。为扶持产业发展，合肥市历时 10 年对政策体系进行架构与完善，形成了以“1 +3 +5” 为中心的政策框架（如图 2 所示)，即推动新型产业发展的 1 个若干规定，3 个管理办法和 5 项具体政策，形成多方联动的新方式，保证全民创新政策机制的顺利运行，形成具有“合肥路径”的产业创新扶持模式。

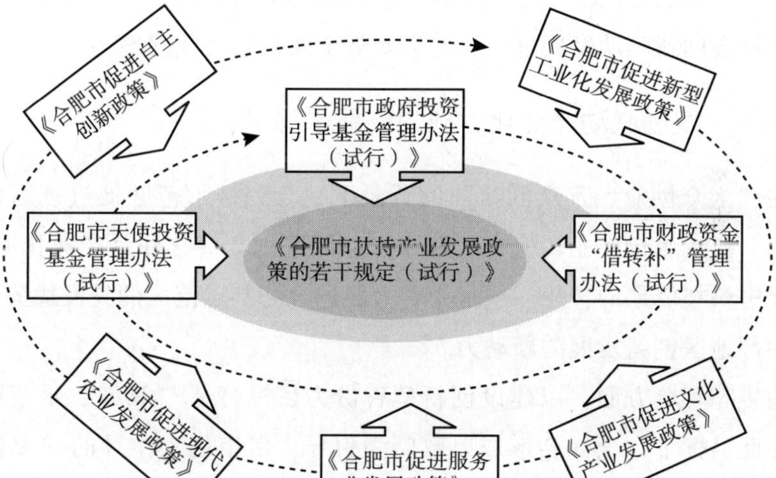

图 2　合肥市推动新兴产业发展“1 +3 +5” 政策

在推进科技与金融融合系统方面，合芜蚌示范区积极推进科技银行和科技保险的建设，培育并壮大天使基金、风险投资、股权投资和产业基金的规模，开展各种股权投资、科技小额贷款、科技担保、股权与知识产权质押等业务，建立“投、保、贷、中介服务”四位一体的科技金融服务系统，把握融资风险方向和机制。

在创新政府服务系统方面，合芜蚌示范区深入推进科技领域的“放管服”，重点建设政府权力清单、责任清单和涉企收费清单“三项清单”制度，把更多的精力放在自主创新能力的建设上。在管理方式上，安徽省、市、县及各部门在持续进行创新工作的过程中以创新实体和平台为依托，采取省部共建、省市共建、校企共建的方式，不断扩展创新服务平台的建设。中国科学技术大学先进技术研究院、合芜蚌科技创新公共服务中心等新型创新实体建设和平台建设促进产业基础创新联盟的产生，有效引导高校、科研院所和企业在政府促进下的创新资源融合。

综上所述，合芜蚌示范区的现行政策推动“大众创业、万众创新”各项政策的落实，其体制机制创新为安徽省创新驱动发展带来“活水”，成为“国字号”示范区中的“皖字标”。这些保障和促进政策在一定程度上推动了安徽社会创新驱动发展进程，促进安徽全面创新文化落地。

（三）双创联动产业化，成为创新“徽文化”

在“大众创业、万众创新”的背景下，合芜蚌示范区促进创新创业的新生态，持续培育产业转型升级新业态，促进创新文化联动产业化的过程，着力促进科技成果的转化。这也是着力促进合芜蚌示范区的先发优势，以此打造中部地区创新发展的新动力。

在生态环境方面，以建设创新型省份为目标打造“双创”示范的新高地。在此目标下，全社会形成以政府为引导、以市场为主导的“双创”生态环境，鼓励全民创新和竞争意识，促进小微企业和创客的逐步培育，打造出人人创新创业的合芜蚌福地，在徽皖地区逐渐形成在创新创业的体制机制下的“双创”文化型系统，形成创新的“徽文化”。

在产业转型升级方面，合芜蚌示范区完善以企业为主体的技术创新体系，在创新“徽文化”的影响下打造一批创新型产业集群。安徽省规模以上高新技术产业实现产值由2011年的8330.3亿元增长至2016年的18219.6

亿元。高新技术企业由2010年的1313家增加至2015年的3157家，居全国第8位；安徽省区域创新能力由2010年的全国第15位上升到2015年的第9位，位居中部省份第一。[①] 合肥国家高新区综合排名居全国第8位，芜湖国家高新区在新升级国家高新区中综合排名居全国第6位，蚌埠国家高新区在新升级国家高新区中综合排名居全国第7位。[②]

在科技成果转化方面，中国科学院合肥大科学中心等国家级创新平台相继落地，同时合芜蚌区域内重大平台及企业在量子通信方面取得了一批具有原创性和产业性的成果，研发经费支出占地区生产总值的比重由1.3%提高到2%。京东方从创新到创造，正在建设的全球最高世代线第10.5代TFT－LCD生产线，总投资将超过900亿元，提供就业岗位超过22000个。合芜蚌示范区在科学研究、实验开发和推广应用方面使得科技成果伴随着“双创”文化的深入在安徽落地生根，进而实现自主创新的可持续性和可延展性。

从试验区到示范区的提升过程中，合芜蚌示范区的转型标志着安徽省创新驱动发展战略的深度发展。在持续推动“三个强省”的过程中，安徽省从区域实践上发挥创新与转型的互动作用，以体制机制改革激发科技创新活力，进而提升合芜蚌示范区的区域创新能力，在中部地区中依托自主创新闯出发展新路径。

三　合芜蚌国家自主创新示范区建设成效

合芜蚌示范区建设以来，已经成为带动安徽省经济社会发展的重要动力和引擎，也成为安徽省发展程度最好、发展基础最优、竞争力最强、环境最优良的区域，具有带动安徽经济发展的龙头地位，也是安徽省最具创新力和活力的经济发展区域。

---

① 关飞、张磊：《安徽区域创新能力位居中部省份第一》，人民网，2016年10月22日，http://ah.people.com.cn/n2/2016/1022/c358428－29185065.html。

② 原松华：《自主创新的安徽探索》，人民网，2016年7月5日，http://theory.people.com.cn/n1/2016/0705/c83865－28526573.html。

（一）区域创新布局层次完备，打造“合芜蚌式”创新螺旋

合芜蚌试验区到合芜蚌示范区的转变过程中，以创新型城市建设为依托，以创新型园区建设、创新和服务平台建设、创新型产业基地建设为基本手段，打造出中部地区特有的“合芜蚌式”创新螺旋系统，进而加速创新要素的聚集整合和优化配置，以产业走廊、产业带构建出安徽地区的“合芜蚌式”发展极（如图3所示）。

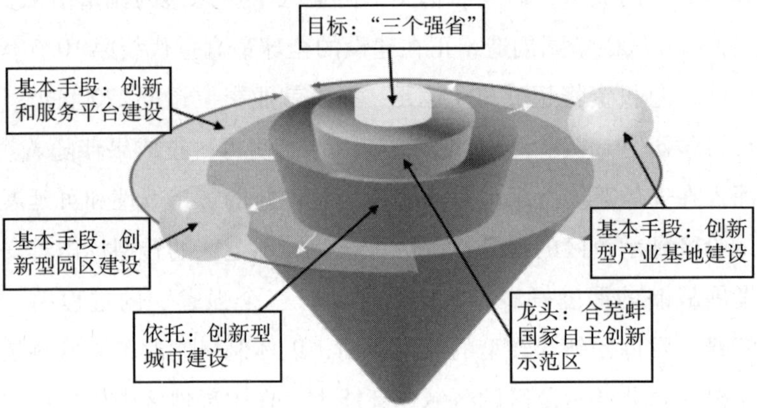

图3 “合芜蚌式”创新螺旋系统

1. 合芜蚌国家自主创新示范区效应

合芜蚌示范区作为安徽省创新驱动发展的代表和龙头，在“大众创业、万众创新”的背景下逐步开拓自主创新的深度和广度，能够与其他国家自主创新示范区一同形成长江流域完整区域创新链。这一区域创新链包含从产业链到技术链乃至人才链，为促进东中西部的协调发展，加快合芜蚌融入长江三角洲城市群的速度，提出了更多的“安徽方案”。

对于合芜蚌示范区的科技投入，2016年，合肥、芜湖、蚌埠三市的R&D经费占地区生产总值的比重分别为3.09%、2.80%、2.18%，远远高于安徽省的平均水平（1.96%），如表1所示。由合肥、芜湖、蚌埠三市来带动安徽省整体科研经费的投入以及提高其在地区生产总值中的比重也是下一步工作的内容。

表1　2016年合肥、芜湖、蚌埠三市与安徽省水平科研经费及占地区生产总值的比重

单位：亿元，%

区域	R&D经费	占地区生产总值的比重
合肥	174.87	3.09
芜湖	68.79	2.80
蚌埠	27.28	2.18
安徽	431.8	1.96(平均)

数据来源：《2016年安徽省科技统计公报》。

对于合芜蚌示范区的科技产出，合芜蚌区域也展现出创新极作用。《2016年安徽省科技统计公报》显示，安徽省区域创新能力由第15位提升到第9位，全年专利申请量列全国第6位，发明专利申请量列全国第5位，全年专利授权量列全国第9位，发明专利授权量列全国第7位。在中部地区，安徽的发明专利申请量、发明专利授权量均列第一，如图4所示。2016年1～11月，合芜蚌示范区共申请发明专利占安徽省的50.8%，共获发明专利授权量占安徽省的56.9%，每万人口有效发明专利拥有量达15.96件。[①] 总体上来说，合肥、芜湖、蚌埠三市的每万人口有效发明专利、发明专利申请量、发明专利授权量在安徽省的产出中占比接近二分之一。

从每万人口有效发明专利数值来看，安徽省每万人口有效发明专利拥有量居全国第12位，累计有效发明专利量居全国第8位，合芜蚌示范区的数值远高于中部各省的每万人口有效发明专利。在合肥、芜湖、蚌埠三市中，芜湖市以每万人口有效发明专利13.69件列全省第1，相比之下，蚌埠市的每万人口有效发明专利较少，其创新创造产出相对较少，如图5所示。在安徽省层面上，安徽省每万人口有效发明专利为2.7件，在中部省份中列第2位。这些数据反映出在科技产出中，合芜蚌示范区及安徽省的科技产出与中部崛起的目标还有一段距离。

① 安徽省科技厅：《2016年1～11月份安徽省专利申请授权情况》，2016年12月23日，http://www.ahkjt.gov.cn/technologi/service/kjtj/zlqk/webinfo/2016/12/1474180511630371.htm。

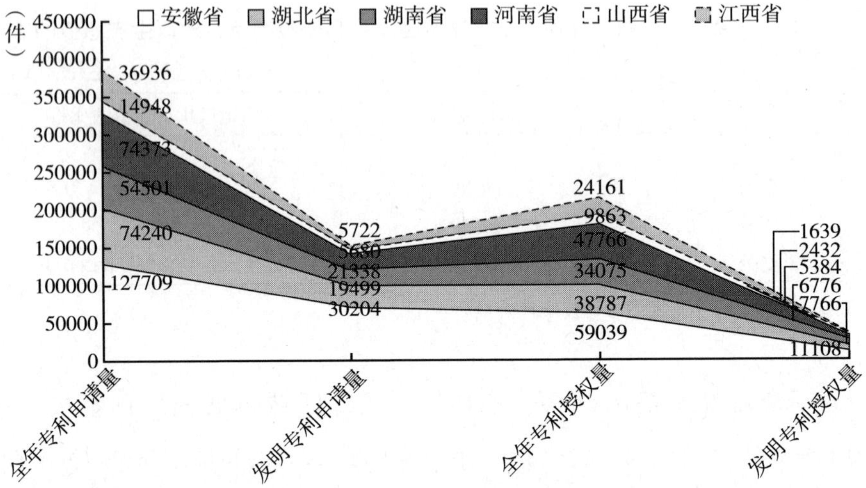

图4　2016年中部各省专利申请及授权情况

数据来源：《2016年安徽省科技统计公报》。

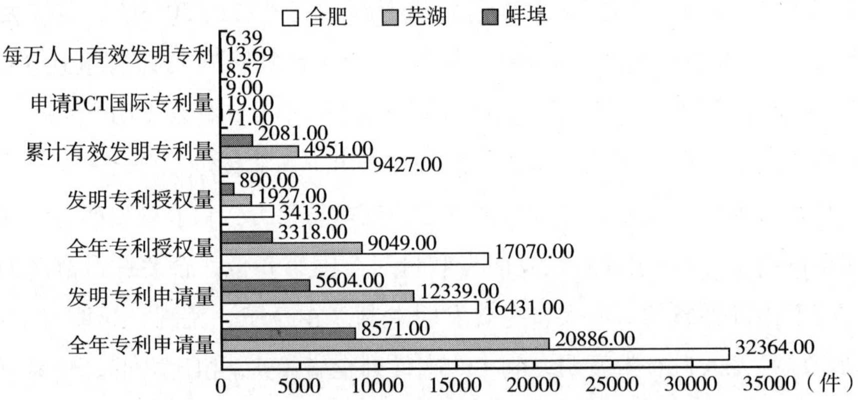

图5　2016年合芜蚌示范区专利申请及授权情况

数据来源：《2016年安徽省科技统计公报》。

2. 创新型城市建设先行先试

合芜蚌示范区需要强化创新型城市的建设，除持续发挥合肥市国家科技创新型试点城市的先行先试作用，还要支持有条件的城市继续申报建设国家创新型试点城市。省级创新型城市建设的试点城市应加强对创新型企业和园区的建设，发展新兴产业。

合肥市是合芜蚌国家自主创新综合试验区核心城市、唯一的国家科技创新型试点市、国家企业股权和分红激励试点市、国家科技和金融结合试点市、国家首批科技成果使用处置和收益管理改革试点市、首批全国创业先进城市。

芜湖市是全国较早实施创新发展战略的城市。早在2004年芜湖市就成为第一批全国15个技术创新工程示范城市之一。2010年1月，国务院正式批复皖江城市带承接产业转移示范区的建设，芜湖市和合肥市成为示范区建设的“双核”城市，芜湖市作为皖江开发开放龙头城市和长江流域重要中心城市，其作用更加突出。目前芜湖市连续6次蝉联“全国科技进步先进城市”，荣获国家首批知识产权示范城市、国家新能源汽车推广应用城市等荣誉称号。

蚌埠市于2014年6月获批成为安徽省创新型试点城市，2016年，蚌埠市成为合芜蚌示范区的重要一极。蚌埠市作为皖北地区科技中心城市，以建设创新型城市为目标，力图在“十三五”期间全面迈入安徽省第一方阵，推动皖北地区的自主创新发展，提高自主创新能力和水平。

3. 创新型产业基地及园区建设优势明显

创新驱动发展战略需要自主创新与产业链相协调，创造出若干战略性技术和战略性产品，在龙头产业基地和创新型园区的建设中加快科技资源、人才资源和金融资本向产业基地和开发园区的聚集，促进有竞争力的产业集聚，加快示范区的转型发展。

在合芜蚌示范区的建设中，国家级战略性新兴产业发展试点建设包含了新型显示和机器人两大项目，14个省级战略性新兴产业集聚发展基地已启动建设。2015年，合芜蚌示范区内的战略性新兴产业集聚发展基地实现工业总产值3082.7亿元，增长19.74%。2016年，合肥高新区成功跻身国家首批双创示范基地和国家自主创新示范区，综合排名跃居全国第七位。①

① 吴长锋：《合肥高新区：打造知识产权示范园区》，合肥市科技局网站，2017年1月25日，http：//www. hfst. gov. cn/11295/11296/11297/201701/t20170126_ 2160426. html。

2020 年，合芜蚌区域内战略性新兴产业集聚发展基地将建成新型显示、集成电路、智能语音、硅基新材料、现代医药、智能家电和新能源汽车等 10 个千亿基地，促进合芜蚌示范区的产业升级转型。

4. 创新和服务平台建设稳步进行

在持续巩固全国四大科教基地地位的基础上，面对国家战略需求和世界科技前沿，合芜蚌示范区长期稳定地支持基础科学的研究，建设合肥综合性国家科学中心，建设量子通信等高水平国家实验室，争取洁净能源国家实验室合肥分中心，建设中国科学技术大学先进技术研究院、清华大学合肥公共安全研究院等八大新型协同创新平台，建设超导核聚变中心、量子中心、离子医学中心、微电子中心等六大国家级重大工程平台，推进十大战略性新兴产业研究院实体化运行，促使其成为国际一流的创新驱动发展区域。

合芜蚌示范区集聚了安徽省 90% 以上的创新资源，共有 76 家国家级研发机构。其中，中国科学技术大学先进技术研究院已建设战略性科技创新平台 10 家，各类联合实验室和研发中心 36 个，培育创新型企业 147 家，创新资源集聚丰富。同时，合芜蚌示范区已研发出国内最薄液晶玻璃、自动变速箱、大吨位叉车等一批重大产业创新成果。

合肥市通过搭建企业创新平台，使科技成果走联合共建、合作开发的模式。合肥综合性国家科学中心通过建设量子通信国家实验室，抢占量子科技国际竞争和未来发展制高点。截至 2016 年底，合肥市已开展国家大科学工程 5 项，建成孵化器 37 家（其中国家级 8 家），建设众创空间 49 家（其中国家级 11 家），新建重点实验室和工程（技术）研究中心、企业技术中心等各类研发机构 372 家，高新技术产业实现增加值 1300 亿元，增长 12%，股权激励和分红激励试点企业达 170 家。芜湖市省级及以上研发平台有 242 家，其中包括国家特种显示工程技术研究中心等 24 家国家级研发平台。蚌埠市省级及以上研发平台有 152 家，占据安徽省省级及以上研发平台的 8.03%。蚌埠创新驿站被认定为国家技术转移示范中心。此外，蚌埠高新技术创业服务中心升格为国家级孵化器。

总体来看，在创新驱动发展战略实施下，合芜蚌示范区区域创新布局层次完备，其发展模式、发展方式、发展特点独具安徽特色，在自主创新发展中呈现出“合芜蚌式”创新螺旋，系统完整，布局合理，以创新型城市、创新型产业基地及园区、创新和服务平台三个层级构成合芜蚌示范区的创新战略，根据不同层级的不同发展特点明确发展方向和战略目标。合肥、芜湖、蚌埠三市根据其城市的不同发展基础确定城市的产业集聚基地方向，打造“大众创业、万众创新”的徽皖片区创新新高地。

（二）创新沃土与福地环境优良，打造大众创新创业生态区

在“大众创业、万众创新”背景下，合芜蚌示范区发展迅速，能够凝聚、辐射和影响着安徽省的创新发展，这与合芜蚌示范区所在的创新创业环境密切相关。合芜蚌示范区成为安徽的创新沃土与创新福地，在政府政策环境、金融创业环境和人才集聚环境方面为大中型创新型企业、小微企业提供了良好的发展环境，打造出大众创新创业生态区。

1.体制机制和政策创新的先行区基础稳固

体制机制创新改革能够促进合芜蚌示范区的持久性和稳定性发展，所以，破除体制机制障碍能够更快更好地促进创新活力，激发创新动力。

第一，科技领域实行“放管服”。在自主创新领域中，科技创新和制度创新为创新发展提供新动能。安徽省是全国首创权力清单、率先公布省级政府权力清单以及在省、市、县三级全面建立责任清单制度体系的省份。安徽省省级保留权利事项精简了68.3%，市级政府精简了50%以上，涉企收费项目总数精简57.3%。

第二，打通科技金融和财税管理。为减轻企业负担，安徽省政府每年安排33亿元作为国有担保机构资本金，设立10亿元续贷过桥资金，构建“4321”新行政银担合作机制，[①] 同时在全国率先建立涉企收费清单制度，设立创新贷款风险池，天使投资基金风险容忍度由10%调至20%。芜湖市

① “4321”新行政银担合作机制，即对小微企业担保贷款出现的代偿，由原担保机构、省担保集团、合作银行及地方财政按4∶3∶2∶1的比例分担。

坚持“四新加一资”模式（“四新”指的是新产业、新技术、新业态、新模式，“一资”指的是资本市场），通过股权投资等方式扶持在芜企业，通过企业上市、股权转让等方式获得投资回报。

第三，健全资源沟通网络。合肥市率先建立创业基地，构建四级创业服务网络；支持“1+13+X”公共服务平台建设，率先构建“两化（信息化和工业化）融合”云服务平台，运用“互联网+”模式支持小微企业发展。针对“工业4.0”和“中国制造2025”，大力实施“庐州英豪”培训计划和小微企业管理层技能培训，3年内培育扶持300户高成长性小微企业，培训企业管理人员3000人次。

第四，融资渠道多元化。合肥市财政设立5亿元自主创新资金和1亿元的天使投资基金，支持人才创新创业。单个项目可获得300万~1000万元的天使投资基金或500万~2000万元的创业引导基金支持。截至目前，天使投资基金已完成向46家企业放款，投资2.23亿元。

2. 高层次创新人才集聚区高速发展

高层次创新人才是创新发展的源泉。合芜蚌示范区通过实施开放、有效的人才吸引政策和人才引进机制，不断吸纳高层次领军人才和创新创业技术人才，促进人才的自由流动，高层次人才引进力度空前加大，人才激励制度逐步完善。

2015年，安徽省从事R&D活动的人员为13.3万人，合肥、芜湖、蚌埠则分别为50714人、16701人、11374人；安徽省每万名就业人口中从事R&D活动的人员为30.80人，合肥、芜湖、蚌埠分别为96.82人、81.31人、51.70人。安徽省拥有中国科学院院士23人，中国工程院院士10人，“两院”院士1人。

芜湖市对引进的高层次人才以住房政策为抓手，最高为5年给予50万元购房补贴；对引进的高层次科技人才团队，其给予的入股扶持最高为2000万元，并根据团队的不同发展情况给予70%的处置参股股权奖励。

中国科技大学在“十二五”期间，高层次人才比例由原有的13%上升到现在的29%，新增国家杰出青年基金获得者人数、新增优秀青年基金获得者人数分别位居全国高校第 3 名和第 4 名，引进“青年千人计划”入选者人数位居全国高校第 2 名。

（三）产业结构转型升级态势良好，打造产业创新转型引领区

《2017 年政府工作报告》中提出，坚持以推进供给侧结构性改革为主线，在稳的前提下勇于进取，加快结构调整，敢于啃“硬骨头”，深化改革发展成果，努力在关键领域发挥创新能动性。合芜蚌示范区在其创新驱动发展的战略指导下，区域内的产业结构不断优化升级，推动示范区的产业结构不断优化，在战略性新兴产业上不断积聚创新资源，在传统产业和现代服务业等产业产值上不断优化生产，推动产业结构优化发展，提高合芜蚌示范区在国际舞台上的创新话语权。

1. 产业结构向“倒金字塔”转变

“十二五”期间，创新驱动发展战略持续发展，促使合芜蚌区域产业结构不断优化。合芜蚌示范区三次产业结构从 2011 年的 14∶52.1∶33.9 转变为 2015 年的 11.2∶51.5∶37.3。2016 年，合肥市的产业结构也不断优化，目前已调整为 4.3∶50.8∶44.9，产业结构逐步向“倒金字塔”型转变，符合国际产业结构转变趋势，从产值的角度也符合现代化浪潮对经济的内在要求。

2016 年，安徽省规模以上高新技术产业实现产值 18219.6 亿元，比 2015 年增长 17.6%；实现增加值 4094.9 亿元，比 2015 年增长 16.7%。2016 年，合肥、芜湖、蚌埠三市高新技术产业实现产值 11449.6 亿元，实现增加值 2431.7 亿元，三市分别较 2015 年同期增长 12.8%、18.4% 和 27.8%，所以，合肥市、芜湖市、蚌埠市在高新技术产业的增加值一直处于安徽省领先地位。在合芜蚌示范区内，合肥市的高新技术产业增加值最高，其次是芜湖市，最后为蚌埠市（如图 6 所示）。2016 年，合芜蚌地区高新技术产业总值占安徽省高新技术产业总值的 62.84%，这也反映出合芜蚌示范区对安徽省产业结构的调整作用，能够带动安徽省高新技术产业对整体经济总值做出更大的贡献。

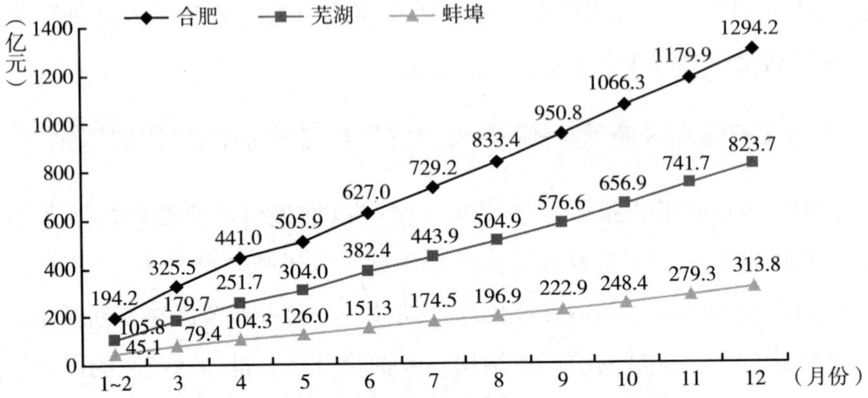

图 6　2016 年合芜蚌地区高新技术产业增加值

注：增加值采用安徽省行业平均增加值率计算。

数据来源：安徽省科技厅网站，http：//www. ahkjt. gov. cn/technologi/service/kjtj/gxjscyfz/A04040401index_ 1. htm。

合芜蚌国家自主高新示范区在安徽省产业结构转变和产值增加上都占据重要地位。如表 2 所示，合肥、芜湖、蚌埠三市高新技术产业增加值占 GDP 的比重都是较大的，合芜蚌示范区的高新技术产业总增加值在 GDP 中约占十分之七。

表 2　2016 年合芜蚌示范区高新技术企业及产业情况

项目＼地区	合肥	芜湖	蚌埠
高新技术企业数(家)	1056. 0	441. 0	204. 0
高新技术产业总产值(亿元)	5217. 1	3143. 7	964. 8
高新技术产业增加值(亿元)	1257. 2	732. 8	252. 3
高新技术产业增加值占 GDP 比重(%)	22. 2	29. 8	20. 1
高新技术企业数与规模以上工业企业数之比(%)	44. 1	22. 3	22. 0

资料来源：《2016 年安徽省科技统计公报》。

2. 战略性新兴产业集聚，呈现阶梯式增长

《2017 年政府工作报告》提出要加快培育壮大新兴产业，针对战略性新兴产业发展全面实施其规划，特别是针对新材料、人工智能、集成电路等新

型产业进行技术开发和创新成果转化，全面做强做大产业集群。战略性新兴产业是在调转促“4105”行动计划中的第一大工程，集聚发展工程的创新优势，其基地建设实现集聚合芜蚌地区创新资源、人才资源和产业资源。2015年，首批14个战略性新兴产业集聚发展基地启动，并呈现规模、速度和质量并举的良好态势，新型显示、机器人两个国家级战略性新兴产业集聚发展试点建设获得国家滚动支持。

在产业创新和业态创新的基础上，战略性新兴产业实现快速增长。2015年，首批14个战略性新兴产业集聚发展基地总产值达3082.7亿元，增长19.7%，高于全部工业13.6个百分点。2016年，安徽省战略性新兴产业产值达到10161.3亿元，同比增长16.4%。合芜蚌区域实现产值5673.4亿元，占全部战略性新兴产业产值的55.8%。

合肥市以十大新兴产业构建“阶梯式”的创新引擎，稳步发展战略性新兴产业，成为合肥市更为强劲的创新增长极。从2011年到2016年，合肥市战略性新兴产业产值从1283.6亿元增长到2788.8亿元，年均增长21.4%。芜湖市在战略性新兴产业集聚基地的建设上按照有限目标的思路，制定了机器人、通用航空等9个战略性新兴产业发展创新规划。2015年，芜湖市战略性新兴产业实现产值1371亿元，年均增长32.4%。蚌埠市在“十二五”期间，其战略性新兴产业产值年均增长34.3%，居安徽省第3位。2015年，蚌埠市战略性新兴产业实现产值768.1亿元。

3. 传统产业转型步向“安徽创造”

《2017年政府工作报告》中提出，要大力改造提升传统产业，不断深入实施“中国制造2025”，同时加快大数据、云计算、物联网应用，以新技术、新业态、新模式推动中国制造向中高端迈进，促进传统产业焕发新的蓬勃生机。在“中国制造2025”和“互联网+”行动计划中，以数字化、网络化和智能化为重点，加快传统产业的技术创新，促进传统产业在高端制造上的持续跟进。合芜蚌示范区应发挥传统产业优势，快速提升传统行业内的技术改造和技术创新，推进工业化和信息化在传统产业中的创新融合，实现“安徽创造”在传统产业的革新。

《中国制造2025·安徽篇》确立了12个重点突破的高端制造领域和5个加快提升的优势传统产业。2016年，安徽省装备制造业增加值达3507.7亿元，增长12.9%，占规模以上工业比重为52.2%，提高1.7个百分点。2016年，电子信息和家用电器产业实现增加值966.6亿元，占安徽省GDP比重为26.3%；汽车和装备制造产业实现增加值1789.1亿元，占安徽省GDP比重为48.7%；食品医药产业实现增加值190.2亿元，占安徽省GDP比重为5.2%；材料和新材料产业实现增加值555.1亿元，占安徽省GDP比重为15.1%；轻工纺织产业实现增加值11.7亿元，占安徽省GDP比重为0.3%；能源和新能源产业实现增加值100.3亿元，占安徽省GDP比重为2.7%；高新技术服务业实现增加值62.3亿元，占安徽省GDP比重为1.7%。

合肥市在“十二五”累计完成技改投资5265.5亿元，较“十一五”时期翻两番，同时淘汰水泥行业落后产能686.5万吨、造纸行业落后产能49.13万吨，并关停马钢（合肥）分公司。芜湖市电商产业“三只松鼠”交易额在四年期间已突破40亿元。

4. “引进来—走出去”产业开放发展层级明晰

对合芜蚌示范区来说，需要围绕合肥、芜湖、蚌埠等各市特色发展需求，建设一批国际技术转移机构和合作基地，通过“引进来”的手段加强创造能力和创新能力，进而重点支撑合芜蚌示范区的企业“走出去”，鼓励其参与国际产业分工和合作。

对于“引进来”战略，安徽省委、省政府于2012年便出台了《建设合芜蚌试验区人才特区的意见》，合肥、芜湖、蚌埠三市出台“人才特区”政策措施，并分别启动“228产业创新团队”建设工程（合肥市）、“产业振兴千名人才计划”（芜湖市）、“孔雀计划”（蚌埠市）。2015年，实施科技重大专项15个，扶持高层次人才团队93个。

对于“走出去”战略，合芜蚌示范区在建材、汽车、农业等领域内的企业加快“走出去”战略步伐，新批境外企业133家，2015年，对外直接投资9.7亿美元。2016年，合肥、芜湖、蚌埠三市输出技术合同11801项，合同成交额达185.49亿元，分别占安徽省输出技术合同的91.0%和85.3%。

（四）企业核心竞争力显著增强，打造科技成果转化示范区

企业是技术革新的主体，也是合芜蚌示范区创新要素和创新资源的集聚区。在企业创新能力提升的过程中，其科技成果也在从“实验室”到“生产链”的过程中不断产生科技效益，在基础研究和成果转化的路径转化中缩短其“创新沟谷”，推进产学研合作一体化，促进企业创新能力的系统化和实体转化，有效推进一流的创新成果转化体系建设，促进科技成果转化的“最先一公里”和“最后一公里”的持续突破。

1. 规模以上及大中型工业企业创新能力持续增强

合芜蚌示范区的区域创新能力与大中型企业的研发活动情况密切相关。2015 年安徽省大中型工业企业数达 1721 个，有研发机构的企业占大中型企业的比重为 41.26%，有 R&D 活动的企业占大中型工业企业的比重为 43.35%，R&D 经费为 236.2 亿元，R&D 经费占主营业务收入的比重为 1.15%，新产品销售收入占主营业务收入的比重为 22.63%，如表 3 所示。

表 3　安徽省大中型企业研发活动情况

项目＼年份	2014 年	2015 年
安徽省大中型工业企业数（个）	1717	1721
有研发机构的企业占大中型企业的比重（%）	35.29	41.26
有 R&D 活动的企业占大中型工业企业的比重（%）	40.77	43.35
R&D 经费（亿元）	206.80	236.2
R&D 经费占主营业务收入的比重（%）	1.03	1.15
新产品销售收入占主营业务收入的比重（%）	21.17	22.63

数据来源：《2016 年安徽省科技统计公报》。

而在中部地区，规模以上的工业企业研发情况与大中型企业的研发活动相互关联。因为合芜蚌示范区的自主研创能力较强，安徽省在中部区域内其研发投入和产出效果相对较好，如图 7 所示。

合肥市在合芜蚌示范区的建设过程中，注重规模以上的企业创新能力建设，建立了“以市场为导向、产学研相结合”的技术创新体系。安徽科大

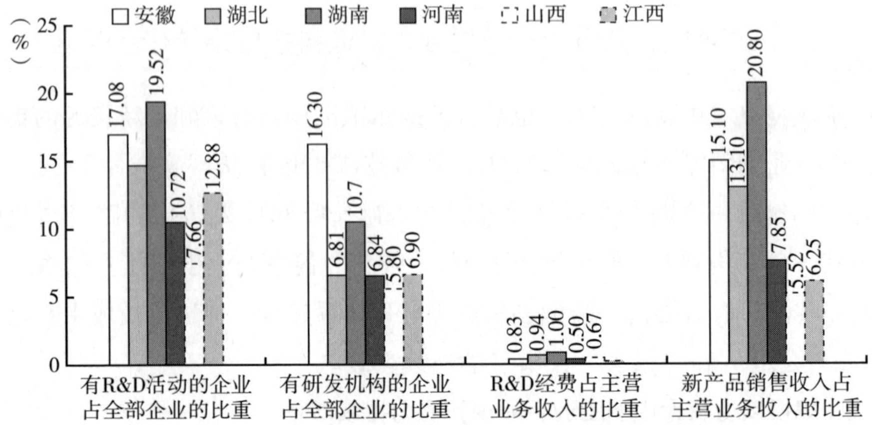

图 7　2016 年中部各省规模以上工业企业研发活动情况

数据来源：《2016 年安徽省科技统计公报》。

讯飞信息科技股份有限公司将创新技术实现商业化运营，促进人工智能的高端化和深度化。目前科大讯飞已成为亚太地区最大的语音上市公司，占据中文语音主流市场近 70% 的市场份额，覆盖终端用户数超过 7 亿，在线日服务量达到 15 亿次。

芜湖市在推动中大型企业的创新能力发展过程中，一直致力于促成企业向技术型企业的转变。奇瑞汽车股份有限公司就是以打造“国际品牌”为战略目标，将整车、动力总成、关键零部件研发、生产和销售融为一体，成为国内最大的全链条一体化的自主品牌汽车制造企业。奇瑞在自主创新的汽车研发上，在汽车工程研究和研发总院的基础上，在涡轮增压缸内直喷技术（TGDI）、双可变气门正时技术（DVVT）、无级变速器（CVT）和新能源等国内尖端核心技术上取得突破性成果。

2. 科技“小巨人”企业和小微企业创新培育稳步推进

科技“小巨人”企业扶持计划和小微企业创业创新是引领经济新常态的大战略，合芜蚌示范区构建大载体、提供大服务、完善大政策、建立大制度、优化大环境，努力把合芜蚌示范区打造成为引领安徽省、为全国作示范的“创业福地、创新高地”，为推动中部崛起开辟新路径。

2014 年，合芜蚌示范区拥有科技企业孵化器 85 个，其中国家级 17 个；在孵企业达到 2969 家，当年新增 953 家，当年毕业企业 303 家。各类高新技术产业基地达 48 家，其中国家级 18 家，实现营业总收入 8061.1 亿元。生产力促进中心达 127 家，其中国家示范中心 7 家，实现服务总收入 3.9 亿元。

2016 年，安徽省共有国家小微企业创业创新示范基地 7 家，省级小微企业创业基地 135 家，已建设 200 余个各类众创空间，入驻近 1.2 万位创客，吸引近 1500 个创新团队。

合芜蚌示范区在持续发展过程中，小微企业和科技“小巨人”企业都是具有现代创新含义、成长性较好的且具有一定规模性的科技型企业。在培育小微企业和科技“小巨人”企业的过程中，合肥市实施具有明确路线规划的企业成长路线，在全国率先实施《合肥市科技创新型企业培育计划》《合肥市高成长性企业培育工程》等，制定了《科技创新型企业评价体系》，同时建设“创业—孵化—科技型中小企业—创新小巨人”全链条服务体系，通过对企业成长的不同阶段进行分类引导，促进小微企业和科技“小巨人”企业的健康成长。

总体上来说，合芜蚌示范区的创新创业环境优良，成为安徽省创新驱动发展的创新高地和创业福地。

四　合芜蚌国家自主创新示范区建设的难点分析

经过多年的发展，合芜蚌示范区在其自主创新能力上得到大幅提高，特别是高端创新服务平台的建设逐步走向国际舞台。但是合芜蚌示范区建设当中还存在一些问题和不足，与其以科技创新为特色，辐射带动安徽省新增长极，成为中部崛起创新示范区的发展定位还有一定距离。具体来看，合芜蚌示范区的建设还存在以下难点。

（一）战略性新型产业“规模小、龙头弱、链条短”

目前，安徽省合芜蚌示范区的战略性新兴产业已在爆发式快速发展过程中形成了“新型显示”和“机器人”两个国家战略性新兴产业的集聚发展试点，但是，其“规模小、龙头弱、链条短”的产业集聚状态还没有根本改变。

第一，安徽省首批 14 个产业基地的建设从无到有、由小及大需要一个自主创新的发展过程，八大协同创新平台和十大战略性新兴产业研究院仍旧处于初步发展阶段，需要在龙头战略性新兴产业的带动作用下持续发展，分阶段、分领域发展，进而促进创新投入和创新产出在产品链上的统一，促进科技产出和科技需求的对接。

第二，合芜蚌示范区中技术含量高、规模大以及在全国有影响力的高新技术企业和战略性新兴产业在全国乃至国际市场中还不占据品牌地位，与国家 IC 之都、“中国声谷”、全国量子通信产业基地、中国光伏第一城目标还有较大差距。

第三，合芜蚌示范区的产业集聚中现有产品链和创新链仍旧有进一步延展的空间，示范区内每个市之间的区域创新链条连接不足，仍旧处于“碎片状”，示范区内的产业关联性和互补性还有待强化，仍旧未形成互通有无、相互促进的融合状态。

（二）科技成果转化系统链作用仍未得到有效发挥

在产业链部署创新链的过程中，科技成果“最先一公里”和“最后一公里”往往形成科技成果转化的巨大差距。合芜蚌示范区在持续推进成果落地、关键性技术的研发、实施科技重大专项、科技成果转化上仍旧有较大的建设空间，特别是在合肥综合性国家科学中心建设后，在前沿高端技术领域，利用大科学工程和设施集群形成的基础性和科技性创造需要得到市场的验收，进而才能够促进科技成果效用的最大化。

第一，合芜蚌示范区的科技成果转化方向仍需明确。在合芜蚌示范区的建设过程中，在战略性新兴产业的集聚发展、传统产业的改造升级和服务的发展中，科技需求的发展方向较为杂乱，在关键技术的研发和成果转化上，各类创新主体的发展方向不够聚焦。

第二，合芜蚌示范区的科技成果转化主体合作相对较少，深度不够，效度不足。目前，示范区内的企业在与高校、科研机构的合作开发和成果应用与推广上衔接不足，存在“合作鸿沟”的问题。同时企业和高校、科研机构之间共建研发机构和技术联盟仍旧较少，科技成果转化的积极性和便捷性不足，高校、科研机构内的创新成果不能及时市场化和产品化。

第三，合芜蚌示范区的科技成果转化渠道较为单一。在“最先一公里”上，对科技人员的奖励力度不够大。对“最后一公里”而言，合芜蚌示范区内科技成果转化率较低，在技术研发、成果转化、产业孵化的过程中存在链接不足的问题。特别是在科学研究、实验开发和推广应用的三级阶段存在着科技成果转化渠道单一、成果宣传渠道单一等问题。

（三）科技“小巨人”企业和小微企业成长仍有难度

在合芜蚌示范区建设过程中，科技“小巨人”企业和小微企业在政策引导下数量、质量和类型已有了较大的发展，但是具有自主创新能力的原创企业成长仍旧存在速度慢、数量少的发展难度。

科技“小巨人”和小微企业的发展基础相对较为薄弱，启动资金、组织人员等相对较少，所具有的创新能力和产品发展能力较弱，其产业链和创新链仍旧处于起步阶段，所以在市场竞争中科技“小巨人”和小微企业往往难以与大中型企业及其自主创新能力相媲美。而在企业创新孵化器中，因政府政策的倾斜，在孵化器中成长的科技“小巨人”企业和小微企业往往需要在市场真实环境中进行实际“考验”，经过市场竞争的优胜劣汰之后，科技“小巨人”企业和小微企业才能够得以最终成型。

（四）财政金融支持政策仍需完善

在合芜蚌示范区的发展过程中，合肥、芜湖、蚌埠三市已形成独具安徽特色的体制机制，在规范发展要素的市场体系构建中已有一定成果。但是财政和科技金融对社会资本的作用不显著，往往是以直接投入的方式为主，但是其吸引境外金融机构的能力不足，金融组织的创新能力不足，民间资本在合芜蚌示范区的作用不明显，知识产权质押贷款等金融产品和服务的创新力不足。出于规避风险的考量，政府的资金往往流向较为成熟的大中型企业的创新能力建设上，对于初创期的企业往往鼓励不足，且资金的流向较为集中。

（五）示范区内部发展协调能力不足

合芜蚌示范区内部发展协调能力不足。合肥市在各类创新能力的指标中呈现出“创新极”的特点，芜湖市和蚌埠市在战略性新兴产业上稍显逊色，特别是在国家级战略性新兴产业集聚的承接上，合肥市展现出强大的产业包容力。合芜蚌示范区的发展呈现出核心化的空间架构，是安徽省乃至中部地区创新驱动发展的先行区和代表区，所以在合肥市自主创新能力高速发展的过程中，需要更为明确芜湖市、蚌埠市的自主创新发展方向，在高新技术产业、发明专利授权量等指标上需要加快创新和发展速度，所以协调三市的创新资源是更快推进合芜蚌示范区协同共进的重点之一。

五　加快合芜蚌国家自主创新示范区建设的对策建议

在长江经济带和长江三角洲城市群等国家重大战略背景下，在安徽省面临转型发展、加速崛起的关键时期，在安徽省系统推进全面创新改革试验方案的基础上，针对合芜蚌示范区的发展难点，提升合芜蚌示范区的科技创新能力，以打造科技资源开放共享平台为依托，把合芜蚌示范区打造成为中部自主创新的重要引擎。

（一）深化体制机制改革，创新“安徽新动能”内生力

第一，持续推进供给侧结构性改革。面对世界科技进步方向和全球产业变革的趋势以及人才成长的规律环境，合芜蚌示范区着力推动供需结构相互匹配，促进合芜蚌示范区内的消费和投资有效融合适应，进而深化改革成果，促进创新新动能，撑起发展新天地。

第二，发挥规划政策的引领作用。合芜蚌示范区的发展在取得阶段性成效的基础上，应当强化其在新时期的政策引导作用，修订和细化在未来一段时间内合芜蚌示范区的发展目标、发展方向、改革措施和实施方案，进而实现合芜蚌示范区的发展路径的规划，促进创新要素和创新资源的集聚，形成创新领域内的“合芜蚌优势”，进而增强示范区对高端要素和产业的吸引力。

第三，深化科技管理制度改革。科技管理制度是发挥创新优势，激活创新主体活力，促进产业链、创新链的融合衔接的重要保证。一是梳理现有科技政策和科技计划。合芜蚌示范区应当在安徽省各类科技计划的项目基础上找到定位和支撑重点，率先建成安徽公开统一的科技计划及政策管理平台。二是继续完善财政和金融支持政策。《2017 年政府工作报告》提出，针对小微企业，应不断扩大减半征收所得税的优惠范围，年应纳税所得额的上限提高到 50 万元；针对科技型中小企业，其研发费用加计扣除比例提高到 75%。通过以上措施从结构性层次加大减税力度和效用。开展科技金融创新，创新科技型企业信贷模式，推动科技金融产品和服务的多元化，开展知识产权质押融资服务，建立质押融资风险补偿机制，促进从实验研究、中试到生产的全过程科技创新融资模式。三是完善激励企业创新政策。合芜蚌示范区应围绕企业规划中的研发需求进行部署，促进企业创新税收优惠政策，为企业在技术创新、技术转让、技术开放、技术咨询和技术服务上免征增值税，同时要为企业制定含金量更高的政策措施，激发企业在关键技术上的创新动力。

第四，建立健全政府在创新管理上的新体制和新机制。政府部门从直接管理具体项目的职能转向为主要负责科技发展战略、规划、政策、布局、评估和监督，推动知识产权指标纳入创新驱动发展评价指标，推动政府完善“两个清单”等运行机制，同时加大政府对知识产权的保护，推进技术标准化工作，强化社会信用体系建设。

（二）推进科技成果实体化，创新“安徽新动能”竞争力

第一，拓宽科技成果转化主体多样性。合芜蚌示范区的科研成果转化体

系应当以企业为主体，高校和科研院所协同发展，促进创新资源的高校配置。为促进企业创新积极性，应促进企业对自身产品的核心技术、产品形态的创新，给创新企业优惠政策，给创新企业简化认定和审批流程，使企业成为真正自主创新的主体。为促进高校及科研机构创新积极性，《2017 年政府工作报告》中提出要切实落实高校和科研院所自主权，开展知识产权综合管理改革试点，充分激发科研人员积极性。

第二，完善政产学研合作机制。完善安徽省科技重大专项实施机制，鼓励合芜蚌示范区在科技重大专项项目的研发上用单更多，创新更多，对产业发展共性关键技术进行攻关，强化龙头企业、产业链上下游企业、高校和科研院所的产业创新战略联盟。

第三，解决好“最先一公里”和“最后一公里”的距离问题。在科技成果的起步阶段，科技成果的使用、处置和收益方案成为改革的重点内容。在科技成果的转化阶段，合芜蚌示范区应当在安徽省内部首先建立起具有规范意义和专业意义的技术成果交易市场，极大缩短从实验室中的技术开发到市场中产业孵化的距离，进而促成更多的科技成果在安徽的土地上市场化。

第四，促进对科技投入的资金多样化，促进财政投入和产出相协调。合芜蚌示范区的建设方向主要是以创新驱动发展，所以示范区内的财政科技投入应当与建设创新型城市的要求相适应，促进财政资金向科技市场中的流动，形成政府、企业和社会的多渠道资金投入方案。

（三）强势推进优势产业集聚，创新“安徽新动能”向心力

科技创新是创新驱动发展战略的核心，所以合芜蚌示范区在建设过程中要进一步促进科技创新体系的完善，坚持以企业为主体、以市场为导向、产学研相结合，通过分析经济和产业中共同需要的科技问题和科技优势，打造优势特色产业，树立合芜蚌示范区的品牌。

第一，打造重大创新平台。合芜蚌示范区在建设合肥综合性国家科学中心和量子信息国家实验室的基础上，统筹推进合芜蚌示范区内的高端研发平台、科技资源共享平台和科技中介服务平台建设，加大对一批重点工程实验

室、企业研究中心等的支持力度，创新研究院运行的体制机制，扩大重大创新平台的国际影响力。

第二，打造优势特色产业。合芜蚌示范区在产业链、创新链、要素链和政策链相互协调的基础上，聚焦产业转型升级，在新型显示、集成电路、智能语音、新能源汽车、公共安全、平板显示、节能环保、健康医疗和新材料等14个省级战略性新兴产业集聚发展基地中着重发展新型显示和机器人两个国家级战略新兴产业集聚发展试点。针对此类优势产业，在财政投入、税收优惠、金融信贷、政府采购、资源配置、项目审批等方面给予重点扶持，加速新型产业规模发展。

第三，推动“走出去”和“引进来”协调发展。在进一步优化产业结构、推动产业多元发展的过程中，需要以产业开放为目标，支持优势企业面向国内外配置创新资源，加强国际科技合作，与发达国家共建合作园区，促进对外技术合作，实施“领军企业引进计划”，对重大项目采用“一企一策”方案，同时要加快对国际市场的认知，促进安徽省企业到境外投资并购，将合芜蚌示范区内的创新成果在世界舞台上展示。

（四）着力建设人才集聚高地，创新“安徽新动能”原动力

合芜蚌示范区的创新动力来源于人才的活力。现代型人才是经济发展中的第一资源，深入促进创新人才向合芜蚌示范区区域内集聚成为促进创新驱动发展的原动力。

第一，完善创新人才激励制度。合芜蚌示范区要不断推动科技管理体制的创新改革，建立以创新质量、创新效率、创新效用为导向的创新成果评价体系，持续扩大高校和科研院所的创新自主权，出台以知识价值为导向、向高层次高技术人才倾斜的分配政策，鼓励各类企业通过股权、期权和分红等多种方式，促进创新人才在为合芜蚌示范区做科技贡献的同时能够获取相应的合理报酬，留得住人才。

第二，加大高层次人才引进。在“高精尖缺”的人才引进导向下，合芜蚌示范区要引进一批战略科技人才、科技领军人才、高技能人才，面向全

球每年重点支持30个左右携带具有自主知识产权、国内一流或国际先进科技成果的高层次科技人才团队，对“千人计划”和“万人计划”的人才分别给予必要的科技资源资助，建设高层次人才“安居公寓”，鼓励高层次人才留在合芜蚌示范区。

第三，建设统一规范的人才平台。合芜蚌示范区的建设必须充分利用好安徽省内的人才及其团队，开展合芜蚌示范区内的“人才特区”等各类人才项目，构建统一的人才管理平台，给予创新平台和空间，充分调动科研人员及科研团队的创造力和创新性，进一步创造“大众创业、万众创新”的氛围。

（五）构建大众创新创业环境，创新“安徽新动能”外源力

“大众创业、万众创新”是以创业和创新带动就业的良好方式，也是推动新旧经济结构转型升级的重要力量，是促进机会公平和加快社会纵向流动的现实渠道。[①] 充分发挥科教资源充沛的优势，探索依靠自主创新驱动区域经济发展的新路径，构建良好的合芜蚌示范区创新创业环境，增强“安徽新动能”的外源力。

第一，促进众创空间的开发。《2017年政府工作报告》指出要鼓励高校、科研院所和企业设立众创空间，打造面向大众的“双创”全程服务体系。“众创空间+创业苗圃+孵化器+加速器+产业基地”的梯级孵化体系的构建促进合芜蚌示范区形成一批众创空间和创新创业示范基地。安徽省到2020年基本建成覆盖安徽省、开放高效和充满活力的众创服务平台。

第二，弘扬工匠精神，营造大众创新创业的氛围。合芜蚌示范区需要大力弘扬工匠精神，在社会中营造出工匠文化与创新文化相结合的现代创新理念，促进科技人员乃至全社会崇尚精益求精的创造精神，培育更多的具有安

① 李克强：《2017年政府工作报告》，http：//www. gov. cn/premier/2017 - 03/16/content - 5177940. html，2017年3月16日。

徽本土文化的“中国工匠”，打造更多享誉世界的“中国品牌”，进而推动合芜蚌示范区经济发展进入质量时代。合芜蚌示范区在鼓励全民创新创业意识的基础上要增强其市场竞争意识，培养创新创业企业家精神，强化科学技术的普及，促进新生代成员发挥其个人独创性，强化自主创新能力。

（六）推动军民深度融合，创新“安徽新动能”延展力

合芜蚌示范区要把军民深度融合作为安徽省系统推进全面创新改革试验方案中的特色项目，拓展自主创新能力建设的可行性和延展性。

第一，构建军地协同高效的创新体系。合芜蚌示范区在建设过程中可将军民融合产业作为战略性新兴产业集聚发展工程，在合芜蚌示范区内的成果孵化转化等基础上实现合肥、芜湖国家级军民结合产业示范基地，在合芜蚌示范区内的军事院校和军工企业形成产学研联盟，促进军事系统创新资源的延展。

第二，健全军民融合体制机制。对军民融合系统过程中产生的问题进行需求分析，建设安徽省军民融合综合信息服务平台，促进军工科研院所企业化，进而促进合芜蚌示范区带动安徽迈向科技强省。

（七）融入国家战略部署大格局，创新“安徽新动能”合作力

合芜蚌示范区是长三角成员，又毗邻中部，是安徽更好地落实长江经济带发展战略，更好地融入长江三角洲城市群发展战略，更好地系统推进全面创新改革试验，更好地服务创新型国家建设的有力抓手，反映其“安徽新动能”的创新格局。

第一，积极融入长江三角洲城市群、长江经济带等国家发展战略。合芜蚌示范区应强化与沪、苏、浙等区域进行创新产业的对接，提升合芜蚌示范区的发展层级。合芜蚌示范区应当抓住互通、互惠的长三角一体化发展和世界级城市群的建设机会，强化科技产业创新和分工合作，在综合交通、基本公共服务体系和生态环境治理体系一体化方面共建共享。

第二，加强区域板块整体联动，形成多极支撑格局。在合芜蚌示范区的建设中，着力打造合肥都市圈扩容升级，创建国家级合肥滨湖新区，同时实施皖江示范区长期规划，在区域合作机制逐步完善的过程中，合芜蚌示范区加快形成板块联动、多点支撑的发展新模式，创新新格局。

参考文献

李克强：《2017 年政府工作报告》，2017 年 3 月 5 日。

李锦斌：《在安徽省科技创新、科技奖励、合芜蚌国家自主创新示范区建设暨系统推进全面创新改革试验工作大会上的讲话》，2016 年 7 月 20 日。

李国英：《安徽省 2017 年政府工作报告》，2017 年 1 月 16 日。

张韶春：《关于安徽省 2015 年国民经济和社会发展计划执行情况与 2016 年计划草案的报告》，2016 年 2 月 17 日。

国务院：《国务院关于安徽省系统推进全面创新改革实验方案的批复》（国函〔2016〕111 号），2016 年 6 月 24 日。

中共安徽省委、安徽省人民政府：《关于实施创新驱动发展战略进一步加快创新型省份建设的意见》（皖发〔2014〕4 号），2014 年 2 月 23 日。

安徽省人民政府：《关于修订印发实施创新驱动发展战略进一步加快创新型省份建设配套文件的通知》（皖政办〔2015〕40 号），2015 年 7 月 20 日。

安徽省统计局、安徽省科技厅：《2015 年安徽省科技统计公报》，2015 年 12 月1 日。

安徽省财政厅：《合肥市小微企业创业创新基地城市示范实施方案》，2015 年 5 月 21 日。

课题组长黄家海、王开玉、蔡宪，总报告执笔王开玉、方金友、周艳：《合芜蚌自主创新体系研究》，安徽省 2009 年软课题（项目编号 09030503058）。

课题组长黄家海、王开玉、蔡宪，总报告执笔王开玉、方金友、吴翠萍、周艳：《提升合芜蚌自主创新综合实验区创新能力建设服务功能的路径研究》，安徽省 2012 年软课题（项目编号 12020503065）。

安徽省市场经济研究会课题组，总报告执笔王开玉、吴翠萍、王方霞、曹姗姗、张倩倩、马宏宇、陈丽雯：《芜湖创新型城市发展研究》，芜湖市 2013 年软课题项目（项目编号 2013rkx01）。

“培植创新沃土，打造创业福地”课题组：《培植创新沃土，打造创业福地——合芜蚌自主创新综合配套改革试验区成为大众创业、万众创新的新高地》，载于黄家海、王开玉、蔡宪主编《安徽社会建设分析报告（2014～2015）》，社会科学文献出版社，2015。

芜湖创新型城市发展研究课题组：《芜湖创新型城市发展研究》，载于张志宏主编《芜湖创新型城市发展报告（2014~2015）》，社会科学文献出版社，2015。

R. E. 帕克、E. N. 伯吉斯、R. D. 麦肯齐著《城市社会学：芝加哥学派城市研究》，宋俊岭、郑也夫译，商务印书馆，2012。

冯之浚：《国家创新系统的理论与政策》，经济科学出版社，1999。

张亨明：《国家级自主创新试验区发展存在的问题及对策建议——以“合芜蚌”自主创新综合配套改革试验区为例》，《理论探讨》2016年第2期。

李岱、岳意定：《企业技术创新战略投资时机研究——基于非完全信息的期权博弈分析》，《江淮论坛》2013年第6期。

合肥市科技局：《合肥高新区：打造知识产权示范园区》，2017年1月25日。

安徽省科技厅：《2016年安徽省高新技术产业统计公报》，2017年1月24日。

安徽省科技厅：《2016年1~11月份安徽省专利申请授权情况》，2016年12月23日。

分 报 告

Topical Reports

B.2
合肥市自主创新发展报告

程千宜*

摘 要： 合肥市最大的比较优势，是科教资源优势。从2004年被确定为全国首个科技创新型试点市，到2008年启动合芜蚌自主创新综合配套改革试验区建设、2010年入围国家创新型城市试点，再到系统推进全面创新改革试验，合肥市始终坚持把创新作为第一动力，强化举措，攻坚突破，走出了一条具有合肥市特色的自主创新之路，创新驱动已成为合肥市经济转型升级发展的主引擎。面向“十三五”，合肥市深入践行新发展理念，将创新驱动发展置于战略高度，在不断完善自主创新体制机制的过程中进一步加快政策体系构建，在建成世界一流的综合性国家科学中心和全国性产业创新中心的基础上，

* 程千宜，合肥市委政策研究室副主任、合肥市社科联副主席，研究方向为经济社会学。

将合肥市打造成具有国际影响力的创新之都。

关键词： 合肥市 科技创新 产业创新

从2004年被确定为全国首个科技创新型试点市，到2008年启动合芜蚌自主创新综合配套改革试验区建设、2010年入围国家创新型城市试点，再到系统推进全面创新改革试验，合肥市始终围绕创新驱动这条主线，坚持以改革为动力、以企业为主体、以市场为导向、以产业化为核心，用足用好“先行先试权”，加速产业链、创新链、资本链、人才链和信息链在区域创新发展和协调进程中的“五链融合”，不断完善区域创新体系，走出了一条具有合肥市特色的自主创新之路。

一 合芜蚌示范区中的合肥市创新发展

合肥市推进科技创新，这不是“拍脑袋”“想当然”的事情，从某种意义上说是被发展“逼”出来的。因为合肥市最大的市情，就是合肥在县城格局上发展起来的省会城市，自然资源匮乏，工业基础薄弱，发展不足、发展不快、发展不优，总量少，水平低。合肥市最大的比较优势，是科教资源优势。要想后来居上加速发展，必须发挥自身优势，当务之急就是用好科教资源。

2008年以来，合肥市依托合芜蚌自主创新综合配套改革试验区，在创新驱动发展的基础上不断攻坚克难，创新发展方式，引导合肥市作为创新型城市不断从“理念”走向“实践”，创新驱动发展战略已经成为合肥市经济优质升级、产业转型优化的主要驱动力。在进一步推进合芜蚌自主创新综合配套改革试验区的转型升级过程中，合肥市始终坚持“六个突出”，具体如下。

1. 突出体制机制改革创新

就体制机制的原动力创新，合肥市通过修订《合肥市科学技术进步条例》，在全国率先将创新型城市建设发展方案全面纳入地方法律法规之中，进而将创新理念纳入城市发展精神；合肥市全面推动科技体制的管理创新改革，先后开展股权及分工激励试点、国家科技成果使用处置及收益管理改革试点、科技金融改革试点和在国家小微企业创业创新基地进行城市示范等；合肥市建立多元化的投入机制，逐年加大财政科技投入，在“十二五”期间，合肥市财政局对科技的投入已经超过百亿元，占合肥市本级财政支出比例的4%，投资科技产业，大力提高科技能力，从战略层面上拓展科技创新的可能性；通过基金、财政金融产品、“借转补”等多种政策工具撬动金融资本、社会资本和产业资本，对科技产业的社会研发投入年均增长28%，占GDP比重达到3.09%；合肥市对基金的投入实行风险容忍机制，政府对投资引导基金的风险容忍度提升至10%，对天使投资基金的风险容忍度提升至30%。

2. 突出新兴产业集聚发展

合肥市在安徽省“4105”行动计划的指导下，出台合肥市“586”创新转型升级发展行动计划，坚持科技与产业结合，创新产业培育方式，着力构建以新兴产业为引领、先进制造业为主体、现代服务业为支撑、现代农业为基础的产业新体系；大力推动资源要素向战略性新兴产业集聚，推动新兴产业集聚发展，加快促成合肥市建设新型显示、智能语音等四个省级首批战略性新兴产业集聚发展基地，实施市级战略性新兴产业集聚发展基地建设；“十二五”以来，战略性新兴产业年均增长29.2%，对规模以上工业增长的贡献率达到54.2%。

3. 突出重大平台前瞻布局

合肥市不断构筑新型产学研创新体系，在企业、科研院所、高校等创新资源集聚的背景下，筹建合肥综合性国家科学中心和全国产业创新中心，加快建设中国科学技术大学先进技术研究院、中国科学院（合肥）技术创新工程院、合肥工业大学智能制造技术研究院、北京大学未名生物经济研究院、北京航空航天大学合肥科学城等一批高端创新平台。以企业为主体、高校为主角，打造共性技术研发平台，合作共建现代显示、语音信息、新能源汽车等一批战略性新兴产业研究院，并实现实体化运作；以企业工程（技术）研究中心、重点实验室等研发平台为载体，建设企业产学研合作平台，建设国家、省、市重点实验室和工程（技术）研究中心、企业技术中心等各类创新载体达959家；持续加强公共服务平台建设，建成“一中心、三基地”（科技创新公共服务中心和科研基地、孵化基地、产业基地）达125万平方米。

4. 突出“双创”示范引领

合肥市大力推动“大众创业、万众创新”工作进展，在此基础上，合肥市已成功入选国家小微企业创业创新基地城市示范和国家双创示范基地，在此背景下，合肥市“双创”工作的三年行动计划和28条政府支持政策全面出台，“双创”成为合肥市创新驱动发展的重要精神文化，合肥市全面掀起了创新创业文化及产业热潮。合肥市还积极打造留学生创业园、“海智”基地、海外高层次人才创新创业基地、院士工作站等科技创新创业载体，其中，合肥公共安全研究院获批中组部国家海外高层次人才创新创业基地；建成科技创业苗圃、5F创咖、梦工厂等各类众创空间15家，培育科技创业孵化器33家，在孵企业1259家，累计毕业企业2300多家，培育高新技术企业310家。

5. 突出创新成果应用转化

合肥市完善创新驱动导向评价体系、创新创业投资引导机制和政策体系，鼓励科研院所、高校深入开展科技成果使用权、处置权和收益权改革，鼓励企业、高校、中介组织成立专攻技术集成、熟化、转移的机构，积极提供研发设计、创业孵化、检测认证等科技服务，做大创业投资、股权投资、风险投资、天使投资等基金规模，引导金融机构与创业资本融合；建设安徽联合技术产权交易所有限公司，开通运行网上技术交易平台，打造区域性创新资源交易市场；围绕产业链部署创新链，依托创新链构建产业链，依托重大创新平台加速推进科技成果转化。

6. 突出创新环境优化

合肥市着力构建具有地方特色的自主创新政策体系，在统筹创新资源、政策资源、社会金融资本融合的背景下，协同推进科技创新，努力打破创新资源条块壁垒；研发费用加计扣除、高新技术企业所得税减免等普惠性政策的落实取得显著成效；深入推进科技金融融合，科技金融产品和服务不断创新，天使基金投资规模不断扩大；突出以制度吸引人才、以产业培养人才、以平台集聚人才，累计组建省级产业创新团队21个、市级产业创新团队137个，吸引海内外高端人才2700多人；合肥市专业技术人员人数达到70.8万，各类人才总数达到142.7万；科学普及工作成效明显，全民具备科学素质比例达10.2%，居安徽省第1位，高于全国平均水平4个百分点，全社会关注创新、支持创新、参与创新的氛围加速形成。

二　合肥市自主创新的主要成效

“十二五”以来，借着合芜蚌自主创新综合配套改革试验区建设的东风，合肥市主要以提升产业创新能力为重心推进合肥市的自主创新发展，科技、经济、社会发展取得巨大成就。“十二五”规划确定的重点创新目标任务圆满完成，合肥市“大湖名城、创新高地”建设迈出新步伐，为“十三五”时期的加速发展奠定了坚实基础。2016年4月，习近平总书记视察中国科学技术大学先进技术研究院时，指出安徽省合肥市“在新兴产业发展方面动作快、力度大、成绩明显，超出我的预期”。

1. 综合实力迈上更高台阶

合肥市主要经济指标总量排名进入或接近全国省会城市前十位，其年均增速也居全国前列，持续发挥省会经济带动力的作用。具体而言，2015年，合肥市生产总值已达到5660.3亿元，“十二五”期间连跨3个千亿台阶，年均增长12.2%；省会经济首位度5年提高3.8个百分点，达到25.7%；规模以上工业增加值达到2255.7亿元，年均增长15.7%；财政收入达到1000.5亿元，连跨6个百亿台阶，年均增长14.5%；全社会固定资产投资累计完成23600亿元，年均增长19.8%；社会消费品零售总额达到2183亿元，年均增长16.9%。

2. 创新实力显著增强

合肥市是我国大科学装置最为集中的城市之一，拥有中国科技大学等高等院校60所，国家大科学工程5个，国家级重点实验室12个，在合肥市工作的“两院”院士达81人，省部级重点实验室和工程实验室150个，省级以上工程技术研究中心132个。英国《自然》杂志报告评价，在基础科研实力方面，合肥市居中国全国前列。在自主创新能力方面，合肥市的能力指标全部进入全国省会城市前十强。高新技术企业在合肥市落地数量居全国第7位，发明专利申请量和授权量分别居全国第5位和第10位，全市研发投入占GDP比重上升到全国第2位。同时，合肥市先后获批国家首批创新型试点城市、全国首批智慧城市试点城市、国家知识产权示范城市和国家科技金融结合试点城市等，连续8次蝉联全国科技进步先进城市。合肥市国家高新区综合排名由全国第13位跃升至第7位，合肥市成为全国首批科技服务业区域试点城市、“大众创业、万众创新”示范基地。

3. 创新成果加速涌现

合肥市重大自主创新成果密集涌现、落地生效。量子通信、铁基超导等一批原创性成果的发布在全球专业领域内产生了重大影响，超导技术、智能语音等科学技术居于世界专业领域的领先地位，在此过程中也涌现出一批重大科技专项成果，例如微小型燃气轮机、65纳米制版光刻设备等处于逐步产业化的过程中。合肥市部分创新成果获得了国家自然科学一等奖，82项成果获安徽省科学技术奖一等奖。“十二五”期间，合肥市获得国家科学技术奖共45项，相对于“十一五”期间，国家科学技术奖增加了18项。合肥市创新型产品不断涌现，建设全球首条10.5代液晶面板生产线，建成全球首个量子通信城域网并发射首颗量子卫星，诞生了全球首款效率达99%的商业化逆变器、全球最大吨位双动充液拉深液压机和全球最大功率潜水泵等。2016年4月，合肥市量子通信、智能语音、新型显示等76项创新成果接受习近平总书记视察检阅，并得到充分肯定。

4. 产业结构不断优化

一批百亿、数百亿级的重大项目，如京东方10.5代线、12寸晶圆等相继落户合肥市；一批新型产业，如新型显示、新能源汽车、智能语音等相继在合肥市集聚孵化；一批新兴产业，如集成电路、量子通信、生物医药、高端医疗装备、燃气轮机等在合肥市突破创新。在全球化和产业化的过程中，合肥市的传统产业在其原有优势的基础上深入推进核心创新能力建设，增加高技术服务行业的紧密联合，拓宽家电、汽车等传统制造业的创新面，向高端产业链迈进。在此基础上，合肥市战略性新兴产业产值在“十二五”期间增加 2.7 倍，年均增速近 30%；高新技术产业增加值由 620 亿元增加到 1257.2 亿元，占 GDP 比重为 22.2%。

5. 创新主体更加凸显

国家高新技术企业由 443 户增长到 1056 户，5 年内增长 1.4 倍。其中，新增已上市的国家高新技术企业 11 家，总数达到 27 家。合肥市企业创新主体的地位大幅提升，就研发机构总数、研发投入总额、科技人员人数、授权专利量等指标，企业在全部创新主体中占比已达到 70% 以上。一批原创成果孕育了一批高科技企业，如京东方科技集团股份有限公司、科大讯飞股份有限公司、合肥科大立安安全技术股份有限公司、阳光电源股份有限公司、合肥工大商科信息科技股份有限公司、安徽巨一自动化装备有限公司、合肥波林新材料有限公司、安徽宝龙环保科技有限公司等。

在合芜蚌自主创新综合配套改革试验区等多重自主创新政策的引导下，合肥市的经济实力和创新能力不断提升，在试验区建设中的龙头带动作用日益凸显，主要经济指标和创新指标在试验区中超过“半壁江山”（见表 1）。

表 1　2015 年合肥市主要指标及占合芜蚌试验区比重

主要经济指标	GDP		规模以上工业企业数		规模以上工业增加值		固定资产投资		进出口总额	
	总量（亿元）	占比（%）	总量（个）	占比（%）	总量（亿元）	占比（%）	总量（亿元）	占比（%）	总量（亿美元）	占比（%）
	5660.3	60.4	2392	42.5	2255.7	51.5	5851.9	58.4	203.4	69.0
主要创新指标	专利申请量		专利授权量		发明专利授权量		高新技术企业数		战略性新兴产业产值	
	总量（件）	占比（%）	总量（件）	占比（%）	总量（件）	占比（%）	总量（个）	占比（%）	总量（亿元）	占比（%）
	32365	52.4	17070	58.0	3413	56.9	1056	62.1	2788.8	56.6

三　合肥市自主创新发展中存在的问题

在看到合肥市取得巨大创新成果的同时，也必须认识到，合肥市在创新发展上仍旧存在着一些突出问题及挑战。主要表现为以下几个方面。

1. 适应创新驱动的体制机制亟待健全

合肥市知识创新、技术创新和产业创新体系衔接的紧密度不够，协同创新统筹力度还需加强，激励创新的市场环境仍需进一步培育，促进创新成果加速转化、产业结构加速升级的体制机制尚需不断完善；研发投入、专利授权总量还不够多，由于 GDP 基数效应，2015 年，合肥市全社会研发经费相当于南京市的 60.1%、杭州市的 58%；发明专利授权量仅相当于南京市的 41.3%、杭州市的 41.1%。

2. 科技资源整合运用能力不够强

合肥市科技资源“碎片化”“孤岛”现象依然存在，科技成果转化深层次障碍还未破除。合肥市科教资源的比较优势主要集中在基础研究领域，在合肥市工作的院士以及由其领衔的高层次科研群体大部分从事基础研究，但能够为合肥市的经济直接提供创造力和生产力的重大项目研究成果仍旧较少，科技进步对实践性生产成果的贡献程度十分有限。合肥市公共服务平台建设还较薄弱，有影响力的科技中介机构数量不多、规模不大。2015 年，合肥市技术合同总额仅相当于南京市的 52.9%。

3. 企业创新主体地位仍待提高

合肥市创新能力强的企业数量还不够多、规模还不够大，在国内外具有较大影响力和核心竞争力的企业还较少；高新技术企业规模偏小、实力不强，在全市高新技术企业中，年产值超过亿元的仅占 23%；企业承接成果转化能力不足，全市 19 个国家级研发平台（国家实验室、国家工程技术中心），设在企业的只有 7 个。在省会城市中，合肥市高新技术企业数量比排在前一位的南京少 218 家。

4. 科技人才队伍建设仍有待加强

高层次创新创业和管理人才比较匮乏，难以满足合肥市快速转型升级发展的需要，引进力度还需加强，人才结构仍需优化。合肥市高层次人才由基础研究领域向应用研究领域转移的机制尚未形成，当前科研高校的人事管理缺乏灵活性，激励和流动机制不健全，造成管理僵化、效率低下，导致人才在外创业放不开手脚。同时，科研高校科技成果的收益分配权受国家政策限制，未能很好地发挥作用。

5. 创新服务需进一步优化提升

相比国内其他省会城市，合肥市制定了不少首创、独创的政策，创新政策体系比较完善，但总体上对市场作用的发挥还不够。虽然近年来合肥市金融机构对科技创新的支持力度逐步加大，但是从总体来看，融资难、融资贵仍然是科技型企业成长道路上的"拦路虎"，推动科技型中小企业加速成长、知名品牌加速形成的融资机制尚需不断完善。

"十三五"乃至未来更长一段时间内，合肥市要在新一轮的城市竞争中抢得主动、赢得优势，必须系统推进全面创新改革，逐步完善自主创新生态体系，在创新型城市建设的基础上强化自主创新能力和推动创新驱动发展。

四　合肥市在合芜蚌示范区中的定位

《合芜蚌国家自主创新示范区建设实施方案》明确指出了合芜蚌示范区的总体定位：全面提升区域创新体系整体效能，打造国内外有重要影响力的产业创新中心。合芜蚌示范区的具体定位是：努力建设成为科技体制改革和创新政策先行区、科技成果转化示范区、产业创新升级引领区、大众创新创业生态区。

合肥市在自主创新建设方面，一直以创新驱动为发展动力，全面推动创新改革成果和国家自主创新示范区的发展规划融会贯通，在科学技术的核心要素上实现全产业链条和全要素平台的全面构建，进而推动合肥市在创新创业上的全面覆盖，促进合肥市自主创新能力的显著提升，激励合肥市"双创"

文化的积极构筑，最终将合肥市建设成为世界一流水平的综合性国家科学中心和高层次高水平人才集聚中心，促进合肥市逐步成为具有国际影响力的创新都市，更好地发挥其在示范区建设中的龙头带动作用。

1. 聚力打造科技体制改革先行区

合肥市加强创新体系顶层设计，以制度创新、政策改革创新推动科技创新。制定完善《合肥市系统推进全面创新改革试验实施方案》，推动政府实施职能转变、科技成果转化、人才吸引和人才培育、科技收益激励等与创新驱动发展相关的制度创新，在制度上给予自主创新充分的空间和自由，进而促进科技创新产品、资源、政策、信息、人才等各个要素之间的相互融合与建设，推动合肥市在市场规律、国际通行规范的基础上设置出符合合肥市本土经验的创新制度，继而推动科技体制机制创新，将其经验扩展到全国范围，形成可复制、可推广的改革成果。

2. 聚力打造科技自主创新示范区

合肥市通过基础技术和核心技术的攻坚克难、通过前沿技术和应用技术的实践发展，促进创新能力从模仿创新到引领式创新的转变，进而推动创新水平和能力大幅提升。合肥市将在超导核聚变中心、中国量子中心、天地一体化信息网络合肥中心、离子医学中心等国家级重大工程平台和中国科学技术大学先进技术研究院等10个以上新型协同创新平台的基础上，促进科学发展、技术发明和产业发展的融会贯通，进而形成新型研发机构裂变式的创新态势，不断夯实合肥综合性国家科学中心的建设基础。同时，合肥市打通科技成果产业化“最后一公里”，缩短科技成果从实验室到产品的转化距离，完善科技成果研发、交易和转化机制，促进科技新业态。

3. 聚力打造产业创新转型引领区

大力实施科技型企业培育计划，推动合肥市企业向全球创新链、价值链上游攀升。合肥市在推进创新转型升级的战略基础上，持续推动建设国际一流的新型显示产业集聚区和世界级光伏产业集群，形成一批具有全国影响力的新兴产业集群，将合肥市打造成“中国IC之都”“中国声谷”，持续迈入国际国内竞争市场，争取到2020年，在合肥市范围内建成4个千亿元战略性新兴产业基地。

4. 聚力打造大众创新创业生态区

合肥市通过不断弘扬创新文化，稳固创新思维，发挥创新活力，打造出大众创新创业的生态区。在合肥市成为国家小微企业创业创新基地城市示范和国家双创示范基地的建设背景下，通过创新创业资源的不断聚集，科研人员和海内外高层次人才在合肥市的不断集聚，合肥市有机会、有能力构建出体制完善、灵活开放的众创空间。同时，合肥市实行创新、创业、创投、创客"四创联动"，建立以众创、众包、众扶、众筹为特征的"四众模式"，推进完善创新创业生态系统，促进创新与创业相结合，线上和线下相协调，孵化和投资相连接，助推所有怀揣"双创"梦想的人士走向成功。

5. 聚力打造创新发展核心区

合肥市不断集成创新资源、创新政策和创新人才，秉承"创新驱动、产业引领、开放发展、产城融合"的思路，将合肥市高新区打造成合肥市创新资源关键区。具体而言，合肥市高新区的创新体制机制改革是合肥市创新政策的先行军，合肥市高新区在科技成果转化链条、人才集聚与科技金融等方面已经能够落地实施，形成具有本土经验的先行先试创新政策成果，进而引领安徽省自主创新发展、实施创新政策。

五　合肥市自主创新发展的趋势和目标

"十三五"时期，是合肥市率先全面建成小康社会的决胜期，是合肥市建设长三角世界级城市群副中心城市、打造国际国内一流创新之都的关键期，也是合肥市加快科技改革和创新发展、建设创新型城市的黄金期。

（一）面临形势

从宏观环境看，当前全球新一轮科技革命和产业变革正孕育兴起，科技创新与产业、企业、产品和市场相互影响，深刻影响人类的生产和生活方式，也为科学事业的发展开启了新篇章。我国进入经济新常态，产业转移和资本流动在全国范围内加速变化，我国跨越中等收入陷阱的动力手段就是创新驱动发展，创新成为我国经济社会发展向中高端迈进的不竭动力。产业创新竞争正在形成新格局，全国各区域通过科技创新促进产业升级、提质增效，科技创新已成为在国际市场上夺取发展先机的根本途径。

从战略机遇看，十八大以来，中央在促进国家发展战略上把创新摆在核心位置，习总书记强调要牢固树立创新理念，大力实施创新驱动发展战略，坚定不移地走中国特色自主创新道路，向着世界科技强国不断前进。创新能够为我国科技事业稳步前行、实现科技产业更好更快的跨越发展提供了更为核心的驱动力，为其通过科技引领经济发展提供了更为明确的方向和目标。2016 年 6 月，国务院批复同意建设合芜蚌国家自主创新示范区，并批复《安徽省系统推进全面创新改革试验方案》，这既是合肥市大力实施创新驱动发展战略的重要抓手，又是加快产业升级、提升产业核心竞争力的重要手段，促进合肥市在更大范围内集聚创新资源，种好国家赋予的试验田，当好示范区建设的排头兵，增强创新示范区的引领作用。

从合肥市的现状看，合肥市经济发展已进入工业化后期，经济社会处于创新转型升级的战略关键期。长三角城市群副中心和“大湖名城、创新高地”的战略定位，对合肥市科技驱动发展提出了更高的要求。合肥市以自主创新为依托，推动创新驱动发展战略的事实，对推动供给侧结构性改革，实现经济社会发展动力转换和质量效益持续提升具有重要的战略意义。目前，合肥市已经开始稳步推动全面创新改革试验，在国家自主创新示范区和国家小微企业创新创业基地示范城市的发展背景下，以打造全球影响力的综合性国家科学中心和全国产业创新中心为增长点，将创新创业平台和基地建设落到实处，创新驱动发展已具备加速发力的基础。

（二）发展目标

到 2020 年，合肥市争取做到主要创新指标稳居全国省会城市前列，具有合肥特色的区域创新体系基本形成，自主创新的体制机制也不断完善，其政策体制和产业创新体制持续发展，合肥综合性国家科学中心和产业创新中心的发展稳步推进并取得突破性进展，合肥市在推动安徽省全面创新改革试验和合芜蚌国家自主创新示范区的建设上充分发挥其在科教和人才战略培养上的引导作用，朝着具有国际影响力的创新之都迈进。具体目标如下所示。

1. 经济发展目标

经济总量位次前移，合肥市主要经济指标及增速保持全国省会城市前列。具体而言，到2020年，合肥市生产总值力争达到10000亿元，人均生产总值达到12万元，财政收入达到1600亿元。

2. 产业创新目标

合肥市高新技术产业保持高速增长，向中高端迈进，打造10个左右具有国际重要影响力的产业集聚发展基地，高新技术产业增加值占生产总值比重达25%，战略性新兴产业产值达到7000亿元。

3. 创新能力目标

全社会研发投入占生产总值比重达到3.5%，合肥市每万人口发明专利拥有量增长到22件以上，同时，技术合同交易额翻一番，世界领先的重大科技成果加速涌现，培育一批国际知名品牌和驰名商标。

4. 创新平台目标

合肥综合性国家科学中心基本建成，国家级重大工程平台和产业创新中心建设取得突破进展；建成高水平、高层次新型协同创新平台10个以上，拥有国家级研发机构超过100家，促进合肥市大中型工业企业研发机构全部覆盖，提升其核心竞争力。

5. 创新人才目标

合肥市实现创新创业环境不断优化，在其创新文化背景下不断集聚一大批现代企业管理人才和科技人才，围绕合肥战略性新兴产业和主导产业，面向国内外引进200个左右高层次人才团队在合肥创新创业。

6. 体制创新目标

科技管理和投入体制更加完善，在科技成果转化、产业协同创新、高层次人才集聚、科技金融深度融合、科技体制机制改革等方面，形成若干可复制、可推广的经验，成为具有引领和带动作用的区域创新改革示范区。

（三）重点任务

1. 建设综合性国家科学中心

主要内容为：建设大科学工程及装置集群，建设国家重大创新中心，建设一流大学和科研机构，催生颠覆性技术与产品等。

2. 建设新型创新平台体系

主要内容为：建设新型协同创新平台，建设产业共性技术研发平台，不断完善科技创新公共服务平台等。

3. 构建现代产业创新体系

主要内容为：大力发展高新技术产业，加快培育未来先导产业，创新升级传统优势产业，推动农业科技的转型升级，转变农业和科技之间的服务业态，持续提升不同园区创新发展能力等。

4. 提升企业自主创新能力

主要内容为：不断凸显企业在创新发展中的主体作用，不断培育高新技术企业的中坚力量，建设高水平企业研发中心等。

5. 完善创新创业生态体系

主要内容为：构建大众创新创业新机制，推动科技金融深度融合，大力实施知识产权战略，推进社会发展科技惠民计划，提升全民科学技术素质等。

6. 推进改革创新和开放合作

主要内容为：探索完善科技创新政策体系，深化科技管理体制改革，参与全球研发分工，加强区域科技创新合作，推动科技资源开放流动等。

7. 构筑创新创业人才高地

主要内容为：创新人才政策机制，优化人才发展环境，实施人才引育计划，加强人才创新创业载体建设等。

六 合肥市自主创新发展的对策建议

（一）推进理念创新、突出问题导向，在破除传统路径依赖中推进创新转型升级

推动以科技创新为核心的全面创新，不断促进合肥市经济新常态下的发展新动力，促进创新驱动发展战略的实践性和拓展性，发挥创新驱动的引领作用，加快由创新发展的追赶者向引领者转变的步伐。

1. 创新发展思路

合肥市坚持“抓创新就是抓发展，谋创新就是谋未来”的创新思路，紧紧围绕“五位一体”的总体布局和“四个全面”的战略布局，以新发展理念为依托，将创新作为发展的第一动力，在实践基础上以创新型城市建设为抓手，充分发挥科教资源优势，依托科技创新，坚持开放承接，通过招商引资不断突出新型工业化、新型城市化和农业现代化的转型力量，发挥创新与产业相结合的重要作用，做大做强经济总量，不断提升综合实力。

2. 创新思维观念

合肥市在创新的过程中必须树立正确的创新观，勇于开放学习，紧跟世界潮流，以战略眼光把握科技革命、产业变革和市场需求的趋势；不能叶公好龙、追求虚名，要秉持事业情怀，切实做到“抓铁有痕、踏石留印”；不能急功近利、拔苗助长，要有“放长线钓大鱼”的目标，尊重科学规律、做好长远规划，以坚韧不拔的毅力推进创新；不能真伪莫辨、鱼目混珠，要“火眼金睛”、科学研判，善于识别技术真伪、市场需求，做到“谋定而后动”。

3. 创新战略举措

在合肥市的实际创新工作中，寻找合肥市产业创新点，用优势叠加的方式不断推动创新优势的集聚，不断提升自主创新能力，争取合肥市在科技前沿和重点领域保持竞争优势；坚持引领和追赶协调共行，极大推动由“跟

跑”“并跑”变为“领跑”；坚持创新与创业相互促进，在双创环境中逐步推进“双创”承载区，促进创新智慧的不断涌现、创新要素的不断集聚、创新动力的不断充实。

（二）推进体制机制创新、促进政产学研用紧密结合，不断提升自主创新能力

搭建高端创新平台、完善创新链条、优化创新生态，推动合肥市重点领域的关键技术不断突破，加快自主创新能力的“超越领跑”。

1. 系统推进全面创新改革试验

合肥市推动实施《合肥市系统推进全面创新改革试验实施方案》，促进政策体制机制创新、科技金融创新、企业人才创新、军民融合等方面的改革，促成创新全链条的不断对接，形成全面创新改革试验的新经验、新成果和新方案。

2. 加快建成综合性国家科学中心

合肥市布局建设基础大科学装备，推动超导核聚变中心、量子信息国家实验室、智慧能源集成创新中心、大基因中心等七大国家工程平台建设，打造重大科技基础设施集群；聚焦基础科学领域，在重点领域上实现前沿技术的变革性进展和创新性产品的产生，促进尖端科技的发展变革。同时，合肥市依托中国科学技术大学、中国科学院物质科学研究院等高校院所，建设世界一流研究型大学、一流学科和国际知名研究机构，支持北京航空航天大学等国内外知名高校在合肥设立分校；推动中部基础研究中心建设，打造全球研发中心转移承接基地。

3. 创新建设重大创新平台

合肥市以滨湖新区为核心，规划建设巢湖湾科创大走廊，打造全球知名创新共同体、全国重要的科技创新策源地和安徽省创新发展新引擎，通过中国科学技术大学先进技术研究院、清华大学合肥公共安全研究院、合肥工业大学智能制造技术研究院、安徽北大未名生物经济研究院等八大协同创新平台的建设，实现创新尖端资源集聚。同时，合肥市依托行业龙头，整合创新

产业资源，在量子通信、新型显示、新能源汽车、智能语音及人工智能等重点领域建设一批产业共性技术研发平台。推进国内外著名高校和科研院所与合肥市的企业合作，共建一批具备独立法人资格、功能定位清晰、实行企业化管理的新型协同创新平台；引进、培育、集聚国内外高端创新服务机构，建设一批创新公共服务中心。

4. 推进政产学研用紧密结合

合肥市持续推动政策、产业、科研等方面的创新资源和创新能力的集聚，在人才建设和产业建设上以其优质的协同创新目标和重大任务引导为特征，形成合肥市本土化经验特色，在持续实施省、市级重大科技项目的基础上，积极引导形成国家重大科技项目，积极参与国际大科学计划，建设一流的科技创新成果转化体系，引导高校和科研院所“把论文写在产品上、研究做在工程中、成果转化在企业里”，形成一批具有全球影响力的科技成果，助推科学研究、实验研发、推广应用“三级跳”。

5. 完善创新创业生态体系

合肥市通过国家小微企业创业创新基地城市示范的建设，打造极具特色的创新创业集聚区，形成创新要素集聚、创新特色鲜明、创新功能突出的创业生态体系；加快“1+13+X”全市创业创新公共服务平台网络建设，完善创业辅导、政策服务、孵化培育等创业创新综合服务一体化系统；大力发展众创空间、科技企业孵化器等“双创载体”，深入实施“创业江淮”行动计划，办好“全国双创活动周”合肥分会场、“合创汇”等系列活动，举办创业创新大赛，推进“双创示范”城市建设。

（三）推进政策创新、充分激发要素，打通科技创新“最先一公里”和“最后一公里”

合肥市充分发挥政府“有形之手”和市场“无形之手”的作用，促进政策、资金等要素高效配置，实现政策支持由“分散补贴”向“创优环境”转变。

1. 用好“先行先试”政策

合肥市深入推进股权激励和分红激励、科技和金融结合、科技成果使用处置和收益管理改革等国家级改革试点，充分发挥政策的最大效益；加大首创、首台、首套等应用政策创新力度，重大项目采取“一事一议”政策，认真核算投入产出比，在国家各项税收扶持和科研成果转化等政策和合肥市已出台的相关扶持政策中，针对制度性交易成果、用地成本和物流成本等，做好降低策略，降低企业成本，减轻企业负担。

2. 创新政府投入方式

合肥市不断完善“1 + 3 + 5 + N”政策体系，加大科技创新支持力度，稳步提升科技财政支出占地方财政支出的比重，完善稳定支持和竞争性支持相协调的机制。不断创新财政的投入方式，整合政策和资金，运用基金、财政金融产品、“借转补”、创业投资、风险补偿等政策工具撬动金融资本和社会资本，实现财政资金放大效应和循环使用，充分发挥财政资金的杠杆作用，构建多元化、多渠道、多层次的科技投入体系，进而促成创新资源、产业资源、资金资源和政策资源的全链条紧密化。

3. 推动科技金融深度融合

建立健全合肥市金融和资本创新体系，紧密对接服务创新成果转化全过程、中小微企业生命全周期、产业发展全链条；加快引入境内外各类金融机构和知名投资机构，加快推进民营银行筹建和发展；深化财政金融合作创新，落实政银担风险分担机制；鼓励支持以科技型企业为主的各类企业登陆多层次资本市场，开展上市工作、挂牌融资及再融资。合肥市通过开展知识产权质押融资服务，发挥知识产权的创新作用，持续开展科技保险和专利保险试点工作，在科技企业和小微企业信贷风险补偿上创新制度方案，设置科技企业贷款风险补偿资金池，为科技企业和小微企业的发展提供强有力的经济制度支持。

（四）推进产业创新、强化市场导向，努力让创新成果转化为现实生产力

合肥市坚持科技与产业融合，不断发挥企业在创新角色中的主体作用，进而推动战略性新兴产业、传统制造业现代化和创新型现代产业体系构建，

推动成果转化由“打造盆景”向“培育森林”转变。

1. 强化产业战略选择

合肥市坚持以国际视野、前瞻眼光研判产业发展趋势，瞄准“国内空白、可替代进口、技术先进、市场前景大”等方向来选择产业；敢于“无中生有”，根据本地条件及国内外市场需求，科学发展原来没有的产业；善于“小题大做”，把眼下看起来很小，但有巨大市场前景的产业做大，最终形成产业基地、产业集群；在实际操作中，坚持“龙头企业—大项目—产业链—产业集群—产业基地”的思路，具体问题具体分析，大胆创新推进模式。

2. 构建创新型现代产业体系

合肥市加快发展战略性新兴产业，通过以建成具有国际水平和话语权的战略性新兴产业集聚发展基地为目标，在具有先发优势的重点领域内，推进一批重大新兴产业工程，实施一批重大新兴产业专项，引导资源要素向战略性新兴产业集聚，强化产业核心竞争力；加快对传统制造行业进行改造升级，落实“中国制造 2025”，持续推动“机器换人”行动计划，进一步实施工业强基工程，在工艺创造、信息技术与商业模式融合的背景下，推进制造业加速向高端化、绿色化、智能化迈进，争创“中国制造 2025”示范城市；将发展现代服务业置于提速阶段，推进服务业聚集区的产业链条扩大化，向产业链条的专业化、高端化、精细化和品质化转化，推动制造业由生产型向生产服务型转变，全面推动服务业发展提速、比重提高、水平提升。合肥市加快培育一批“百亿级”“千亿级”产业，着力构建国家战略性新兴产业集聚发展基地，在此基础上运用自主创新能力培育出若干个全国重要的、世界级的产业集群。

3. 强化企业创新主体地位

深入实施创新型企业森林工程，包括“创业育苗”“创新造林”“创造领航”等计划，针对初创型、成长型、成熟型等不同阶段制定扶持政策。合肥市通过一系列针对高新技术企业和中小企业的培育实施计划，引导人才、技术、成果、资本等各类创新资源向企业集聚，不断推动企业在技术、品牌、管理和商业模式上的创新，培育一批创新型企业，促进企业成为技术创新最有活力的创新主体、科研组织主体、科技成果转化主体和研发投入主体。

4. 建设高水平企业研发中心

合肥市在合芜蚌国家自主创新示范区的建设基础上，新建一批重点（工程）实验室、工程（技术）研究中心、企业技术中心、工业设计中心、质检中心等高水平研发机构；推进大中型工业企业研发机构、科技活动全覆盖，支持企业与研发机构协同运行形成具有创新能力和产品竞争力的产业技术创新联盟。同时，合肥市积极深化国有企业改革创新，推动国有企业积极参与市场活动，并购、合资、参股创新型企业，推动国有企业产品价值和产业链条向精细化布局发展。

5. 实施质量品牌提升工程

开展增品牌、提品质、创品牌行动，支持合肥市企业参与国际标准建设、国家标准建设、行业标准建设，建设一批高水平的国家级质检中心和国家重点实验室，构建高水平的标准体系、计量基（标）准体系、检验检测技术保障体系和认证认可体系，推动企业质量提升，支持企业争创驰名商标、国际国内品牌，形成一批具有本土特色的自主知识产权的品牌，进而发挥品牌示范区在经济发展中的集聚作用和品牌作用。

（五）推进环境创新、加快集聚人才，构筑一流的创新创业人才高地

牢固树立“人才资源是第一资源”的观念，激发合肥市各类人才的创新热情、事业激情和壮志豪情，加速创新发展由“技术驱动”向“人才驱动”转变。

1. 创新人才政策机制

落实完善《合肥市进一步扶持高层次人才创新创业实施意见》，促进“双引双培”计划的尽快落实。合肥市通过人才管理制度创新探索，加大高端创新创业人才引进、项目研发、成果转化支持力度；加快落实和推进职称制度、职业资格制度改革，完善人才学术交流、技能培训等资助制度，促进人才架起创新创业桥梁，推动高校、科研院所、国企和事业单位有能力、有想法、有创新力和执行力的人才进入创新创业行当，继续加大对优秀人才的

表彰和奖励力度。

2. 加大人才引进培育力度

以国际化视野建立并完善引人、育人和用人机制，以“高精尖缺”为导向，切实推进“外引内培”。合肥市需要充分发挥创新创业高层次人才协会等社会组织的平台作用，搭建政府联系高层次人才桥梁纽带；加快建设人才引进“绿色通道”，采取柔性引进、项目引进等方式，集聚一批具有世界领先水平的高端创新人才和团队；在“双创”文化中积极倡导企业家精神，培养造就一大批勇于创新、敢于冒尖的创新型企业家；开展大规模职业技能培训，弘扬工匠精神，培养规模宏大的高技能人才队伍。

3. 加强创新创业载体建设

合肥市依托综合性国家科学中心、新型研发机构、高校、科研院所、高新技术企业等各类载体，推进院士工作站、博士后工作站、国家留学生创业园等建设，大力引进、培育和建设各类创新创业团队，倾心打造有利于各类人才成就梦想的舞台；创新海外引进工作机制，充分利用国际学术交流、国际科技合作项目等平台招贤纳士。

4. 优化人才发展环境

合肥市积极构建创新创业生态一体化系统，在研发、孵化、融资、服务、承接和知识产权保护上尊重人才创新能力。实施《合肥市人才公寓建设使用管理办法》等政策措施，打造海内外高端人才集中生活服务区。同时，合肥市需要针对国内外人才的就业、医疗、住房、社会保障和子女入学等方面做好全方位的政策保障和服务，进而实现“一卡通”式的全程服务。

（六）推进开放创新、促进融合互动，培育浓厚的创新文化氛围

合肥市以开放的胸怀推进创新，加速各类创新资源的集聚融合，拓展对内对外开放新空间，促进创新实践由“小众创新”向“万众创新”转变。

1. 主动参与全球产业协作和研发分工

合肥市抢抓创新资源在全球范围内流动组合的机遇，积极创建联合国全球可持续创新示范中心，加大与世界科技城市联盟（WTA）等国际组织创

新合作的力度，加快融入全球创新网络。合肥市依托综合性国家科学中心等平台，通过企业、科研院所和高等院校等多种途径，联合建立国际化研发机构，从世界各地汲取优质创新资源，形成自身创新实力；加强与发达国家和“一带一路”沿线国家、地区开展科技交流合作，共建中德产业园等国际科技合作园区，建成具有国际创新能力的国际科技合作基地和联合研究中心。除此之外，合肥市支持有条件的企业引进或并购境外企业和研发机构、到境外建立研发机构，构建开放式科技创新体系。

2. 加强区域科技创新合作

合肥市在积攒创新资源的同时，深化与长三角、中关村等地区的科技创新合作交流，积极加强区域间的对接合作，逐步推进资本和人才等创新要素的相互流动，推动科技成果的市场化转化及共享；推进与中国科学院控股有限公司、中关村等组建科技“双创”战略联盟，探索建立科技、产业与金融联动融合机制；支持知名高校、科研院所在合肥市设立分校和研发机构，共建实验室和人才培养基地，开展产业技术联合攻关。

3. 推动科技资源开放流动

合肥市推进科研仪器、科研数据、科技文献等科技资源互联互通。支持企业与国内外龙头企业、研发机构合作，构建跨区域、跨行业、跨领域的科技开放合作网络；培育一批国家级、省级技术转移示范机构，构建技术转移转化体系；进一步完善“科技路路通”服务体系，推进中国创新驿站区域站点和各基层服务站点建设。

4. 着力培育创新文化

合肥市发挥国家小微企业创业创新基地城市示范作用，打造一批创新要素集聚、创新能力一流的“双创”承载区。在系统推动全面创新改革试验的背景下，合肥市充分尊重一切创新智慧，加强知识产权宣传与保护，加快社会信用体系建设，营造激励创新的市场环境；强化“开明开放、求是创新”的城市精神，认真组织实施《全民科学素质行动计划纲要》，在全社会形成尊重知识、尊重人才和尊重创新的文化价值观，进而推动形成崇尚创新、宽容失败、支持探索、鼓励冒尖的优质创新文化氛围。

参考文献

中共中央、国务院：《关于深化体制机制改革加快实施创新驱动发展战略的若干意见》（中发〔2015〕8号）。

中共中央、国务院：《国家创新驱动发展战略纲要》（中发〔2016〕4号）。

国务院：《关于印发实施〈中华人民共和国促进科技成果转化法〉若干规定的通知》（国发〔2016〕16号）。

国务院：《关于印发〈“十三五”国家科技创新规划〉的通知》（国发〔2016〕43号）。

国务院：《关于同意合芜蚌国家高新区建设国家自主创新示范区的批复》（国函〔2016〕107号）。

国务院：《关于安徽省系统推进全面创新改革试验方案的批复》（国函〔2016〕111号）。

国务院：《关于依托黄金水道推动长江经济带发展的指导意见》（国发〔2014〕39号）。

国务院办公厅：《关于建设大众创业万众创新示范基地的实施意见》（国办发〔2016〕35号）。

中共合肥市委办公厅、合肥市人民政府办公厅：《创新驱动发展工程实施方案》（合办〔2016〕5号）。

合肥市人民政府：《关于大力推进大众创业万众创新的若干政策意见》（合政〔2015〕127号）。

合肥市人民政府：《关于印发2016年合肥市扶持产业发展“1+3+5”政策体系的通知》（合政〔2016〕35号）。

合肥市人民政府：《关于印发〈合肥市国民经济和社会发展第十三个五年规划纲要〉的通知》（合政〔2016〕53号）。

方创琳、刘毅、林跃然等：《中国创新型城市发展报告》，科学出版社，2013。

屠启宇、陈雅薇：《上海建设创新型城市的新思考》，《上海城市规划》2014年第1期。

肖林、马海倩：《国家试验——中国（上海）自由贸易试验区制度设计》，上海人民出版社，2014。

倪鹏飞等：《中国城市竞争力报告 NO.12》，社会科学文献出版社，2014。

韩枫：《合肥创新型城市建设的经验、问题及战略路径》，《中共合肥市委党校学报》2015年第1期。

B.3

芜湖市自主创新发展报告

杨少华　汪自强*

摘　要： 习近平总书记在全国科技创新大会上提出了中国进入创新型国家行列，将建设世界科技强国的宏伟目标。作为合芜蚌国家自主创新示范区的中心城市，芜湖市一直将创新驱动发展战略作为城市发展的核心战略，从创新的角度发挥其自主驱动力和深层次发展潜力，进而对芜湖市的经济社会发展和产业核心竞争力进行了本质上的提升。本文通过总结芜湖市在合芜蚌国家自主创新示范区背景下的创新经验，分析芜湖市自主创新的优势和不足，进而提出芜湖市进一步建设国家自主创新示范区的目标，总结芜湖市打造长江经济带产业创新中心的总体思路、发展目标和工作重点。

关键词： 芜湖市　科技创新　创新型城市　长江经济带产业创新中心

作为安徽省次中心城市，芜湖市毗邻长江，位于安徽东南部，素有“江东首邑”“吴楚名区”之称。现下辖四县四区，全市人口385万。芜湖自古以来就有创新的文化和传统，早在春秋时期即为重镇，农业、手工业、商业一直颇为发达，南唐时即“楼台森列”“烟火万家”，宋代时冶炼走向鼎盛，史称“铁到芜湖自成钢”，驰名中外的铁画艺术便诞生于芜湖。明代

* 杨少华，芜湖市科技局（知识产权局）局长，研究方向为科技管理；汪自强，芜湖市科技局（知识产权局）副局长，研究方向为科技管理。

宋应星所著《天工开物》中就有“织造尚松江，浆染尚芜湖”之说，芜湖成为当时的印染中心，明清时成为手工业中心，近代为四大米市之首。新中国成立后，芜湖成为长江中下游重要的轻工业城市，而改革开放的创新春风带动出芜湖市“傻子瓜子”的民营之花。

芜湖市占安徽省国土面积的4.3%，占安徽省人口的5.6%，却创造出占安徽省10%以上的地区生产总值和财政收入、占安徽省14.3%的规模以上工业增加值。其主要科技创新指标（例如高新技术产业增加值等）也占安徽省总值的20%左右。芜湖市每万人口有效发明专利拥有量在安徽省排名第一，并六次蝉联全国科技进步先进市。作为安徽省整体区域经济发展中的中坚力量，芜湖市荣获全国首批国家知识产权示范城市、国家知识产权质押融资试点城市等。作为安徽省创新型试点城市之一，芜湖市成功获批国家自主创新示范区，与合肥、蚌埠两市为共同打造安徽省区域经济综合体和创新示范区提供了强大的创新动力和科技动力。

一　自主创新奠定了芜湖发展的坚实基础

“十二五”以来，芜湖市委、市政府认真贯彻党的十八大精神，全面落实中央和安徽省科技创新决策部署，深入实施创新驱动发展战略，创新环境不断优化、创新能力不断提升、创新产业不断增强，优势产业和战略性新兴产业发展“从无到有”“从小到大”“从弱到强”，自主创新能力也逐步提升，涌现出一批具有自主创新实力和自主知识产权的创新企业，例如奇瑞汽车股份有限公司、芜湖海螺集团等。2016年，芜湖市地区生产总值达到2699.4亿元，同比增长9.7%；芜湖市全年财政收入达到512.3亿元，同比增长9%；其高新技术产业实现增加值达到823.7亿元，同比增长17.5%；占地区生产总值比重达到30.9%。

1. 突出政策引导

坚持先行先试，在不断推动科技体制机制改革的基础上，加大科技创新政策兑现力度，全面提升创新服务能力和水平。

一是完善政策体系。芜湖市委、市政府针对创新型城市、创新能力与创新金融等方面先后出台了《关于加快创新型城市建设打造经济升级版的意见》等7个办法，全面构建出“1+2+7”科技创新政策体系，进而为科技创新的全过程、全流程提供政策引导。同时，芜湖市政府依照安徽省创新政策奖励指标，将地方指标提升至省级创新指标标准，确保省级科技创新政策的落地实施。之后，芜湖市又出台关于人才特区建设等相关配套细则，全方位构建了芜湖市企业创新能力提升的“培育框”和“政策篮”。

二是加大项目和资金扶持力度。芜湖市针对企业的创新能力培养，采用了以奖代补、土地调控和融资等多种方式，推动技术创新政策向创新型企业和高新技术企业的倾斜，落实财税等奖励政策。据统计，芜湖市在2016年推动落实2.5亿元科技创新系列政策资金，全方位支持企业、科研机构的创新能力建设。同时，芜湖市在针对自主创新能力建设、国家重点新产品研发等方面努力争取5460万元的创新型省份建设配套政策资金；积极落实高新技术企业所得税优惠政策，减免所得税10.6亿元。

三是创新科技管理体制机制。加快转变政府职能，积极推动芜湖市研发机构认定、专利执法、市级孵化器认定等职能下放；着力构建符合科技创新规律和科技市场经济规律的成果转化体系机制；创新高层次科技人才团队引进模式，建立评审、评议、评价“三评”新机制，规范招引程序，确保团队质量；积极探索科技企业孵化器持股孵化，启动芜湖市高新技术创业服务中心持股孵化试点工作。

2. 突出产业升级

芜湖市在确认市场资源配置的核心作用基础上，推动创新资源的合理分配，实现集中突破、聚焦转型，进而推动产业创新转型发展。

一是改造提升传统产业。在传统产业领域，芜湖市拥有包括汽车及零部件、材料、电子电器和电线电缆在内的四大支柱产业，四大产业仍旧平稳增长，全年实现产值达4543.80亿元，增长9.6%，占规模以上工业总产值的70.4%；实现增加值达1005.87亿元，占规模以上工业总产值的68.0%，增长11.8%，增长贡献率81.0%，拉动增长7.9个百分点。芜湖市全面完成工业技术改造投资共计757.7亿元，与2015年相比增长了13.6%。芜湖市针对传统制造业的改革创新，推出了重大工程实施方案，凯翼汽车等3家传统制造业企业的核心技术改造成为国家专项计划之一，目前正在进行传统产业的技术升级改造。芜湖市推动工业精品培育三年行动计划，针对省级新产品和省级工业精品等不同项目进行稳步培育，同时将5家企业列入安徽省两化融合管理体系贯标试点，进而在传统产业升级转型的过程中起到引领作用。

二是聚焦培育战略性新兴产业。芜湖市全年战略性新兴产业实现产值达1572.66亿元，与2015年相比增长了20.1%，总量稳居安徽省第2位；实现增加值373.14亿元，增长19.3%，增长贡献率达45.5%，拉动增长4.4个百分点。芜湖市成功入选国家通用航空产业综合示范区，成为安徽省唯一入选城市，其通用航空产业基地成为安徽省战略性新兴产业实验基地之一。芜湖市太赫兹芯片、肺动脉高压创新药物等产业成为安徽省“三重一创”的首批重大工程，包括机器人、新能源汽车等在内的4家省级战略性新兴产业基地共实现产值378.7亿元，同比增长30%；加拿大扎巴科机器人、赋兴光电摄像头模组、中电科芜湖钻石飞机制造有限公司等一批重大项目取得积极进展；出台《芜湖市新能源汽车推广应用财政补助资金管理办法》，推广新能源汽车7394辆，建设充电桩1378个；积极推广新能源汽车分时租赁，建成运营155个分时租赁点，车辆日均使用率达85%，规模效益均居全国首位。

三是不断壮大高新技术产业。2016年，芜湖市高新技术产业产值达到3748.4亿元，实现增加值823.7亿元，分别比2015年同期增长18.4%和17.5%，高于全市规模以上工业总产值和增加值增幅的8.9个百分点和7.8个百分点；高新技术产业增加值占地区生产总值和规模以上工业增加值比重分别达30.9%和55.7%，均居安徽省第一。高新技术产业已经成为芜湖市经济发展的新动能，有力支撑了全市经济平稳快速发展。

四是加快发展现代服务业。芜湖市针对现代服务业，出台关于发展生活性服务业和物流业的相关规划，强化现代服务业发展的系统谋划。服务业实现增加值1052亿元，同比增长11%。华夏银行芜湖分行开业，全市金融机构达27家。全市网上商品零售额比2015年翻一番，快递业务量增长68%，共生物流平台交易额超过10亿元。方特旅游度假区获批国家5A级景区；南陵县成为全国休闲农业和乡村旅游示范县；芜湖大白鲸海洋公园和新华联鸠兹古镇等旅游产业正式建成，全年累计接待游客达到3900万人次，同比增长了18%。同时，芜湖市顺利承办了第五届刘开渠奖国际雕塑大展和第七届中国（芜湖）科普产品博览交易会等重大会展，推动芜湖城市形象的成功展现。

3. 突出企业主体地位

芜湖市通过不断引导企业创新动力、创新活力和创新实力，推动企业创新要素的不断累积，使企业成为创新要素最活跃、创新决策最科学、创新成果最丰富的创新主体。

一是全力支持企业创新发展。持续开展高新技术企业培育，2016年，芜湖市共有181家企业通过高新技术企业认定评审，其中新认定114家，全市高新技术企业总数达532家，比2015年净增91家，增幅达17%；236家科技型中小微企业纳入安徽省高新技术企业培育库；继续实施科技“小巨人”培育计划，新批准52家企业为第四批科技“小巨人”培育企业，发放委托贷款资金7700万元，科技“小巨人”企业总数达到187家；持续推进质量品牌提升工程，制定《芜湖市推进质量品牌升级工程实施方案》，新增中国驰名商标4件，全市现拥有驰名商标34件、安徽省著名商标257件，拥有安徽省级专业商标品牌基地6家、中国名牌产品6件以及安徽省名牌产品188件。奇瑞汽车荣获省政府质量奖，芜湖赛宝机器人产业技术研究院正式获批筹建“国家工业机器人产品质量监督检验中心（安徽）”。

二是加强知识产权的创造运用和保护。芜湖市对知识产权的运用及保护力度大、辐射广，在一系列知识产权保护行动的基础上，芜湖市知识产权局荣获“全国专利系统先进集体”荣誉称号。制定《芜湖市加快知识产权强市建设实施方案》和《芜湖市深入实施国家知识产权战略行动计划（2016—2020年）实施方案》。此外，知识产权工作效果显著。2016年全市申请发明专利16789件，同比增长36%；授权发明专利2971件，增长54.2%；每万人口有效发明专利拥有量达 21.1 件，稳居安徽省第一；12 家企业入选第三批安徽省知识产权优势企业，21 家企业入选 2016 年度安徽省贯标试点单位；奇瑞汽车、圣大医疗等 2 个项目获中国专利优秀奖；组建安徽省机器人知识产权联盟，建立行业专利数据库；深入推进国家知识产权质押融资试点城市建设，在安徽省率先引入专利权质押贷款保证保险，设立科技型企业贷款保证保险风险补偿专项资金；36 家企业获得 3.97 亿元专利权质押贷款，其中 11 家企业以专利为唯一质押物获贷款 5490 万元。

三是强化共性技术、关键技术、前瞻性技术等技术攻关。坚持有限目标，立足产业前沿，做到国内领先、国际争先，加快芜湖市微电子、智能汽车、中小型航空发动机等领域的关键技术、共性技术和前瞻性技术的研发；成功召开 2016 年度太赫兹国际前沿技术研讨会，推进太赫兹高频芯片研制及产业化应用；支持百度与奇瑞联合开发无人驾驶汽车，构建全球首个无人汽车营运区域及营运中心，首款无人汽车成功亮相国家“十二五”科技创新成就展；科微水上特种机器人项目实现量产，航瑞动力公司所研发的航空发动机和研发纯电动涵道风扇推进系统在产业链上弥补了国内行业空白地带，首架“安徽造”飞机正式下线。

4. 突出载体建设和平台支撑

深入推进重大创新平台建设工程，加快构建以公共研发平台为龙头、以企业研发平台为主体、以各类科技企业孵化器和开发区为载体的创新平台体系。

一是加快布局公共研发平台。加大创新资源整合力度，通过政产学研合作方式，不断推动芜湖市公共研发平台的建设与布局，大力支持具有创新能力和创新水平的研发机构建设，2016 年，新增芜湖市重点扶持产业技术研究院 3 家，总数达 12 家，给予研发设备 50% 的补助，补助资金达 2443 万元。新建院士工作站 6 家，芜湖市院士工作站总数已达到 27 家，29 位院士为芜湖市服务。新增博士后科研工作站 3 家，安徽省省级以上博士后科研工作站达到 27 个，7 人获批安徽省政府特殊津贴，2 个项目获留学人员回国创业启动支持计划和留学回国人员科技活动择优资助。

二是重点支持企业研发机构建设。着力提高芜湖市科研机构研发水平，鼓励龙头骨干企业建设国家级研发机构，推动中大型科技企业成为安徽省级研发机构的孕育场所，支持科技型中小企业以多种方式、多种手段设立研发中心。芜湖市2016年新增9家省级重点实验室、省级工程技术研究中心，新增15个省级以上的企业技术中心以及2个省级行业技术中心。据统计，芜湖市拥有安徽省省级以上重点（工程）实验室、工程（技术）研究中心、企业技术中心等研发机构305家，其中国家级研发机构38家。

三是着力提升创新载体服务能力。芜湖市不断强化众创空间和科技企业孵化器等管理，加快构建完整的创业孵化体系。银湖创客岛等3家众创空间获批国家级众创空间，芜湖高新技术创业服务中心蝉联全国百强科技企业孵化器。2016年，芜湖市拥有安徽省省级以上科技企业孵化器共17个，孵化器总面积达到52.4万平方米，在孵企业723家；拥有安徽省省级以上众创空间11家，其中国家级4家，创客人数达660多人；拥有各类创业园（街）52个。积极探索科技企业孵化器持股孵化，启动了芜湖市高新技术创业服务中心持股孵化试点工作；强化区域创新载体建设，芜湖高新区获批国家科技服务业区域试点，芜湖市经济开发区、高新区入选安徽省首批知识产权示范园区，芜湖县、无为县入选安徽省知识产权示范县。

5. 突出协同创新

芜湖市积极拓展产学研合作新机制，完善科技资源共享服务平台体系，加快优势创新资源的整合集聚，营造有利于大众创新创业的良好环境。

一是全力推动高科技创新创业。着力营造大众创业、万众创新的良好氛围，2016年成功举办“江淮双创汇·走进芜湖”专场活动、首届全国机器人专利创新创业大赛、第五届芜湖大学生专利创新创业大赛等高科技创业活动，累计近万人参与活动；组织21家企业和团队参加第五届中国创新创业大赛（安徽赛区）决赛，7家企业和团队进入全国决赛，总数居安徽省第2位，创历届最好成绩；持续推进创业担保贷款发放工作，芜湖市新增发放创业担保贷款10.1亿元，兑付创业扶持资金3883万元，有效激发创业动力和创新活力。2016年芜湖市新增创业企业7761户，同比增长25.6%。

二是着力强化产学研协同创新。建立“政府扶持、市场引导、企业主导、互利共赢”的合作新模式，推进政产学研用紧密结合。芜湖市先后通过组织企业与浙江大学、东南大学、合肥工业大学以及中国科学院各下属研究所进行转向对接，2016 年共开展产学研对接活动 30 余次，点对点的小型对接活动 50 余次；征集企业技术需求 546 项，发布各类科研成果 238 项，达成合作意向 43 项，全市技术合同交易额达到 45.5 亿元。

三是创新成果转化新机制。着力构建符合科技创新规律和市场经济规律的科技成果转化体系，制定科技成果转化的相关政策和工作方案，明确规定科技成果转化收益用于奖励科研负责人、骨干技术人员的比例不低于 70%，推动科技成果转化为现实生产力。

四是加快建立科技资源共享共用机制。建立统一的大型仪器设备共享平台，采取政策激励、共享服务等措施，鼓励高校、科研院所、企业大型科学仪器向社会开放。芜湖市深入推进科技创新服务平台的统筹建设，推动更多科技创新成果、科技创新动力向产业链不断深入；加大数字图书馆推广力度，全市累计数字图书馆用户达 500 多家；提升科技文献服务水平，实现科技文献服务高新技术企业全覆盖。

6. 突出科技人才团队招引

芜湖市以人才优先发展战略为依托，面向全球、全国招募高端创新人才在芜湖市创业，改革人才培养使用机制，加快集聚和培养符合创新发展要求的人才队伍。

一是广泛招引高层次科技人才团队。芜湖市共引进高层次科技人才队伍 110 个，其中 40.9% 的团队获得芜湖市政府的重点扶持，协议扶持金额达 4.83 亿元，比 2015 年增长 70.67%。团队项目涉及汽车及零部件、电子电器、3D 打印、机器人、生命健康、互联网等领域，团队人才结构包括 3 名“两院”院士、19 名国家“千人计划”人才、9 名中科院“百人计划”专家和“青年千人计划”人才、117 名海归专家、290 名博士、208 名硕士；4 个团队获安徽省创新创业项目扶持，扶持资金共计 2600 万元；为 46 个高层次科技人才团队提供意外健康类保险，补贴金额共计 26.5 万元。

二是全面推进人才高地建设。制定《芜湖市人才高地建设工程实施方案》，明确提出“4511”行动计划；开展“百千万人才引进”系列活动，共组织1600余家企业，提供近14000个岗位，分49个批次走进北京师范大学、哈尔滨工业大学等高校、人才聚集地，全年共引进高校毕业生1.5万余人；制定《芜湖市招才引智奖励办法》，在美国费城、加拿大多伦多和深圳市分别建立芜湖市海内外人才工作联络站，加快国际化高端人才引进计划；围绕人才优先发展，引领产业转型升级，制定《机器人及智能制造产业集聚发展若干政策》，支持芜湖市战略性新兴产业集聚发展；新申报10个引智项目获国家、省级资助，其中瑞鹄汽车模具有限公司和芜湖达辉生物科技有限公司等2个项目获批国家重点引智项目。

三是不断优化人才发展环境。芜湖市加快人才评价机制改革，创新设定人才分类标准，把市场和企业对人才的认定作为评价依据，实现量身定制的个性化扶持；强化人才资金保障，积极兑现各项人才专项资金2.24亿元；编制《高层次人才服务手册》，为高层次人才提供住房保障、医疗救助、家属就业、子女就学等“一站式”服务；大力营造尊重知识、尊重人才的社会氛围，加强对领军人才、团队和技术状元等的宣传报道，提升在芜湖市创新创业人才的荣誉感。

尽管芜湖市创新发展取得了可喜成绩，但与发达地区相比，仍存在一定差距，突出表现在以下四方面：一是创新要素集聚能力不足，目前没有中央级科研机构，国家级研发平台只有38家。二是人才支撑能力不足，人才队伍规模不大，高层次人才紧缺。三是芜湖市中小企业的自主创新能力有待提高，其质量和数量还未达到创新能力支撑要求。四是大众创业、万众创新的服务机制需要进一步完善，金融支撑体系、成果转化服务亟待优化，创业主体活力有待进一步激发。

二　系统谋划芜湖市“十三五”创新发展

“十三五”时期，是芜湖市深入贯彻创新驱动发展战略、推动创新发展的关键阶段，也是全面推动创新体制机制改革、实现国家创新型城市建设的决胜时期。谋划好芜湖市“十三五”创新发展，对深入推进供给侧结构性改革，做好城市和经济两者的完美结合，推动产业、人才和城市三者的不断高端化具有十分重要意义。

1. 进一步找准创新发展定位

芜湖市具有优良的创新传统和浓厚的创新氛围，也具备创新发展的产业基础和创新能力，因此芜湖“十三五”创新发展要有全球的视野，围绕国家重大战略部署，在更高的层次上谋划创新发展的定位。

一是芜湖市成为特色鲜明的国家创新型城市。芜湖市在创新驱动发展上不断创新需求、创新产业、创新体制机制改革，不断大胆尝试、先行先试，推动芜湖市成为创新资源集聚的公共管理服务功能区，进而推动芜湖市率先建成具有地方特色的国家创新型城市，即实现创新要素强化理顺、创新程序合理高效的区域特色创新城市。

二是芜湖市成为长三角地区重要的创新创业先行区。芜湖市区位优势明显，在长三角地区应当凸显其重要的战略定位，在“双创”背景下，应当成为创新型科技企业和“众创空间”的集聚区，缩短创新和创业在产业链上的距离，推动小微企业和科技型中小企业建成低成本、便利化的产品区域，在创新要素的集聚上推动开放式综合服务平台的设置，进而成为长三角地区重要的创新创业先行区。

三是芜湖市成为中部地区影响广泛的创新要素集聚地。芜湖市在合芜蚌国家自主创新示范区的背景下不断累积创新要素和创新优势资源，在地区发展的基础上不断优化创新环境，吸引创新人才在芜湖市创业，推动科技与金融之间的紧密结合，为创新性人才提供更宽的创新渠道和更大的创新舞台，进而成为中部地区重要的创新要素聚集区。

四是芜湖市成为长江经济带最具发展活力的产业创新中心。芜湖市在推动研发机构的建设过程中，不断注重企业的创新能力提升和科技力量的投入，培育新兴产业、升级传统产业、引进龙头企业，在产业结构上不断实现合理分配和创新推动，进而在芜湖市形成具有创新能力和产品影响力的产业集群，推动产业集群之间的创新发展，促进芜湖市更好更快地建设成长江经济带最具发展活力的产业创新中心。

2. 进一步明确创新发展目标

芜湖市以“十三五”科技创新发展目标为指引，调动全社会创新发展的积极性，实现跨越式发展。

一是体制机制初步完善。芜湖市在总体规划、科技管理体制、人才引进机制、实施科技金融方案以及成果转化等多个方面完善了体制机制，进而推动芜湖市在科技体制机制上的先行先试，促进政策管理体系的初步形成。

二是创新能力显著提升。芜湖市不断完善科技投入渠道机制，研发经费占地区生产总值的比重达3.2%；全社会研发体系基本健全，创新能力得到提升，每万人口有效发明专利拥有量达30件，高新技术企业达到800家，省级以上创新型（试点）企业达150家，省级以上研发机构达400家，规模以上工业企业研发机构覆盖率达50%；人才特区建设快速推进，多层次人才队伍基本确立。

三是产业竞争力明显增强。芜湖市推动支柱性产业在产业链上的延长和产品技术的提升，促进战略性新兴产业取得突破性进展和现代服务业的转型发展，在高新技术领域内不断提升质量，推动成果转化的能力和水平。据统计，高新技术产业增加值在芜湖市地区生产总值中的占比达到32%。

四是创新环境更加优化。芜湖市创新政策逐步完善，企业在创新中发挥其主体能力，区域创新格局逐步形成，进而推动芜湖市创新环境的优化，促进创新要素不断积聚，创新能力不断提升，形成“双创”的文化氛围。

3. 进一步厘清创新发展思路

当今世界，新一轮的科技革命和产业变革加速推进，产业和科技之间的融合促进产业结构和产业发展方式发生转变。我国经济发展进入新常态，“三期叠加”的制约效应凸显，经济发展方式的转变在技术变革的潮流中产生了新的需求，对科技创新的需求达到了前所未有的高度，创新驱动成为经济社会全面转型升级的迫切需求。芜湖市经济发展方式的转变进入关键时刻，经过多年发展，芜湖市的创新能力和创新要素已逐步得到了提升和累积，但体制机制、创新环境、要素资源等制约创新发展的深层次问题依然突出，区域竞争更加激烈，创新发展面临新的挑战。

一是必须要坚持创新、协调、绿色、开放、共享五大发展理念。系统推进全面创新改革试验和国家自主创新示范区的建设机会，着力推进创新驱动发展，进一步推动创新资源的累积、创新能力的升级、创新人才的积聚、创新环境的优化，进而促进芜湖市科技创新和成果转化，加快形成推动经济社会发展的新引擎。

二是必须要强化实施创新驱动发展战略。芜湖市在推动创新驱动发展战略的基础上所形成的一批具有引导性和区域特征的先行先试政策，能够进一步促进创新驱动机制体系的形成，进而通过良好的制度环境，使创新真正成为芜湖市经济社会可持续发展的动力之源。

三是必须要改变过多依靠资源要素投入的增长方式。芜湖市通过引导企业加大科技投入，提高企业的创新能力、增强企业的创新动力，通过科技创新推动经济发展方式向多样性和集约型转变，进而促进企业在创新资源不断转化的过程中形成以质量和产品为先的产业发展方式。

四是必须要发挥市场导向作用。充分激发社会各界的创新动力，充分调动企业的创新积极性，形成更加浓厚的创新氛围，形成各类创新要素不断集聚的常态，在新一轮竞争中赢得先机、掌握主动。

三　全面推进国家自主创新示范区建设

国务院于 2016 年 6 月 16 日正式批复同意合芜蚌国家自主创新示范区建设及其方案，并要求合芜蚌国家自主创新示范区建设充分结合科教和产业优势，推动人才流动，推动创新驱动发展战略的深入实施，进而形成具有先进经验和创新水平的可复制、可推广经验。

合芜蚌国家自主创新示范区建设，有利于芜湖在“向东看、往东比”的过程中，学习东部地区先进经验，主动寻找发展差距，树立赶超目标，在制度建设、要素集聚、创新发展等方面提出新举措，努力实现弯道超越；有利于芜湖市融入国家创新发展的大战略，进入全国创新发展第一方阵，在更高的层次、更大的范围，加快集聚各类创新要素，在激烈的区域竞争中勇当先锋；有利于芜湖市不断深化科技体制改革，秉承一贯的创新传统，在政策措施上先行先试，在制度建设上积极探索，加速释放创新活力，探索创新发展新思路，发挥示范带动作用。这在一定程度上能够进一步推动芜湖市在建设创新型城市上的步骤和程序，为加快实施五大行动计划，打造经济和城市两个升级版，实现“人才结构、产业层次、城市品质”三个高端化提供强劲的科技支撑。

1. 尽快形成可复制、可推广的经验

着力完善区域创新体系，加快培育创新发展新动能，将芜湖市建设成为长江经济带产业创新中心。

一是建设科技体制改革试验区。芜湖市通过系统推进全面改革试验工作，促进科技管理体制的改革升级，推动简政放权、放管结合、优化服务等方面的大胆创新、先行先试，努力创造可复制的经验。

二是建设自主创新政策先行区。芜湖市在围绕促进科技与经济的深度融合上统筹部署，在推动科技创新平台的建设上不断改革，在促进大众创业、万众创新上不断发挥其文化引导的作用，进而努力在企业创新、成果转化、知识产权保护上形成较为完备的政策机制，构建出有效的本土化政策经验。到 2020 年，研究与试验发展经费支出占地区生产总值比重力争达到 3.2%。

三是建设科技成果转化示范区。依托产业基础和科教资源优势，加快优质科技资源导入，着力引进高层次科技人才和高水平研究机构，建成一批新型研发机构、技术研发平台和技术转移机构，完善科技成果转移转化体系，在应用研究、成果转化及产业化连接上率先示范。到 2020 年，全市技术合同交易额力争达到 58 亿元，规模以上工业企业研发机构覆盖率力争达到 50%。

四是建设产业创新升级引领区。实施创新驱动发展工程，围绕产业链布局创新链，围绕创新链布局资金链，促进创新资源的有效合理配置，培育一批有核心竞争力的创新型领军企业，建设一批有影响力的战略性新兴产业集聚发展基地，引领产业创新升级。到2020年，芜湖市高新技术产业增加值占地区生产总值比重力争达到32%，高新企业数量力争达到800家。

五是建设大众创新创业生态区。依托“互联网+”等新技术、新模式，芜湖市为培育企业创新能力和创新水平，构建出一批具有一定创新经验和创新要素的科技企业孵化器，通过创新资源构建发挥其创新创业的能动性，打造出具有良好创新孵化经验的综合服务平台，大力发展众创、众包、众扶、众筹，营造创新创业的良好生态。到2020年，芜湖市组织支持省级以上科技企业孵化器力争达到30家、科技企业孵化器面积力争达到50万平方米、力争建设20个以上众创空间。

2. 大力推进五大行动计划

按照“一区多园”的空间布局，芜湖市以国家高新技术产业开发区为核心区，辐射安徽省江北产业集中区、经济技术开发区、长江大桥综合经济开发区、高沟经济开发区、繁昌工业园区、南陵工业园区等，在全市范围内开展国家自主创新示范区建设。

一是实现领跑计划，在微电子、智能汽车、航电系统、机器人和基因检测等领域实现全国领跑和国际争先的水平，重点打造出芜湖市优势产业。

二是实施新动能计划，推动战略性新兴产业集群的加速发展。

三是实施新生代计划，针对芜湖市人才结构，加快芜湖市创新团队、创新人才的引进工作。

四是实施云计划，通过大数据等互联网技术，将科技与产业融合发展。

五是实施超车计划，推动传统产业升级改造，将其弱势项目转化为优势项目。

3. 加快集聚创新资源

芜湖市加快以高端人才为核心的创新资源集聚，补齐创新发展的短板，营造人才、资金、技术等各类创新要素广泛集聚的良好氛围。

一是加大高层次科技人才团队引进力度。芜湖市坚持人才优先发展主战略，加大高层次人才团队招引力度，以全球视野延揽人才，以稳定事业引进人才，以保姆式服务留住人才；对招引的高层次科技人才团队，芜湖市给予最高2000

万元的入股扶持，同时对于那些完成预期目标的核心团队成员给予最高70%的股份奖励；积极争取创新型省份建设高层次科技人才团队的政策支持。

二是集聚高端创新人才。芜湖市发挥用人单位在人才培养、人才吸引和人才使用中的主体作用，对引进创新创业领军人才、高端人才的企业和研发机构给予最高500万元的补贴；研究制定事业单位科研人员离岗创业政策措施，探索建立高校、科研院所、企业、高层次人才团队之间人员有序流动的长效机制；建设国家级人力资源市场，推进人力资源产业园发展，完善人才服务机制，健全人才“一站式”服务体系，不断提升人才服务水平，构建中部一流、全国领先的人才高地。

三是大力引进高水平研发机构。芜湖市财政局为支持重大科技创新平台建设，每年出资2亿元，打造太赫兹芯片与系统国家工程中心、下一代工业机器人公共研发平台、中小型航空发动机工程中心、长江医学科学院等集技术研发、成果转化、人才培养为一体的重大公共研发平台；鼓励国内外知名高校在芜湖市设立分校或办学机构，支持国内外科研机构在芜湖市设立分支机构，争取中央级科研院所在芜湖市设立研究机构以取得新突破；国内知名高校、国家级科研院所在芜湖市建立独立研发机构，自注册之日起，3年内经认定后给予仪器设备投资额的50%，给予最高500万元的一次性资助；对全市经济拉动性强的重大科技项目，可给予项目单位最高不超过研发投入40%的政策支持。

四是创新财政科技投入机制。芜湖市建立财政科技投入稳步增长机制，市、县、区政府安排专项资金兑现科技创新系列政策、支持战略性新兴产业基地建设、实施科技计划专项、鼓励专利发明创造和运用，力争到2020年科技财政投入占财政支出的比重达到8%；创新财政支持方式，灵活运用项目支持、委托贷款、后补助、贷款贴息、保费补贴、风险补偿等方式，充分发挥财政资金的引导及放大作用，促使企业成为科技投入的主体，引导社会增加科技创新投入；建立监督和问责体系，提高科技资金使用的合理性和透明度。

五是支持科技型企业利用多层次资本市场上市（挂牌）融资。芜湖市通过对科技型企业的统一管理，建立企业数据库，支持符合条件的企业进入资本市场融资，促进科技型产业资本与金融资本对接；推进企业股权托管交易市场发展，鼓励科技型企业通过发行中小企业集合债、集合票据、短期融资券等产品，扩大债券和票据直接融资规模。

六是建立风险投资新模式。芜湖市鼓励壮大股权投资规模，一方面支持安徽省投资集团等在芜湖市设立创业投资引导基金，另一方面鼓励安徽省开发投资基金、建设基金集群，通过开展风险投资等多种形式的活动，以跟进投资和风险补偿等方式支持各类投资活动，建立从实验研究、中试到生产的全过程科技创新融资模式。

七是促进大众创业、万众创新。推广“创投+孵化”“持股孵化”新模式，推动芜湖市形成具有创新资源集聚的便利化企业孵化平台，形成具有安徽省特色的孵化体系；支持芜湖高新技术创业服务中心开展持股孵化和创业孵化全链条建设试点；对考核优秀的国家和安徽省科技企业孵化器分别给予50万元、30万元的资助；对被评为市级众创空间的给予50万元的奖励，对市级以上示范性众创空间给予最高200万元的奖励；立足科技企业孵化器和众创空间孵化平台，围绕新产业、新技术、新业态、新模式，开展创业沙龙、大讲堂、训练营等新型培训活动，培育创业主体；坚持外部引进和内部培养相结合，侧重创新创意、市场需求和社会资本的有效对接，为符合条件的创客项目提供10万~50万元的创业担保贷款，支持创业项目落户芜湖市。

4. 不断增强创新能力

芜湖市通过创新平台的构建，强化企业主体创新能力，在支撑产业发展的关键技术和公共技术上取得突破，营造战略性新兴产业和新业态蓬勃发展的生动局面。

一是增强企业创新能力。芜湖市鼓励企业加大研发投入，落实高新技术企业税收优惠政策、研发费用加计扣除政策、职工教育经费税前扣除政策；对企业购置的研发设备，安徽省、芜湖市分别给予15%的补贴，对授权的发明专利每件给予1万元的一次性补助；组织实施各类科技计划专项，推动项目、资金等创新资源逐步向企业集聚，促进企业成为有能力进行技术创新、有资源进行研发投入、有组织进行成果转化的创新主体；到2020年，芜湖市规模以上工业企业研发投入力争达到 130 亿元以上。

二是加快战略性新兴产业发展。芜湖市深入推进机器人、新型显示、新能源汽车、现代农机、通用航空等战略性新兴产业集聚发展基地建设，加快实施太赫兹芯片、肺动脉高压创新药物产业化，量子通信等安徽省新兴产业重大工程、重大专项。芜湖市通过战略性新兴产业的集聚，构建出“重大产业专项 + 工程 + 基地”的产业推进模式，构建出具有现代产业特征的体系范式，完善技术创新体系，开展原始创新和集成创新，在企业创新和产业创新的基础上实现关键技术的稳定和协作，促进科技创新对产业发展的推动作用。

三是培育高新技术企业。芜湖市实施高新技术企业培育行动和创新企业百强工程，全力支持奇瑞汽车股份有限公司、安徽鑫龙电器股份有限公司、芜湖长信科技股份有限公司等大中型科技企业提高自主创新能力，打造具有芜湖市特色的创新型企业集群。芜湖市给予新认定的高新技术企业一次性 20 万元的奖励，给予通过复审的高新技术企业一次性 10 万元的奖励；鼓励科技型企业联合高校、科研院所，积极争取国家和安徽省科技计划项目，承担重大科技专项任务。

四是提高科研机构研发水平。芜湖市通过促进龙头骨干企业、大中型科技企业和科技型中小企业分层次分部门构建技术研发机构，进而引导企业的研发机构建设；重点组建 10 家国家级和 100 家省级工程（技术）研究中心、重点（工程）实验室、企业技术中心等，对新认定的国家级和省级研发机构分别给予一次性 400 万元、50 万元的奖励；鼓励骨干企业采取并购、收购、直接投资等方式，建立海外研发机构；打造创新研发平台，重点建设机器人、通用航空、微电子、智能汽车、新药创制等领域的公共研发及技术转移平台，规划建设“互联网 + 物流”等领域的高端研发平台。

五是加强新型研发机构建设。加快芜湖市汽车产业技术研究院、芜湖哈特机器人产业技术研究院、中电科芜湖钻石飞机制造有限公司通用航空产业技术研究院等新型研发机构的建设，创新管理方式和运行机制，为科技型中小企业提供科技服务；采取政府投资参股、财政资助、支持项目建设等方式，引导社会资本参与，打造集研发、服务、孵化和人才培养为一体的产业共性技术研发平台和关键技术研发平台；建立20家芜湖市重点产业技术研究院，给予芜湖市重点产业技术研究院50%的研发设备投入额、每年最高500万元的补助，连续扶持3年；加大对芜湖市院士工作站的政策扶持力度，目前，芜湖市院士工作站达到40家以上，其中院士人数达到50人。

六是推进军民融合发展。加快芜湖国家级军民融合产业示范基地建设，通过研究芜湖市的军民融合发展需求，推动建设具有地方特色的综合信息服务平台，一方面推动平台规范建设，在制度和程序上形成一定的规范，另一方面推动军民融合的产业体系建设，使人才、产业等方面形成产业链式的规模，进而从整体上实现科技资源的创新整合，打通军民信息交流渠道，扩展其交流方式，建立军民科研项目、技术等"淘宝"平台，组织高校、科研院所、企业等参与军工关键技术攻关，促进双向选择和定价交易；支持芜湖航空产业园加大核心技术研发力度、加快重大项目建设速度，打造国家级军民融合通航产业集聚示范区；充分发挥安徽华东光电技术研究所、国营芜湖机械厂、芜湖新联造船有限公司等骨干企业的科技优势，构建起航空航天产业、新型军民融合产业为支撑的产业体系，实现军转民发展。

5. 加快促进科技成果转化

芜湖市发挥政府的服务功能，大力推进政产学研合作，促进科技成果加速转化和产业化，营造创新源泉充分涌动的良好氛围。

一是激发高校的研发动力。安徽师范大学、安徽工程大学等一批高校资源充分发挥各自的优势学科和特色学科。安徽师范大学围绕化学材料、生物工程等领域，鼓励引进高端人才，开展共性技术和前瞻技术研究，创建国家重点实验室；安徽工程大学围绕机械制造、智能控制、文化创意等领域，开展应用技术攻关，培养实用型人才。

二是扎实推进现代职业教育体系建设。大力弘扬"工匠精神"，以培养市场所需的高层次应用型人才为目标，发展芜湖技师学院、安徽工程大学国际工程师学院，支持安徽扬子职业技术学院等升格为本科院校或国内外名校的分校，规划建设航空类职业技术学校等一批行业特色院校，打造"职教名城"。

三是加快科技成果转化步伐。芜湖市推动高校在科技管理体系和成果上大胆创新。健全科技成果科学评估和市场定价机制，全面改进科技成果从使用到收益的全过程，将其科技成果转化收益的50%以上用于奖励相关科研人员和团队；对科技成果拥有人以技术入股、转让、授权使用等形式在芜湖市转移转化科技成果，给予最高100万元的资金补助。

四是推进产学研用协同创新。芜湖市建立“政府扶持、市场引导、企业主导、互利共赢”的合作新模式，推进政产学研用紧密结合。芜湖市通过构建战略创新联盟，统筹龙头企业、高校、科研院所等实现核心技术互补、产业成果共享、产品风险共担，进而推动产学研用协同创新；建立健全鼓励大型科学仪器共享共用等机制，推进大型仪器设备共享平台建设，加快仪器设备向社会开放；建设技术转移机构，建设皖江技术转移转化中心和皖江专利运营中心，加快科技成果转化。

五是促进金融资本与科技成果对接。芜湖市发挥产业基金作用，引导社会资本进入实体经济，加大研发投入；鼓励银行、风险投资、天使投资等金融机构支持高校科研成果转化和产业化；深入推进专利质押融资，支持企业专利成果转化运用；大力推进金融租赁公司规范发展，为科技成果转化提供大型科研仪器设备等租赁服务。

6. 不断完善创新机制

芜湖市全面深化科技管理体制改革，先行先试、积极探索，在管理机制、创新政策、科技服务、宏观管理等方面形成可推广、可复制的经验。

一是形成开放融合的创新机制。芜湖市扩大国际科技创新合作，统筹推进“引进来”和“走出去”，鼓励企业、高校、科研院所参与国际科技合作；支持本地企业在境外投资并购“隐形冠军”企业，鼓励龙头企业和高新技术产业等开发利用国外科技资源，建设国内外协同合作机制；建设中德中小企业技术文化交流中心，推进产业链的国内外交流和内外资关联；加快芜湖市口岸申报，建设汽车进口指定口岸。

二是深化区域科技创新合作。芜湖市坚持“向东看、往东比”，瞄准沿海发达地区，借鉴先进经验，开展科技合作，引进创新成果，在企业研发能力、高新技术企业数量、专利创造能力等方面实现新突破，力争进入长三角同类城市前列。

三是创新人才管理机制。芜湖市通过构建人才统一管理平台，从政策上消除部门之间的管理壁垒，推动管理部门简政放权，建立市场化、社会化评价和认定人才的新机制；针对人才激励政策，加快推动企业股权和分红试点，落实股权分配制度。

四是优化高校、科研院所人才管理。芜湖市扩大高校、科研院所人才管理自主权；完善人才柔性引进机制，支持高校、科研院所设立特设岗位和流动岗位；针对研究活动评价机制，其考核重点逐步转向研究成果的核心贡献和实践贡献，进而推动人才知识结构和科研方向的转型。

五是优化科研项目管理机制。针对财政经费和非财政经费，芜湖市高校及科研院所应当分类管理，使科研人员在经费使用上享有更大的自主权和支配权，进而激发科研人员研发和转化科技成果的积极性。

六是完善政府权力运行机制。芜湖市在调整政府权力清单、责任清单和企业投资负面清单方面不断简政放权、放管结合，推动政府权力的有效运行；推进政务公开，开展政府服务事项网上申请、受理、审批和办结，健全事中事后监管体系。

7. 完善示范区建设的保障措施

加强措施的指导，更好地发挥芜湖市政府的领导作用和市各部门的推动作用，充分调动各县区、开发区的积极性，不断引导社会力量积极参与，共同推进国家自主创新示范区建设。

一是加强组织领导。芜湖市推进成立合芜蚌国家自主创新示范区建设的领导小组，建立工作目标责任制，分解示范区建设的目标和任务；芜湖市各县、各区、各开发区建立相应的组织领导和工作推进机构，切实把示范区建设各项任务落到实处。

二是促进科技金融结合。芜湖市进一步推动科技金融结合试点，在科技创新上实现产业链的延长，加快实现合芜蚌金融服务试验区建设；鼓励金融机构加大对示范区科技企业信贷投放力度，支持利用民间资本设立民营科技银行，支持银行业金融机构设立科技金融专营机构；开展信用体系建设，加强银政企合作，持续推进税融通、续贷过桥、政银担合作机制创新。为加强科技保险的发展，芜湖市鼓励有条件的保险公司开设专项科技保险，推动科技保险产品的多样化。

三是强化知识产权保护。加强芜湖市国家知识产权示范城市建设，强化对成果转化、应用型发明专利的奖励，激励各类创新主体加大专利创造力度；在推动知识产权应用与企业联合的过程中，不断推动知识密集型产业的发展；培育一批知识产权应用优势企业，组建知识产权联盟，推动知识产权密集型产业发展；加强知识产权公共服务平台建设，完善知识产权服务体系。

四是优化创新服务环境。结合芜湖市的发展状况，针对合芜蚌国家自主创新示范区的政策试点，及时调整和出台促进芜湖示范区发展的配套政策和实施细则；加大创新改革、政策评估与督查力度，提高实际效果；积极开展形式多样的自主创新宣传活动，更加突出宣传的时效性，唱响科技创新创业主旋律，营造良好的创新氛围；建立容错机制，鼓励示范区在各方面大胆进行创新改革试验；加快科技服务体系建设，重点发展创业孵化、产权交易、科技咨询、技术评估等中介服务业。

五是建立创新评价体系。芜湖市推动建设以产业、人才、科技成果为核心的评价指标体系，引导芜湖市在示范区的建设上稳步推进，强化督查。加强对芜湖市各县、各区、各开发区的自主创新考核，将示范区建设工作纳入芜湖市政府年度目标管理考核体系，考核结果与科技经费投入、科技项目安排挂钩。

参考文献

芜湖市统计局：《芜湖统计年鉴 2016》，2017 年 3 月。

芜湖市科技局：《芜湖市“十三五”科技创新发展规划》，2016 年 7 月。

国务院：《关于同意合芜蚌国家高新区建设国家自主创新示范区的批复》（国函〔2016〕107 号），2016 年 6 月。

芜湖市人民政府：《关于印发〈芜湖市推进国家自主创新示范区建设工作方案〉的通知》（芜政〔2016〕88 号），2016 年 7 月。

B.4
蚌埠市自主创新发展报告

赵华友　闻建忠*

摘　要：　2016年6月16日，国务院正式批复同意合芜蚌国家高新区建设国家自主创新示范区，标志着安徽省委、省政府确立的合芜蚌自主创新综合配套改革试验区正式进入国家级示范区序列。为了加快推进蚌埠自主创新示范区的建设，我们对蚌埠示范区建设9年来取得的经验和成绩进行了总结，对存在的问题进行了分析，结合全市“十三五”发展规划和发展现状，提出了示范区建设的战略定位和总体布局，在产业集聚发展、科技成果转化、企业主体建设、创新创业氛围营造、创新人才高地打造、科技金融融合、对外开放合作、体制机制改革等方面提出对策建议。

关键词：　蚌埠市　技术创新　创新型企业

蚌埠市，地处淮河中游，管辖怀远县、五河县、固镇县三个县，下设龙子湖区、蚌山区、禹会区、淮上区四个市辖区，有蚌埠高新技术产业开发区和蚌埠经济开发区两个功能区。蚌埠市总面积为5952平方千米，其中市区面积为956.93平方千米，市区建成区面积为138平方千米；总人口达371.1万，市区常住人口130多万。蚌埠市是安徽省第二科教资源大市，其产业基础雄

* 赵华友，蚌埠市创新办副主任，高级经济师，主要从事自主创新战略研究；闻建忠，蚌埠市科技局副调研员，主要从事科技发展规划研究。

厚。“十二五”时期，全市地区生产总值年均增长11.7%，GDP总量实现翻番，已达1253.1亿元；财政收入、地方收入分别是2010年的2.3倍、2.7倍，达228.4亿元、119.7亿元；累计完成固定资产投资5000亿元，年均增长20%以上；规模以上工业企业增加值年均增长16.2%，增加值总量达679.8亿元，全市工业化率提高4.1个百分点。

2008年，在安徽省委、省政府的关心、支持下，蚌埠市成为合芜蚌自主创新综合配套改革试验区的重要一极。全市紧抓这一历史机遇，全力实施创新驱动发展战略，逐步探索出了具有蚌埠市特色的创新发展路径，主要科技创新指标率先迈入安徽省第一方阵。2010年，蚌埠市首次荣获“国家科技进步先进市”称号；2014年，又获批安徽省首批省级创新型城市，自主创新成为蚌埠市加快发展的强大动力，成为蚌埠市经济复兴的特色与亮点。

一 自主创新发展现状

九年来，蚌埠市紧扣“创新和转型发展”主题，通过创新主体、创新载体的建设，将产学研一体化作为产业结构调整的关键，坚持创新驱动发展战略，促进经济发展方式转变，推动新兴产业引领、创新型企业主导、科技人才支撑、创新机制保障的发展，通过先行先试的改革创新方案，取得一批具有创新能量的产业成果和改革成果。

（一）取得的成效

自主创新示范区的建设，为蚌埠市加速发展、实现弯道超越提供了重大战略机遇。它提振了发展信心，明确了发展方向，集聚了创新人才，激发了创新活力，壮大了产业实力，增强了发展后劲，为下一步蚌埠市科学发展、转型发展、重返安徽省第一方阵奠定了坚实的基础。

1. 产业结构得以优化

蚌埠国显科技有限公司液晶显示模组、中建材电子信息显示超薄基板等一批重大科技创新项目相继落地，加上电子信息产业的迅猛发展，成为助推蚌埠市高新技术产业快速发展的引擎。2016年，全市高新技术产业实现产值达1200亿元，增长25%，高于全市规模以上工业整体增速10个百分点，高新技术产业产值占规模以上工业产值的41.2%，较2015年提高2个百分点。

2. 创新基础得以夯实

在研发机构方面，依托龙头企业构筑一批技术研发平台，截至目前全市拥有国家级研发平台11个，省级以上研发平台160个，全市百家规模以上企业拥有省级研发平台由2008年的6.9个上升到2016年的14.5个，为产业发展提供坚实的技术保障。在创新人才方面，高端人才实现零的突破，人才梯队日趋完善，全市现有院士科研工作站12家、博士后科研工作站6家；引进国家“千人计划”人才11名；培养省级产业创新团队15支、市级产业创新团队75支，这为人才的集聚、创新提供了有力的扶植。在创新服务平台方面，国家专利技术（蚌埠）展示交易中心、中国创新驿站蚌埠基层站点建设和安徽省蚌埠市“科技路路通”创新服务站资源进一步整合，实现互通、互联、共享，日访问检索量达800次以上，下载量达1000次以上。同时还组建了一批生产力促进中心和技术转移中心，目前，全市共有创新中介服务机构25个，年开展各类服务400多次，2016年技术交易额突破20亿元，有力地促进了创新要素在企业中的流动。

3. 创新活力得以激发

全社会创新意识普遍增强，重视创新、支持创新、加大投入正在成为企业的共识。2015年，蚌埠市规模以上企业平均研发投入达162万元，较2008年增长一倍，先后攻克非晶硅薄膜太阳能电池、电子信息超薄玻璃基板、4G综合检测仪、工业机器人等一批核心关键技术，连续三年荣获国家科技进步奖，成为安徽省唯一由地方政府推荐连续三年荣获国家科技进步奖的城市。2015年，蚌埠市发明专利授权量首次突破千件大关，近五年全市发明专利授权量达3100件，是合芜蚌示范区建设前20年之和的50倍。

（二）主要工作开展情况

1. 全力推进产业升级发展

蚌埠市不断将产业转型升级作为科技创新的核心目标，在电子信息产业、生物医药及新材料等新兴产业链条中部署创新要素，推动创新资源的不断集聚；将产业发展链条中的关键环节和技术内化作为提升全市产业竞争力的关键点，在产业发展中不断提升自主创新能力，推动产业结构不断转型升级与优化配置；推动高新技术和传统产业的融合发展，通过数字化、智能化的手段，运用高新技术提升传统行业的产出效率，推行高效、绿色的生产方式，提升传统行业的科技水平；广聚行业龙头，深入推进与中粮集团、中国建材集团等央企的合作，引入广东德豪润达电气股份有限公司、台湾玻璃集团等龙头企业，快速壮大主导产业规模；全力推进文化创新产业发展，蚌埠星宇文化创意产业园、蚌埠玉文化创意产业园相继建成，蚌埠电子商务产业园即将运营，产业集聚效应逐步显现；实现蚌埠（皖北）保税物流中心封关运行，为蚌埠市外向型经济的发展，建立国际分拨和配送中心奠定坚实基础。

2. 不断增强企业主体地位

蚌埠市将企业作为自主创新的主体，把创新政策、创新资源和创新人才不断向最具有创新活力的企业集聚，不断激发各类企业的自主创新能力，并优化全市政府服务环境，将服务覆盖到企业的生产链和创新链，推进企业成为创新决策主体、研发和成果转化的主体。蚌埠市省级以上研发机构约有90%以上设置在企业，研发投入中有80%来自于企业，科技成果中约有70%出自企业。按照企业技术含量，将具有一定创新能力的企业纳入高新技术企业库，在高新技术企业标准化的过程中引导高新技术企业的创新能力和创新资源走向市场；针对高新技术企业的不同状况培育其创新能力，全市高新技术企业由2008年的26家发展到2016年的217家，占规模以上工业企业总量的21%。

3. 倾力打造人才创新基地

蚌埠市树立人才是创新第一要素的理念，全面实施人才特区政策，不断发展和完善人才创新政策，打造皖北人才创新基地，不断汇集各类人才资源。2016年，蚌埠市设置1000万元的人才发展专项资金，促进高端人才的引进工作。以“孔雀计划”等系列活动吸引高层次人才回到蚌埠市，创建清华大学、复旦大学等研究生实践基地。一是不断完善发展环境。蚌埠市通过整合人力资源交流、创新创业活动等功能的人才服务中心，为各类人才提供相关服务；针对高端人才的创新创业等需求，构建绿色服务通道；蚌埠市发放市级党政领导干部与高层次人才之间的联系服务卡，建立15位市级党政领导与30位高层次人才之间的常规性和制度化的沟通渠道，在沟通的基础上实现对人才的珍视；推动高端人才的集聚，依托科技创新龙头企业，建立武汉理工大学姜德生院士工作站、复旦大学贺林院士工作站和蚌埠玻璃工业设计研究院、蚌埠市天润化学工业股份有限公司等博士后科研工作站，多渠道引入高端人才。二是引育急需人才。加强与上海陆家嘴人才金港合作，在蚌埠市共建分支机构，针对企业需要，有目的地引进一批博士研究生和硕士研究生。同时，针对蚌埠市产业发展需求，开设相应硕士研究生培训点，共建江苏大学研究生院、中国农科院研究生院蚌埠教学点等机构；面对企业技术工人不足的状况，与高职院校开展合作，共同培养产业技术工人，有力保障了企业的人才需求。

4. 努力夯实产业发展载体

蚌埠市坚持将高新技术产业发展作为示范区建设的重要环节，确保产业基础及其产业竞争力在市场化中具备一定优势，国家级高新区、产业基地、科技企业孵化器、众创空间等在蚌埠市稳步发展。为提升城市综合承载力，蚌埠市规划建设“三环六轴三带”城市发展框架，不断优化城市现有发展轴和产业带，促进产业布局合理化；加大招商引资力度，促进全市产业水平的提升，实现全市经济快速发展。2013年10月，蚌埠市获批国家农业科技园区，以龙亢农场为核心区，规划建设“一城五园”，加速农业科技成果转化。做强产业园区，不断推动蚌埠市科研成果本土产业化，给予高新技术产业更大的空间，以国内具有影响力的高科技产业园区为建设目标，目前，中建材蚌埠市玻璃新材料产业园、MEMS微机电产业园等稳步建设；不断落实创业园区，蚌埠市星宇文化创意产业园、蚌埠市高新技术创业园区等建成运行，蚌埠市科技企业孵化区建成面积达37万平方米，现已入驻企业300多家，这些皆成为蚌埠市科技人员创新创业的乐土。

5. 稳步推进体制机制创新

蚌埠市将推进体制机制创新作为合芜蚌示范区建设的突破口，实行体制机制创新和科技创新的“双轮”驱动发展战略，不断激活创新要素，构建良好的创新环境。一是不断完善推进机制。近年来，蚌埠市陆续出台了《关于实施创新驱动发展战略进一步加快创新型城市建设的意见》《加快培育和发展战略性新兴产业的实施意见》等一系列扶持科技创新的政策。设立了自主创新专项资金、战略性新兴产业发展基金、风险投资引导基金，支撑创新发展的政策体系不断健全；成立以蚌埠市市委书记为组长，市长为第一副组长，蚌埠市常务副市长、分管副市长为副组长，蚌埠市发改委、科技局、经信委等相关部门负责人为成员的工作推进领导小组，详细分解目标、落实责任。2014 年 9 月，蚌埠市发布《蚌埠市创新能力评价实施办法》，将自主创新的各项工作分配到各个区县及其相关部门，在年度考核过程中将创新能力评估作为重要一环，确保将创新能力提升到重要地位；落实一把手工程，蚌埠市市委书记每年多次主持召开市自主创新推进工作领导小组会议，听取各部门工作推进情况，对重大问题集体研究决策。二是积极探索科技和金融结合。蚌埠市把握创新成果产业化和规模化的发展趋势，探索专利权质押贷款政策，累计为全市 75 家企业办理专利权质押贷款，总量达 8 亿元，成功获批国家科技和金融结合试点及知识产权质押贷款示范市；发行两期珠城创新中小企业集合信托，共为 25 家科技型中小企业融资 1.5 亿元；与安徽省高新技术产业投资有限公司、招商证券股份公司合作，在蚌埠市设立 23 亿元的高新技术产业投资基金，大力推动创新型企业的孵化初步发展；与浙江赛伯乐投资管理有限公司合作设立 20 亿元电子信息产业基金，促进蚌埠市电子信息产业发展；与安徽省高新技术产业投资有限公司合作，设立 2 亿元的天使投资基金，支持大众创业、万众创新。蚌埠市大力支持安徽昌盛电子股份有限公司、安徽雪郎生物科技股份有限公司等 22 家科技型企业，在新三板成功上市融资；指导安徽今上显示玻璃有限公司、蚌埠市双环电子集团有限公司等 39 家科技创新型企业在全国私募股权市场交易融资，拓宽科技型中小企业的融资渠道。三是充分发挥驻蚌埠市科研单位的潜能。充分调动驻蚌埠市科研单位的积极性，努力把技术优势、人才优势和成果优势转化为产业优势，围绕主导产业发展，依托蚌埠玻璃工业设计研究院组建了硅基新材料产业技术研究院，依托中国电子科技集团公司第四十研究所、中国电子科技集团公司第四十一研究所和中国兵器工业第214研究所组建了电子信息产业技术研究院，搭建驻蚌科研院所与骨干企业合作的研发交流平台，促进研发与市场的融合。强力推进科研成果本土产业化，对土地、资金、环境等全方位特事特办，支持每个驻蚌科研单位打造在国内具有显著影响力的高科技产业园区。四是招商引智形式多样化。以海纳百川的胸怀积极引入国内外创新资源和产业资源，加快提升自主创新能力。搭建互通平台，中国科学院国家技术转移中心、合肥工业大学国家技术转移中心等分别在蚌埠市设立创新服务站，畅通企业与高校的沟通交流渠道；与上海理工大学国家大学科技园共建蚌埠基地和大学生创业园，引入发达地区先进的管理理念和管理模式；引进上海陆家嘴人才金港，建立合芜蚌（蚌埠）人才金港，利用上海的国际地位、全球视野招募创新人才；推进联合重组，以现有的优质资产，积极引入战略投资者，开展全方位战略合作，德国曼胡默尔集团整体收购蚌埠市昊业滤清器公司，广西柳工起重机有限公司整体收购蚌埠市振冲起重机器有限公司，参股美国 MEMS Link 公司在蚌埠市设立芯动联科微机电高科技公司，以期权模式激励创新团队扎根蚌埠市；引入高端团队，蚌埠市围绕主导产业和支柱型产业，于2014年启动高层次创新团队招引计划，共引入钛酸钡、有源有机发光显示 AMOLED 蒸镀用金属掩膜板等36个创新团队，支持各类人才队伍在蚌埠市创新发展，推出一批具有市场竞争力的科技型企业，推动新兴产业及传统产业的转型升级。

二　存在主要问题

1. 科技创新增速与省内其他城市相比差距较大

伴随着创新驱动发展战略的实施，蚌埠市逐渐将创新摆在发展的关键位置，出台政策，加大投入力度，其后发优势十分明显，加之蚌埠市科技创新指标长期高位运行，增长速度趋于放缓，致使蚌埠市部分科技创新指标不仅与合肥、芜湖两市的差距较大，而且与马鞍山、滁州等城市形成交织状态，在安徽省的位次时有下滑。

2. 企业创新实力不强

一是产业质量不高。蚌埠市高新技术产业总量仅是合肥和芜湖两市的23.4%和38.6%，高新技术产业增加值占规模以上工业企业增加值的比重为42.2%，比合肥和芜湖两市分别低14.8个百分点和12.8个百分点，并且蚌埠市高新技术产业大多集中在利用高新技术改造传统产业领域，而电子信息、新材料、智能制造等新兴产业比重偏低。二是企业规模不大。蚌埠市高新技术企业数量普遍偏少，无一家50亿元以上企业，20亿元以上企业仅3家，全市仅有3家企业进入安徽省高新技术企业百强，居安徽省第7位。三是龙头企业不强。蚌埠市企业的发明专利年授权量与诸如奇瑞汽车股份有限公司年授权量的200多件相比，差距仍旧较大，龙头企业的自主创新能力仍旧不足，同时，蚌埠市历年获国家科技进步奖和省科技进步一等奖的成果皆来自科研单位，而非创新活力最强的企业实体。

3. 支撑发展后劲不足

蚌埠市先后引进重大项目以推动经济对工业的贡献率，但有些项目中存在“研发空心化”现象，原因在于蚌埠市建设生产基地缺乏创新投入。规模以上工业企业创新投入不足，2015年蚌埠市规模以上工业企业中，只有30.9%的企业进行科技创新活动，只有30.3%的企业设立科技研发机构，全市规模以上工业企业研发投入仅占主营业务收入的0.81%，低于全国0.9%和安徽省0.83%的平均水平，说明大多数企业没有转到依靠科技创新发展的轨道上来。在高新技术企业方面，新近入规的100家企业，属于高新技术企业的不到30%，2016年，蚌埠市有54家高新技术企业新申请高新技术企业的认定，仅13家是2013年以后注册的企业。同时，受经济下滑的影响，高新技术企业掉队比较严重，近两年参加高新技术企业复审的103家企业，实际通过复审的仅60家，掉队率达41.7%。

三　全力推进蚌埠市自主创新建设

2016年6月，国务院正式批复同意合芜蚌国家高新区建设国家自主创新示范区，为蚌埠市“十三五”创新发展提供了良好的平台和难得的机遇。当前，蚌埠市正处在全面转型、加快发展、奋力崛起的关键时期，面临做大总量与提升质量的双重考验，无论是稳定即期增长，还是培育未来竞争优势，最根本的还是依靠创新能力，最关键的是需要将自主创新能力的提升作为战略的关键环节。我们要以实施创新驱动发展战略为主线，以全面创新改革、科技开放合作为动力，推进产业创新、搭建创新平台、激励创新创业。按照“一核心、四辐射、多集群”的空间架构，推进高新区“4+1”现代产业体系建设，引导各园区错位发展，围绕硅基新材料、生物制造、智能装备等特色产业基地建设，大力发展新技术、新业态、新模式，促进产业链、创新链、资金链、信息链、政策链在园区深度融合，努力把高新区打造成为全市创新发展的核心区，把蚌埠工业园和其他园区打造成为具有特色的创新型园区，为全面迈入安徽省第一方阵提供强力支撑。

（一）着力推进产业集聚发展，推动转型升级

科技创新的首要目的是推动产业转型升级，要紧抓前瞻产业，大力发展战略性新兴产业，加强应用先进、成熟的高新技术对传统优势产业进行升级改造，大力发展高技术服务业，努力促进第一、第二和第三产业协调、持续发展。

1. 建设蚌埠市战略性新兴产业集聚发展基地

利用蚌埠市现有产业基础和科研资源优势，遵循“聚焦特色、内生发展、开放合作”的基本思路，按照“重大专项—重大工程—重大基地”的推进梯次，加快构建创新型现代产业体系。重点建设硅基新材料、生物制造、智能装备、专用电子器件等产业基地，打造引领安徽省产业转型升级的发源地。

第一，建设硅基新材料产业基地。以蚌埠市高新区、工业园和硅基新材料产业园为核心，依托蚌埠市浮法玻璃新技术国家重点实验室、蚌埠市玻璃工业节能技术国家地方联合工程研究中心、蚌埠市国家玻璃深加工工程技术研究中心等国家级创新平台，自主创新浮法工艺生产 8.5 代 TFT - LCD 玻璃基板、高铝高碱高强触摸屏用保护玻璃、CIGS 薄膜太阳能电池玻璃等一批核心技术，加快实施铜铟镓硒薄膜太阳能电池、电子级玻璃纤维、豪威科技电子白板等重点项目，打造集技术研发、装备制造、工程服务、产品和应用于一体的具有国际领先水平的硅基新材料产业基地，力争产业基地规模突破 1000 亿元。

第二，建设生物制造产业基地。以蚌埠工业园、固镇经济开发区和怀远经济开发区为核心，依托安徽丰原发酵技术工程研究有限公司、国家科技兴贸创新基地生物医药研发公共服务平台、莱姆佳国家生物有机肥创制重点实验室等国家和省级研发创新平台，推动生物材料、生物能源、生物医药、生物有机肥等产业的发展，做大做强燃料乙醇、柠檬酸及柠檬酸酯类、聚乳酸、聚丙烯酰胺、苹果酸等产品，取得一批国内领先的核心技术，打造创新引领型、环境友好型、领先安徽省的生物制造产业集聚发展基地，力争产业基地规模突破 1000 亿元。

第三，建设智能装备制造产业基地。以高新区、蚌山区和怀远经济开发区为核心，发挥安徽省新型工业化产业示范基地、中国汽车零部件（滤清器）制造基地等平台优势，依托安徽省大富光电科技有限公司、中科电力装备科技安徽有限公司、蚌埠凯盛工程技术有限公司、中国电子科技集团公司第四十一研究所、安徽柳工起重机有限公司、中集安瑞科控股有限公司等一批龙头创新型企业，加大科技研发力度，深入推进智能化、信息化发展，不断延伸完善产业链，力争在工业机器人、智能数控装备、智能仪器仪表、大型工程机械、成套电气设备、新能源汽车等领域形成具有影响力的产业集群，打造安徽省内领先、在国内有一定影响力的智能装备制造产业基地，力争产业基地规模突破 1000 亿元。

第四，建设专用电子器件产业基地。以高新区、怀远经济开发区和五河经济开发区为核心，依托国家电子测试技术重点实验室、国家电子仪器质量监督检验中心、微电子机械系统（MEMS）国家地方联合工程实验室、电子信息测试技术安徽省重点实验室等创新平台，重点突破微电子机械系统（MEMS）惯性传感器及高温压力传感器、微光成像探测器件（EMCCD）、基波合成扫频信号发生器、太赫兹前端组件、LTCC/SiP 射频集成器件、AMOLED 器件及模组、射频同轴连接器、LTCC 微波/毫米波片式器件、大功率宇航用射频继电器、大功率 LED 芯片等核心技术与生产工艺，创新发展军民两用电子、MEMS 传感器、专用集成电路、通信测量电子、汽车电子、医疗电子、安防电子等新兴产品，加快推进科翔电子产业园、中讯四方智慧光电产业园建设，推动新型电子器件产业向专业化、高端化、规模化、集群化发展，力争产业基地规模突破 800 亿元。

2. 加快传统产业的改造步伐

按照《蚌埠市传统产业改造提升工程实施方案》，全市每年滚动实施 100 个重点技改项目，实现产业链、价值链整体水平的提升。深入推进“互联网 +”行动，加快云计算、大数据、物联网等信息技术与传统产业深度融合。为推动智能制造业的发展，蚌埠市积极运用信息技术提升设计、生产、售后等各环节的智能化水平；推进绿色改造，开展重大节能环保、资源综合利用、低碳技术产业化的示范运用工作，打造一批绿色示范工厂和绿色示范园区；加大传统产业技术改造力度，以产业改造、项目改造、绿色改造为重点，加快实施中烟易地技改、中粮蚌埠产业园等一批重点退市进园技术改造提升项目。预计到 2020 年，传统产业技术水平、智能制造水平、绿色发展水平显著提高，规模以上工业企业新产品销售收入占比居安徽省前列。

3. 大力发展现代服务业

近年来，蚌埠市实施服务业加快发展工程，推动全市生产性服务业向专业化和高端化发展，特别是在研发设计、技术转移、科技金融、科学技术普及等方面呈现服务业新业态，加快了生产性服务业的集群化发展。围绕新业态、新模式、新生活，加大推进“互联网 +”、大数据、第三方支付、大健康等服务业的发展；深度挖掘大禹文化、淮河文化、楚汉文化、明文化、双墩文化等资源，不断延伸文化科技、游戏动漫、创意设计、文化旅游以及农耕民俗等文化产业链，打造综合销售收入超过1000亿元的创意文化产业基地；依托铁路无水港、蚌埠港物流园、蚌埠（皖北）保税物流中心、电商快递示范园等优势，着力实施合一冷链物流、普洛斯物流、徽商五源物流等项目，加快推进现代物流体系建设，打造集铁路、公路、水运于一体的综合口岸；探索推进现代服务业高新技术企业培育工作，扶持一批龙头骨干企业快速发展。

（二）加速科技成果转化，加大创新供给

科技成果转化是引领经济发展的关键环节，也是科技成果价值的体现，因此要全力打造“全要素、全链条”的科技成果转化体系，促进更多的科研成果在本土转化。

1. 加大科技成果供给

围绕硅基新材料、生物制造、智能装备、电子器件等主导产业，加强蚌埠市浮法玻璃新技术国家重点实验室、生物发酵技术国家工程研究中心、微电子机械系统国家地方联合工程研究中心等研发平台创新能力建设，加快建设一批市场化运作、创新创业与孵化育成相结合，具有独立法人的新型研发机构，不断提升自主创新能力、集成创新能力；紧盯产业链核心技术，依托驻蚌科研单位和龙头骨干企业，面向产业需求，梳理一批重大科研项目，实现项目清单和销号管理，集聚创新资源，组织联合攻关，在信息显示组件、光伏、硅基电池材料、5G通信、工业机器人、生物降解材料等领域取得一批重大科研成果，为产业的发展提供具有竞争力的科研成果支撑；与中国科学院、清华大学、合肥工业大学等科研院所、高校加强合作，定期梳理一批先进的科技成果，向相关企业精准推送；支持国内外著名科研机构在蚌埠市独建或共建研发分中心，对为蚌埠市企业创新开展服务的单位，给予其蚌埠市企业服务营业收入10%的奖励，对年薪所得12万元以上的科研人员，给予其年薪所得5%的奖励。

2. 加强科技成果转移机构建设

依托蚌埠市国家创新平台，整合蚌埠市科技路路通、专利展示交易中心

等公共资源，建设蚌埠市创新一站式云服务大厅，构建线上线下融合技术交易平台，为企业创新提供全方位服务；支持国内外知名高校、科研机构和企业在蚌埠市设立或共建技术转移机构，加快中国科学院（蚌埠）科技成果交易转化孵化中心建设，对引入成果并实现产业化的机构，给予其技术合同成交实际到账额 10% 的奖励；培养大批高素质技术交易经纪人才队伍，鼓励蚌埠市的高校、科研院所等单位的技术人员在完成本职工作的基础上，积极开展技术服务、转让等工作，其收入全部归个人所有。以政府购买服务方式，支持社会力量从事科技成果转化，加快建设一批科技成果转移机构，促进自主创新的成果转化。

3. 发挥驻蚌单位优势

加强与中国建材集团、中国电子科技集团、中粮集团等单位的沟通，争取将先进成熟的科技成果，依托其驻蚌埠市的单位进行产业化，对在蚌埠市进行科技成果产业化的项目，政府先以参股形式予以支持，待达到预期目标后给予股权奖励，努力把技术优势、成果优势加速转化为产业优势。鼓励各类投资主体特别是市级投资平台，通过出资入股、收购股权、股权置换等多种方式，参与中国电子科技集团公司第四十一研究所、中国兵器工业第 214 研究所、中粮生物化学（安徽）股份有限公司等科研院所和国有企业改制重组。

4. 完善政策激励机制

近年来，蚌埠市在知识产权运用、股权激励、科技奖励、税收优惠等政策方面，不断推出并完善有利于科技成果转化的制度和政策，有效促进了科技成果转化；推进科技成果使用权、处置权和收益权体制机制创新改革，如科技成果转化收益用于奖励科研负责人、骨干技术人员的比例不低于 70% 等；鼓励、支持科技人员或创新团队携带成果来蚌埠市创新创业，前 5 年对团队年薪所得 12 万元以上的核心人员，给予个人年薪收入 5% 的奖励；给予优秀项目参股支持，按约定将股权奖励给团队；支持企业购买科研成果，对购买科研成果并实际应用的企业，给予其技术合同成交实际到账额 10% 的补助。

（三）突出企业创新主体地位，引领创新发展

创新型企业是经济发展和结构优化的主力军，是创新发展的领头雁，因此，要全方位加快培育创新型企业，力争培育一批行业领跑者和细分行业科技型“小巨人”。

1. 推动创新型企业集群化发展

近年来，蚌埠市抓住新一轮“技术创新工程”机遇，实施高新技术企业培育工程和创新型企业百强计划。通过“育苗造林式”培育，按初创期、成长期、成熟期分类建立高企培育库，实行“一企一策”，扶持小微企业成长为高新技术企业；加大对现有高新技术企业的支持力度，助推高新技术企业加速成长，积极推动高新技术企业走向资本市场；鼓励龙头骨干企业通过并购重组等途径，加快提升企业自主创新能力，促进企业向价值链中高端转型升级，着力培育一批龙头创新企业；支持中小企业走专业化、精品化的发展道路，力图成为不同行业的“小巨人”。

2. 提升企业技术创新能力

蚌埠市推行以企业为主体的技术创新体系，通过财政补助等方式引导产业领军企业建立科技创新中心，对组建国家级研发平台的企业给予最高300万元的奖励，依托龙头骨干企业组织实施重大科技产业化项目，通过省市共建加大扶持力度，使玻璃工业设计研究院、北方芯动联科、昊方机电等一批龙头骨干企业成为全球行业领跑者；实施大中型企业研发机构全覆盖计划，支持蚌埠玻璃工业设计研究院争创国家制造业创新中心（工业技术研究院）；全市科学布局并建设各类研发平台，到2020年，实现大型企业普遍建立省级以上研发平台，50%以上规模以上工业企业建立研发机构，规模以上企业研发投入占主营业务收入的1.5%。

3. 加强产学研用等环节的合作

蚌埠市不断构建以龙头企业为主导，产业链上下游企业、高校、科研院所参加的产业自主创新战略联盟，在优化配套、技术攻关、创新要素、产业金融等方面加强合作；推进驻蚌高校和科研院所科学仪器设备向企业有偿开

放，分别给予拥有方和使用方各20%的补助；充分发挥行业协会在加强产学研用等环节中的牵线作用，提升行业协会服务能力，更好地承接政府退出的服务职能。

4. 实施知识产权发展战略

强化企业创新意识、质量意识、品牌意识、标准意识，健全技术创新机制，建立专利保护与标准化互动支撑机制，加快推进以自主知识产权为基础的技术标准体系建设，以专利和标准抢占行业发展制高点，对主持国家标准编制的企业给予20万元的奖励；强化企业质量诚信、销售诚信、服务诚信，推进品牌形象建设，培育一批驰名商标和著名商标，对获得驰名商标和著名商标的企业分别给予20万元和10万元的奖励，着力推动“凯盛”“昊方”“丰原”等优质品牌的国际化。

5. 完善鼓励企业创新政策

蚌埠市加快建立健全企业主导的产业技术研发机制，落实国家高新技术企业所得税减免等税收优惠政策，探索建立蚌埠市企业研发准备金制度，引导企业持续增加研发投入；贯彻落实国务院赋予中关村自主创新试验区的股权激励个人所得税递延纳税、众创空间减免税等先行先试的扶持政策；利用安徽省“1+6+2”政策，深化蚌埠市引导企业加大创新投入的体制机制改革，引导企业走创新发展之路；加强骨干研发平台建设，对符合省市共建条件的企业实验室，蚌埠市将连续3年每年给予100万元经费支持，并将蚌埠市国有企业研发费用视同利润进行指标考核。蚌埠市按照国际规则建立健全政府采购产品和服务体制、机制，促进全市自主创新技术的研发和应用；探索制定重大装备首台（套）突破及示范应用奖励政策，制定研制或使用能够代替进口、首次投入市场的重大装备优惠政策，向入驻众创空间的企业和各类企业孵化器内小微企业发放有效期2年的20万元创新券，作为企业购买科技研发和服务的补助。

（四）建设多层次双创平台，营造创新创业氛围

实施创新驱动发展战略，需要激发区域内和区域外人才的创新能力，加

快营造创新创业的良好环境，让那些有想法、有能力、有创造力的人实现创新创业，创造自身价值及社会价值。

1. 加强创新创业载体建设

蚌埠市加快完善“创业苗圃+孵化器+加速器+专业园区”的创业孵化一条龙服务。到2020年，蚌埠市将建设众创空间30家，省级以上众创空间力争达到10家；组建由企业家、科研人员、投资人员构成的创业导师队伍，为创客创业提供辅导；鼓励众创空间管理人员、创业导师、社会公众参股支持新创办企业；开展众筹试点，市与县（区）按1∶1设立众筹风险补偿金，对辖区内的项目向社会公众发布众筹信息，对众筹失败项目给予投资者一定补偿。

2. 营造人人创新氛围

蚌埠市将定期举办创新创业大赛、工业设计大赛等活动，支持众创空间开展创新创业沙龙、特训营、项目路演等活动，推动创客文化进入校园、进入社区、进入工厂、进入农村，发展众创、众包、众扶、众筹等新模式，实施“互联网+”行动计划，鼓励大中型企业开展众包业务，对企业自身开展的业务或原委托市外企业提供的配件和服务，通过众包形式，改由本市企业承担，给予发包企业一定奖励。

3. 发扬光大创新创业理念

在蚌埠市，运用多媒体、多层次、多视角宣传手段，将“创新光荣、创新致富”的理念引入社会舆论，增强敢为人先、勇于冒尖、大胆质疑的创新自信，将科学家精神、社会责任贯穿在科技人员的创新过程中。加快建立鼓励创新、宽容失败的容错纠错机制，对于创新创业者、国有资本投资创新创业失败者给予包容，为先行先试大胆创新改革提供支撑。

（五）打造创新人才高地，筑牢创新根基

人才是创新发展的根本保障和重要基石，要采取特殊的政策、特殊的机制，有计划、有阶段地引进人才，留住人才，努力打造创新人才高地。

1. 加大高端人才引进

深入推进人才特区建设，大力实施高层次人才团队引育计划，积极与海外人才服务机构合作，加大管理人才、创新人才、营销人才和高技能人才的培养引进力度，对引进的高端团队，市与县（区）按 1∶1 参股支持团队建设。全力支持蚌埠市企业设立院士工作站、博士后科研工作站、“千人计划”专家工作站等高端创新平台，大力引进院士、“千人计划”、“万人计划”及其团队在蚌埠市创新创业，力争 5 年内引进和集聚 10 名国内外产业顶尖人才、100 名产业领军人才。

2. 强化创新人才培育

推进教育与产业深度融合，通过财政资助、政府购买服务等措施，引导高校培育蚌埠市急需人才，支持企业与高校联合办学，进行“订单式”人才培养，实现人才精准输送；全面支持安徽财经大学、蚌埠医学院、蚌埠学院等高校打造高素质人才培养基地，加快推进蚌埠职业教育园区建设，支持职业院校自主开办专业、设置课程，建设高水平生产性实训基地，为学生提供优质实训和创业条件；鼓励高职院校与中职院校合作，扩大“五年一贯制”人才培养试点，探索高中后阶段职业教育新模式，畅通“中职—高职—应用型本科人才”培养渠道。

3. 优化人才激励评价

鼓励、支持企业开展股权分红，进一步激发企业骨干人员的创新创业活力；提高科研人员成果转化收益分享比例，将聪明才智转化为个人财富，实现名利双收；对于在科技创新工作中取得显著成果的专家学者、技术能人，按照国家职称评定的新规定，打破条条框框，允许他们申报高级专业技术职称。

4. 促进人才自由流动

加快皖北人力资源配置中心建设，大力发展人力资源服务业，扩大人力资源服务业对外开放，引进培育若干国际化、专业化的人才中介服务机构，积极创建国家级人才市场；鼓励事业单位科研人员创办企业，对于离职创业者在 5 年内按蚌埠市事业单位编制内管理。

5. 完善人才服务环境

进一步完善一站式人才服务机制，为高端人才开辟绿色服务通道，营造出更高效便捷的人才服务环境。制定居住、就医等政策，通过多渠道为创业创新人才提供住房支持。

（六）加速科技金融深度融合，增添创新后劲

自主创新始终离不开金融体系的支撑，如果没有金融创新服务的跟进，自主创新的活力将无法得到有效释放，因此，要加快打造服务企业创新发展全过程的资金链。

1. 强化金融服务体系建设

推进蚌埠投资集团、蚌埠高新投资集团等政府性投资机构建设，为创业投资、股权投资、融资担保等提供专业服务；鼓励蚌埠市的商业银行在高新区设立科技支行，为高新技术企业提供方便；探索设立信托、金融租赁、消费金融等非银行业金融机构，积极争取开展科技小额贷款试点；建设高新区、经济技术开发区金融商务综合服务中心，鼓励各县、区建设各具特色的金融“超市”。

2. 推进金融服务创新

蚌埠市探索推进各类投资基金、担保公司等参与共建全市科技型企业融资风险资金池，实施统借统还模式。持续推进“税融通”“政银担”合作机制创新，积极争取投贷联动试点，大力支持蚌埠市科技型企业发展。

3. 加快发展各类投资基金

蚌埠市在做大做强市级产业投资引导基金的基础上，支持各基金以参股形式与县（区）按1∶1的出资比例共同组建子基金；设立风险投资补偿基金，吸引各类创业投资机构来蚌埠市发展，基金自设立起五年内，每年按基金管理机构所管理基金实收资本5‰的金额给予高管人员一定的补贴，最高不超过其当年薪资收入的5%；全力构建涵盖不同行业、不同企业、不同发展阶段的基金群。

4. 促进企业与多层次资本市场对接

蚌埠市实施企业上市挂牌奖励补助制度，对企业上市挂牌的困难和问题实行“一事一议”，支持符合条件的科技型企业加快在主板、中小板、创业板、新三板上市挂牌，支持符合条件的创业投资机构发行创投债券。

（七）完善市外科技合作机制，加大创新合作

在科技、经济全球化的大背景下，开展对外科技合作是加快科技进步、实现跨越式发展的重要途径，要大力实施引进来、走出去战略，全视角整合、统筹、发挥一切可利用的创新资源。

1. 支持创新主体参与国内外科技合作

蚌埠市积极探索与经济发达地区和国内外著名高校、科研单位共建合作园区。支持省内外企业、高校、科研院所等来蚌埠市开办分支机构，与蚌埠市相关单位共建创新平台和人才培养基地，联合开发创新产品。鼓励蚌埠市企业对接“一带一路”沿线国家，寻求海外发展，支持直接到境外投资并购高新技术企业、研发机构等，在人才、技术密集地区设立研发机构，在国外设立、合并或收购研发机构，并给予政策性补助。

2. 促进军民融合产业发展

全力创建蚌埠国家级军民融合示范基地，做好与安徽省军民融合综合信息服务平台的衔接，促进信息共享。推动在蚌埠市的军工单位企业化转制，鼓励军工单位与当地企业开展合作，促进军用技术服务社会。蚌埠市军民合作企业产品将进入军队采购目录、政府采购目录，以加大军民企业产品应用推广力度。

3. 推进跨区域间合作

加强与合肥市、芜湖市、京津冀地区、长三角地区等发达地区的合作。建立跨区域科技成果库和专家库，开放国家重点实验室等高端平台，促进合芜蚌示范区的科技资源共享和创新能力提升，并合作突破一批关键产业共性技术的壁垒。

（八）推进体制机制改革，优化创新环境

自主创新是一项系统工程，涉及方方面面，蚌埠市各级政府部门要整体联动、融为一体、履职尽责，使政府的“有形之手”与市场的“无形之手”相得益彰，共同营造良好的创新环境。

1. 完善政府权力运行机制

不断深化行政审批制度改革，全面实施并动态调整“权力清单、责任清单”，减少企业资质类、项目类行政审批事项，严格执行涉企收费清单制度，积极探索推进“互联网+政务服务”模式。开展市场准入负面清单管理试点，支持和鼓励创新主体的新业态、新模式发展。

2. 完善自主创新考核体系

落实一把手自主创新的推进机制，建立以自主创新为核心，以技术创新为重点，以经济发展为目标的自主创新评价指标。将评价指标纳入国民经济和社会发展规划中，并作为各级政府工作目标和绩效考核的依据。

3. 优化知识产权保护环境

全面贯彻《中华人民共和国专利法》和《安徽省专利条例》，提升专利创造水平、运用水平和保护水平，大力推进知识产权民事、行政、刑事案件审判“三合一”工作，不断提升对知识产权的司法保护能力。

4. 加快全市征信体系建设

运用大数据、云计算等信息技术，建立健全个人信用、企业信用、政府信用等档案，完善信用法规，在全市采取守信激励和失信惩戒的措施，推进征信体系建设，探索将故意侵犯知识产权行为信息纳入社会信用档案。

5. 深化干部用人制度改革

在科技成果转化机构探索开展高效、有活力的用人机制改革，打破身份界限，推行政府雇员制、干部聘用制，实现人事管理由“身份管理”向“岗位管理”转变；推行绩效工资制，实现薪酬管理由“铁工资”向“活薪酬”转变；推行全员绩效考评制，实现年度考核由“主观评价”向“量化考评”转变。

参考文献

中共中央、国务院：《关于印发〈国家创新驱动发展战略纲要〉的通知》（中发〔2016〕4号），2016年5月12日。

中共中央、国务院：《关于深化体制机制改革加快实施创新驱动发展战略的若干意见》（中发〔2015〕8号），2015年3月13日。

安徽省人民政府：《关于印发〈合芜蚌国家自主创新示范区建设实施方案〉的通知》（皖政〔2016〕104号），2016年12月3日。

《关于印发蚌埠市系统推进全面创新改革试验实施方案的通知》（皖全创改〔2016〕4号），2016年10月7日。

李扬：《创新因子激活发展引擎》，《蚌埠日报》2015年11月11日，http://ah.people.com.cn/n2/2016/0906/c377777-28955486.html。

江春晖：《蚌埠市科技创新能力探析》，《科技创新与生产力》2016年第12期。

产 业 篇

Industry Reports

B.5

合芜蚌示范区战略性新兴产业发展报告

方金友*

摘 要: 战略性新兴产业是一个国家和地区的先导产业，对经济社会的发展起引领作用。合芜蚌示范区的发展，也将以培育和发展战略性新兴产业为先导，在分析当前合芜蚌示范区战略性新兴产业发展现状的基础上，借鉴国内外发展战略性新兴产业的经验，论证合芜蚌示范区发展战略性新兴产业的路径，据此提出合芜蚌示范区发展战略性新兴产业的对策建议。

关键词: 安徽省 合芜蚌示范区 战略性新兴产业

* 方金友，安徽省社会科学院新闻与传播研究所副所长、研究员，主要研究领域为经济社会学、网络社会学。

“战略性新兴产业”的概念由我国首次提出，主要是指知识密集、技术密集、人才密集的高科技产业。从区域经济发展的角度看，一个地区的战略性新兴产业，既要具有较好的市场前景和经济效益，又要支撑当地产业结构优化升级和引领当地经济社会可持续发展。从全球看，很多国家和地区把发展战略性新兴产业作为全球化和产业化过程中提升国家竞争力的重要手段，并已推出相关政策和法规，推动战略性新兴产业的发展和布局，进而在新一轮信息革命中占据重要地位。

一 战略性新兴产业在合芜蚌示范区发展中的地位

近年来，我国战略性新兴产业的发展逐步从依靠外部产业发展转变为依靠内部产业发展，因国际市场需求相对较低以及我国城市经济和第三产业的长足发展孕育出国内庞大的需求市场，战略性新兴产业成为我国经济持续发展的新引擎。而战略性新兴产业的发展与高新科学技术密切结合，拉动我国产业结构转型升级并促进中国制造的创新水平。战略性新兴产业的发展与相关产业之间存在着共存共荣的关系，相互融合进而集聚成巨大的产业集群，也将推动生产性服务业的快速发展，带动区域经济可持续发展。在合肥、芜湖、蚌埠三个国家高新技术产业开发区建设国家自主创新示范区，是全面实施创新驱动发展战略，率先系统推进全面创新改革试验，深入推动大众创业、万众创新，发展新经济，培育新动能，奋力在中部崛起中闯出新路的重大战略举措。

1. 发展战略性新兴产业是合芜蚌示范区的必然选择

合芜蚌示范区发展战略性新兴产业是在国际市场环境低迷、出口乏力的背景下形成的，也是在我国经济新常态的背景下提出的。合芜蚌示范区通过培育和发展战略性新兴产业，能够推动安徽经济社会实现又好又快的发展，促进安徽省经济结构和产业结构的逐步调整，在国际市场和国内市场形成一定的创新优势，进而成为安徽省经济发展的内生动力。保持安徽省经济发展的比较优势，拉动安徽省经济发展，需要在战略性新兴产业上下好功夫，做足文章。

当前，安徽省处于全面建成小康社会的决胜阶段，又处在工业化、城镇化快速发展的关键时期。合芜蚌示范区地处安徽省核心区域，人口较多，人均资源较少，生态环境亦较脆弱，传统产业较难支撑经济可持续发展。而战略性新兴产业以自主创新为核心竞争力，既能提升产业层次、推动传统产业升级优化、逐渐形成现代产业结构，又能加快经济发展方式的转变、促进资源节约型和环境友好型社会的建成。

合芜蚌示范区培育和发展战略性新兴产业，是促进产业结构多元化、提升企业核心竞争力的有效手段。安徽省产业结构和经济结构相对单一，特别是民营经济的发展相对落后，合芜蚌示范区结合区域特点发展战略性新兴产业，不断增强新兴产业的集聚发展，不断稳固相关产业的配套设施，实现新兴产业对经济增长促进作用的最大化，带动安徽省乃至中部经济增长。合芜蚌示范区建设的主要目的在于其承担着中部乃至全国探索创新驱动、产业转型升级的重任。合芜蚌示范区在建设过程中能够进一步凸显区域经济的作用力，通过政策叠加推动安徽省在创新驱动发展战略上的理解，促进安徽省产业转移和技术转移的可持续发展。合芜蚌示范区培育和发展战略性新兴产业，能够促进经济的可持续发展，提高人民的生活幸福度和满意度，使人民真实体会到经济增长和区域经济发展的优势，进而推动区域经济建设。合芜蚌示范区的经济可持续发展能够有效化解社会生活中已存在的矛盾，扩大安徽省城镇、乡村居民的就业率。

2. 合芜蚌示范区发展战略性新兴产业的核心是自主创新

战略性新兴产业的发展立足于自主创新能力，需要综合考量区域内的资源禀赋。2016 年，合芜蚌示范区战略性新兴产业产值达 10899.6 亿元，占安徽省总产值的 60%；增加值达到 2431.7 亿元，约占安徽省总产值的 59.8%。而战略性新兴产业增加值占规模以上工业增加值的比重超过 54%。2016 年，合芜蚌示范区共申请发明专利 49114 件，占安徽省总量的 51.2%；共获得发明专利授权 8804 件，占安徽省总量的 57.6%。截至 2016 年底，安徽省拥有有效发明专利 39104 件，居全国第 7 位；每万人口发明专利拥有量 6.37 件，居全国第 9 位。合芜蚌示范区共拥有有效发明专利 23809 件，占安徽省总量的60.9%；每万人口发明专利拥有量16.2件，是安徽省的2.5倍。2016年，合芜蚌示范区技术合同成交额高达185.5亿元，占安徽省总量的85.3%，这凸显出合芜蚌示范区具有较强的科技创新优势和自主创新能力，是安徽省自主创新的龙头。2016年，合肥高新技术开发区综合排名居全国第7位，芜湖市高新技术开发区、蚌埠市高新技术开发区在新升级的国家高新技术开发区综合排名中居第6位、第7位，彰显出合芜蚌示范区具有较快的发展速度，处于全国第一方阵。①

合芜蚌示范区具有较强的自主创新要素。一大批重大科技成果在合芜蚌示范区成功研发和转化。在示范区内，中国科学技术大学全超导托卡马克装置首次实现分钟量级运行，科大讯飞股份有限公司智能语音系统得到广泛应用，中国科学技术大学首条量子保密通信顺利开通，蚌埠玻璃工业设计研究院成功拉制出0.15毫米浮法玻璃基板，合肥美亚光电技术股份有限公司研制出国内首台质谱红外光谱仪，中国电子科技集团公司第四十一研究所研制出5G通信测试系统，等等。多年来，合芜蚌示范区按照“市场化导向、多主体投资、多模式组建、企业化运作”的方式，激活自主创新要素和引入创新资源。安徽省政府、中国科学院、合肥市政府、中国科学技术大学共建中国科学技术大学先进技术研究院，引入创新团队30多支、孵化企业170多家。合肥市政府与清华大学合作，引进清华大学9个核心一级学科科研力量，成立公共安全研究院，将吸引和孵化20多家公共安全行业企业，形成年产值约50亿元的公共安全产业园区。国家教育部、安徽省政府、合肥市政府、北京航空航天大学共建北京航空航天大学合肥科学城，引进多个研究中心，促进合芜蚌示范区自主创新能力的提高和创新要素的聚集。

二　战略性新兴产业在合芜蚌示范区的分布

合肥、芜湖、蚌埠三市具有较好的地理位置和经济发展优势，对周边城

---

① 陈鹏：《合芜蚌示范区发展成效显著　支撑引领全省全面创新改革》，《安徽科技》2017年第3期。

市具有较强的影响力，特别是合肥市是安徽经济发展中的核心区域，现已成为长三角世界级城市群的副中心。战略性新兴产业链以龙头城市和中心城市为依托，配置相关产业，进而促进中心区域创新能力的发展，实现区域优势互补、分工协作，形成合理的产业分工体系。

1. 合肥市

2015 年，合肥市地区生产总值（GDP）达 5660.3 亿元，增长 10.5%，分别快于全国和安徽省 3.6 个百分点和 1.8 个百分点；财政收入突破千亿，达到 1000.5 亿元，增长 13.6%；招商引资达到 3390 亿元，增长 15%，其中外资达 25.07 亿美元，增长 14.9%。境外世界 500 强企业增加到 39 家。在全国 26 个省会城市中，合肥市 GDP 总量居第 12 位，GDP 增速居省会城市第 3 位。合肥市 GDP 占安徽省比重达到 25.7%，较 2014 年提升 0.9 个百分点；财政收入占安徽省比重达到 24.9%，较 2014 年提升 0.9 个百分点；进出口占安徽省比重达到 41.7%，较 2014 年提升 0.9 个百分点。从增速看，合肥市 GDP、财政收入、规模以上工业增加值、工业用电量均保持省内第一。2015 年，合肥市国家高新技术企业增加到 1056 户，实现增加值 1257.2 亿元，占合肥市 GDP 比重的 22.2%；发明专利申请量和授权量分别增长 27.1% 和 80.5%，自主创新主要指标全部进入省会城市“十强”;[①] 企业主体地位大幅提高，研发机构数量、研发投入额、研发人员数量、授权专利数量中企业占比均在 70% 以上。可见，合肥市在合芜蚌示范区中处于龙头地位。战略性新兴产业在合肥市的发展，主要依托中国科学技术大学、合肥工业大学微电子学院、合肥语音信息技术研究院、国家机器人可靠性检测中心、安徽省数字化设计与制造重点实验室、合肥联合微电子中心、合肥集成电路设计验证分析公共服务平台、合肥京东方光电科技有限公司、合肥现代显示研究院、安徽新型显示创新中心、打印 OLED 研发平台等创新平台实现集聚发展。

2. 芜湖市

2015 年，芜湖市地区生产总值（GDP）达到 2457.32 亿元，比 2014 年

① 合肥市统计局：《奋力赶超迎跨越　创新转型添动力——2015 年合肥市经济运行情况综述》，2016 年 2 月 14 日，http：//tjj. hefei. gov. cn/8726/8728/201602/t20160214_ 1936654. html。

增长10.3%；全年实现财政收入470.01亿元，比2014年增长10.3%；全年完成固定资产投资2709.19亿元，比2014年增长13.2%。芜湖市战略性新兴产业实现产值1533.4亿元，增长了22.4%。[①] 同时，芜湖市推进两大国家战略性新兴产业集聚发展试点，在此基础上实施了机器人产业集聚多种政策，设立哈尔滨工业大学、安徽工程大学两个机器人产业技术研究院。芜湖市首批16个项目完成投资44.8亿元，逐步构建了平板显示产业链、通用航空产业园、国家新能源汽车创新型产业集群试点等项目，推动战略性新兴产业融入成果转化的建设体系中。

3. 蚌埠市

2015年，蚌埠市地区生产总值（GDP）达到1253.05亿元，按可比价格计算，比2014年增长10.2%；财政收入达228.36亿元，比2014年增长9.6%；全年完成固定资产投资达到1457.97亿元，比2014年增长17.2%；规模以上工业企业超过1000户，实现增加值670亿元，居安徽省第4位，增长11%。蚌埠市工业经济效益综合指数居安徽省第2位。在促进战略性新兴产业方面，蚌埠市开展德豪润达倒装芯片等29个项目及中创钛酸钡等40个项目。蚌埠市获批省级硅基新材料战略性新兴产业集聚发展基地，设置30亿元的硅基新材料产业发展基金。同时，蚌埠市参与设立23亿元安徽省高新技术产业投资叁号基金，新增37家国家高新技术企业，高新技术产业产值达到920亿元，增长20%。蚌埠市玻璃工业设计研究院纳入国家国际科技合作基地，“WM众创智慧谷”成为国家级科技企业孵化器管理支持体系一部分。发明专利授权量达到660件，增长12%。[②] 蚌埠市在政策上进一步以战略性新兴产业为集中点，激发企业创新创造活力，促进科技成果转化，推动“大众创业、万众创新”，开展试点示范。

---

① 芜湖市统计局：《芜湖市2015年国民经济和社会发展统计公报》，2016年3月29日，http：//www.wuhuxcb.gov.cn/Infos/DocShow.aspx? fid =4283。

② 蚌埠市统计局：《蚌埠市2015年国民经济和社会发展统计公报》，2016年5月13日，http：//www.ah.gov.cn/UserData/DocHtml/1/2016/5/13/2223020265711.html。

三　战略性新兴产业在合芜蚌示范区的发展

为响应国务院发展战略性新兴产业的倡议，2010 年，安徽省确定了电子信息、节能环保、新材料、生物、新能源、高端装备制造、新能源汽车和公共安全产业八大战略性新兴产业。2011 年，进一步细化了战略性新兴产业的发展重点，并为此制定了《安徽省战略性新兴产业“十二五”发展规划》。2013 年，安徽省被确定为全国 5 个国家战略性新兴产业区域集聚发展试点省份之一。2015 年，安徽省政府在合肥、芜湖等 10 个城市推出第一批合肥新站区新型显示产业、合肥高新区集成电路产业、合肥高新区智能语音产业、合肥和芜湖新能源汽车产业、蚌埠硅基新材料产业、芜湖鸠江经开区机器人产业、芜湖三山经开区现代农业机械产业等 14 个战略性新兴产业集聚发展基地。2016 年 8 月，安徽省政府又确定第二批合肥市高新技术开发区生物医药和高端医疗器械产业、合肥市包河经济开发区创意文化产业等 8 个战略性新兴产业集聚发展基地和芜湖市新芜经济开发区通用航空产业等 2 个集聚发展试验基地。2016 年，习近平总书记在视察安徽时指出，安徽在科技、教育、人才方面有自己的优势，合肥市是全国四大科教基地之一，要用好这一优势，下好创新“先手棋”，塑造出更多的通过创新驱动的发展模式。而安徽省过去所具有的自然优势及劳动力优势在新一轮信息革命的过程中逐步弱化，所以需要更多地依靠创新创造发展动力。

1. 产业规模迅速壮大

安徽省战略性新兴产业产值在“十二五”期间年均增长 29%，2015 年已达到 8921.5 亿元，占安徽省规模以上工业总产值的比重已达 22.4%。从产值看，八大战略性新兴产业中，产值超千亿的有 4 个，其中新一代信息技术产业和新材料产业产值超 2000 亿元，分别为 2293.5 亿元和 2064.5 亿元。从区域看，皖江示范区实现产值 6825.4 亿元，在全部战略性新兴产业中占据 76.5%，其中合肥市产值达到 2788.8 亿元；合芜蚌示范区和皖北六市产值分别为 4928 亿元和 1774.2 亿元，分别占据安徽省战略性新兴产业总产值的 55.2% 和 19.9%。2016 年 1 ~9 月，安徽省高新技术产业累计实现产值 12847.8 亿元，比2015年同期增长14.4%；累计实现增加值2888.4亿元，比2015年同期增长14.9%；合肥、芜湖、蚌埠三市高新技术产业实现产值7826.2亿元，增加值1750.2亿元，分别较2015年同期增长13.8%和13.9%。

2. 一批新兴产业快速成长

“十二五”期间，安徽省每万人口有效发明专利从0.66件增加到4.28件，2015年新增授权发明专利11180件，总量居全国第7位、中部第1位，增长115.7%，增幅全国第一；获得国家科技一等奖4项，国家专利金奖3项，特别是在热核聚变、量子通信、智能语音等科技领域取得了突破。安徽省共拥有110所普通高校、4093个各类科研机构，省级以上企业技术中心已有931家，其中国家级企业技术中心57家，总量居全国第8位；合肥市拥有5个国家大科学工程，是除北京市之外大科学工程最密集的城市。安徽省创新资源比较丰富，极大地促进了一批战略性新兴产业发展，高新技术企业由2010年的1313家增加至2015年的3157家，居全国第8位。安徽省新型显示产业的发展是一个从无到有、从小到大的过程，通过注重面板技术，集聚显示产业的上下游多类企业，推动合芜蚌示范区成为国内产业链最为完善、产能最大的新型显示产业集聚区。就机器人产业而言，合芜蚌示范区也成为国产机器人产业的集聚地之一，其影响力和知名度逐步提升。芜湖市在鸠江经济开发区建设机器人产业园，并设立机器人产业发展引导基金，吸引包括埃夫特智能装备股份有限公司、合肥欣奕华智能机器有限公司、安徽杨森生物科技有限公司、安徽惊天液压智控股份有限公司等龙头企业落户聚集区。合肥市在机器人产业上已形成智能制造研发、设计咨询、核心装备制造、系统集成、投资运营等全产业链的工业体系，特别是在汽车生产线机器人系统集成方面处于国内领先地位。

3. 战略性新兴产业集聚发展初显成效

早在2004年，合肥市就成为国家创新型试点城市。为此，安徽省先后推动合芜蚌自主创新综合配套改革试验区建设和创新型省份建设。一批具有创新能力的创新平台先后落地安徽省，国家级研发平台、院士工作站不断增加，不仅在构建区域创新体系、健全科技创新体制方面积累了许多先行先试的经验，而且推动安徽省形成了“重创新、谋创新、抓创新”的浓厚氛围。

安徽省创造性地推动合芜蚌示范区内的战略性新兴产业集聚发展。2015 年，安徽省推出第一批 14 个战略性新兴产业集聚发展基地，当年总产值达到 3082.7 亿元，高于全部工业增速 13.6 个百分点。2016 年，安徽省又确定第二批 10 个战略性新兴产业集聚发展基地，24 个战略性新兴产业集聚发展基地皆呈现出良好的发展态势。2017 年第一季度，24 个战略性新兴产业集聚发展基地实现工业总产值 1206.8 亿元，同比增长 22.4%，高于安徽省规模以上工业增速 6.8 个百分点；实现税收收入 58.9 亿元，同比增长 20.2%，高于安徽省税收增速 5.7 个百分点。

4. 辐射带动作用加速显现

在合芜蚌示范区的带动下，安徽省自主创新综合能力不断提升，安徽省专利申请量、授权量、企业技术创新能力等一系列创新指标在全国范围内已逐步进入第一方阵。自主创新已经成为安徽省发展的重要特征和品牌，也成为安徽省逐步发展崛起的重要力量。在合芜蚌示范区的引领下，2017 年 5 月 23 日，安徽省《关于加快建设技术和产业创新体系的实施意见》正式出台，在重大技术研发转化机制、创新创业资源捕捉寻找机制、创新创业成果路演展示机制以及创新创业主体向往汇聚机制等方面不断完善技术创新体系。在合芜蚌示范区的带动下，安徽省日益强化企业创新的主体地位，全面落实国家支持企业创新的税收优惠政策，如科技型中小企业研发费用加计扣除比例由 50% 提高到 75%、科技成果转化收益用于奖励科研人员和团队的比例不低于 70% 等，加速推动安徽省创新型省份的建设。

四 合芜蚌示范区战略性新兴产业的国外借鉴及影响因素

纵观全球市场，主要的发达国家已将战略性新兴产业作为经济增长的重要创新点，通过科技创新带动传统产业和新兴产业产品价值的增长，进而抢占国际市场。

1. 发达国家战略性新兴产业的发展经验

当前，战略性新兴产业的发展经验主要是总结美国、欧盟、日本、芬兰等发达国家和地区的经验。美国通过政府采购、税收减免等政策创造出适合战略性新兴产业发展的国内环境，并通过保护知识产权等措施优化战略性新兴产业发展的国际环境和市场空间。欧盟通过培养专门型人才、投资基础设施、营建新兴产业工厂等措施营造战略性新兴产业发展环境。日本通过制定战略性新兴产业发展规划，强调政府与企业共担风险，提供资金支持和采取税收优惠等政策支持战略性新兴产业发展。[①] 芬兰通过建立产学研相互合作机制、构建教育科研投入的社会机制、开放国内市场等，鼓励战略性新兴产业的各类企业进行国际合作、拓展国内外市场。[②] 总之，政府加大科技创新的投入，培育新技术、新产业，给予多项优惠政策等是发达国家发展战略性新兴产业的主要经验。合芜蚌示范区在借鉴国外经验的同时，要考虑本地区在产业基础、文化制度等方面的差异，要立于自身的特色和优势，有针对性地加快战略性新兴产业的发展。

2. 合芜蚌示范区发展战略性新兴产业的影响因素

当前，合芜蚌示范区在战略性新兴产业发展上仍存在一些问题，如合肥、芜湖、蚌埠三市因其资源优势及发展基础的不同，在确定战略性新兴产业的过程中难免有不协调之处；三市在安排不同新兴产业时未能充分考虑到其他市的战略性新兴产业资源安排，只追求自身利益的最大化和地方经济的发展，未考虑到布局的重复及可能由恶性竞争引起的资源浪费现象；三市因其分布在安徽不同的地域，有其不同的文化偏好，进而产生一定的文化差异；同时，合芜蚌示范区的战略性新兴产业的规模化程度仍旧不够深，在自主创新促进产业发展的过程中仍旧有一定的区隔，产业链配套措施和产品的附加值仍旧有较大的提升空间，需要合芜蚌示范区针对技术前沿和重点领域，提升自主创新能力，推动合芜蚌示范区内的战略性新兴产业的发展。

从国内外战略性新兴产业的发展历程看，主要影响因素是制度因素、市场因素、技术因素和产业因素等。吴慈生等认为，政府的激励扶持政策是战

① 王新新：《战略性新兴产业发展的国际经验及启示》，《科技管理研究》2011 年第 23 期。

② 周菲、王宁：《芬兰发展战略性新兴产业的经验与启示》，《对外经贸实务》2010 年第 2 期。

略性新兴产业的外部动力，知识创新和技术创新是战略性新兴产业的内在动力。① 向吉英认为，市场需求对战略性新兴产业具有拉动导向作用，市场投资对战略性新兴产业具有推动作用，战略性新兴产业企业间的竞争与合作同样发挥重要作用。② 可见，一个区域在选择战略性新兴产业时，要从多方面影响因素考虑，有针对性地分析和把握好积极因素，科学有效地选择产业，更能促进战略性新兴产业的发展。

3. 合芜蚌示范区战略性新兴产业集聚基地

按照“五位一体”的总体布局和“四个全面”的战略布局，合芜蚌示范区要加快推动战略性新兴产业基地建设、产业工程建设、产业专项建设，建设创新型现代产业体系。到2020年，合芜蚌示范区的科技进步贡献率将超过65%，高新技术产业增加值占规模以上工业增加值的比重将超过60%，战略性新兴产业增加值占GDP的比重将超过20%。

合芜蚌示范区通过建设战略性新兴产业集聚发展基地来推进自主创新能力建设。合肥市新型显示产业集聚基地、集成电路产业集聚基地、智能语音产业集聚基地、新能源汽车产业集聚基地、生物医药和高端医疗器械产业集聚基地以及蚌埠市硅基新材料产业集聚基地、芜湖市机器人产业集聚基地、现代农机产业基地等皆已走向正轨。合芜蚌示范区将持续推进如下创新基地的建设：一是建设公共安全产业集聚基地。依托清华公共安全研究院、国家安全生产监管与应急救援装备检测中心等创新平台，重点突破民用雷达、交通安全装备、矿山安全监控系统、智能交通系统、电力安全控制系统、城市安全监控及应急系统、城市水环境监测系统等关键技术壁垒，打造国内具有重要影响力的合肥公共安全产业基地。二是建设太赫兹产业集聚基地。依托芜湖太赫兹联合研究中心和芜湖太赫兹工程中心等创新平台，重点突破太赫兹器件及相关应用技术壁垒，打造太赫兹高频芯片研制及产业化园区，带动集成电路、汽车制造、移动通信、生物医药等相关产业的发展，形成具有国

---

① 吴慈生等：《安徽省战略性新兴产业发展现状分析与建议》，《安徽科技》2010年第2期。

② 向吉英：《产业成长的动力机制与产业成长模式》，《学术论坛》2005年第7期。

际先进水平的太赫兹产业集群。三是建设生物制造产业集聚基地。依托中粮生物化学（安徽）股份有限公司、安徽丰原发酵技术工程研究有限公司、莱姆佳生物有机肥国家重点实验室等创新平台，重点突破生物能源、生物医药、生物新材料、生物化工和生物肥料等关键技术壁垒，形成环境友好型的生物制造产业集群。四是建设新型电子元器件产业集聚基地。依托电子信息测试技术安徽省重点实验室、电子仪器质量监督检验中心等创新平台，重点突破微电子机械系统惯性传感器及高温压力传感器、微光成像探测器件等关键技术壁垒，加快电子基础领域技术及产品升级的发展，推动新型电子元器件产业向专业化、高端化、规模化、集群化发展。

五 合芜蚌示范区战略性新兴产业的发展建议

发展战略性新兴产业是实现自主创新的重要一步，它促成主导产业在技术层面的竞争，关系到一个区域乃至一个国家的产业体系中产品竞争力的提升。在战略性新兴产业自主创新的过程中，合芜蚌示范区要把握国内外自主创新的背景和适合自身发展的有效路径，通过创新驱动发展战略来推动产业结构的调整。

1. 整合优势资源，促进自主创新

产业政策是宏观调控的一种重要措施，构建完善的产业政策法律调控机制是选择、培育和发展战略性新兴产业的需要。[①] 合芜蚌示范区加强战略性新兴产业的自主创新，需要在战略性新兴产业的核心技术上实现制度创新和范式设计，说明战略性新兴产业往往需要解决重大结构转型问题。合肥、芜湖、蚌埠三市政府应当进一步完善政策体系，在推动关键技术的创新和科技成果的转化等方面提供良好的政策支持环境。一方面要给予基础研究和前沿研究更多支持，将政策引导到产品研发和产品推广的两端；另一方面要推动大中型企业“走出去”战略，站在国际市场的视野下参与市场竞争，同时要为小微企业创造

① 欧阳峣、生延超：《战略性新兴产业研究述评》，《湖南社会科学》2010 年第 5 期。

更宽松的融资环境，鼓励民营资本参与到市场的合作与竞争之中。总体而言，科技创新资源是国际市场竞争中的优势资源，因金融危机导致高端人才引进成本降低。在此背景下，合芜蚌示范区的战略性新兴产业发展应当更具国际眼光，加强国内外合作，通过国际资源政策引进全球高层次人才团队，同时通过合作引进高新技术，进而开拓国际市场，推动合芜蚌示范区的新兴产业有更为宽广的发展空间。[①] 合芜蚌示范区不仅要通过引进国内外较为成熟的先进技术尤其是本身仍缺乏的核心技术，来推动战略性新兴产业的发展；还要利用国内发达地区和国外发达国家扩散技术抢占市场的机遇，引进国内外新兴产业的直接投资，来带动战略性新兴产业的发展；更要通过引进一个领军人才，带回一批核心专利，培育一个创新团队，发展一个高科技企业，造就一批拥有自主知识产权的高端项目或产品，带动战略性新兴产业的发展。

2. 用好政策杠杆，引领企业创新

在战略性新兴产业的发展过程中，有些新兴产业由于技术、体制等方面的问题而被市场淘汰，也有些新的技术和产业形态逐渐出现，这是产业发展的必然趋势。合芜蚌示范区要根据内外部环境的变化进行调整，以适应经济发展过程中出现的新趋势、新要求，及时布局战略性新兴产业领域。要本着“支持一批、培育一批、谋划一批”的原则，形成战略性新兴产业梯队化发展态势。这就需要通过政策杠杆作用促进更多的企业向战略性新兴产业发展。一方面通过提高补贴减少传统企业转型的成本，另一方面通过补贴提升战略性新兴产业的核心竞争力。在传统产业向战略性新兴产业转型的过程中，通过增强企业的自主创新能力促进企业在竞争的环境下实现更好更快的创新。在战略性新兴产业培育发展的初期，政府可以通过补贴的方法促进传统企业进行产业转化，但政府需要根据经济发展的实际水平和环境资源的供给情况，注重战略性新兴产业和传统产业的均衡发展，有计划、有层次地推动传统产业向战略性新兴产业转化。除此之外，政府补贴应当向整体竞争力

---

① 赵刚、程建润、林源园：《战略性新兴产业发展的战略问题》，《科技创新与生产力》2010年第8期。

较弱的行业和企业倾斜，提高生产行业的整体竞争力。

3. 产学研深度融合，提升核心竞争力

合芜蚌示范区地处安徽核心位置，省内科教、技术资源得天独厚。发展战略性新兴产业，必须要产学研深度融合。一方面需要大力发展实验室经济，建设各类创新平台，鼓励和坚持自主创新，如建立太赫兹芯片、量子通信与计算等平台，也需要做大做强一个新兴产业，带动相关配套产业的发展，如光伏制造、新能源汽车与车联网产业等；另一方面需要立足于传统产业，通过突破技术壁垒、延长产业链、开发新产品来促进战略性新兴产业的发展，如合肥阳光电源有限公司、中粮生物化学（安徽）股份有限公司等，也需要加强高新技术产业与传统产业融合，通过融合促进传统产业的技术创新，进而推进产业结构优化与产业发展，如安徽荃银种业科技有限公司、皖新传媒有限公司等。

4. 合理布局产业，实现利益共享

合芜蚌示范区通过国家级高新技术开发区、工业园区等基地集中化布局战略性新兴产业，推动产品产值的最大化、产品成本的最小化；还通过合肥、芜湖、蚌埠三市连续推动战略性新兴产业的优化调整，合理布局产业，在合作中共赢；稳定企业发展的淘汰率，针对竞争力低的企业应当及时促进其转型升级，大力培育竞争力更高、实力更强的产业。同时，应当注意战略性新兴产业的集聚发展，利用产业链的上下游全方位提升产业竞争力，实现利益共享。

5. 破除体制机制障碍，优化配置资源

合芜蚌示范区要完善政策体系，在税收、融资等方面提供更完善的扶持政策，为战略性新兴产业提供更为宽松和稳定的政策环境，逐步消除战略性新兴产业发展的消极因素。合芜蚌示范区可针对区域自身发展的潜力和资源配给的情况，明确战略性新兴产业的发展方向和实现措施，实施战略性新兴产业的发展战略。同时，合芜蚌示范区在促进自身战略性新兴产业的发展过程中，也应将眼光投向区域外，不断探讨其他地区的战略性新兴产业的发展模式，避免在后期发展中被淘汰。需要注意的是，合芜蚌示范区在战略性新兴产业发展的过程中，应当有引导性地进行资源配置，防止区域内部的资源浪费。

6. 推进双创行动，强化创新能力

合芜蚌示范区发展战略性新兴产业，其创新体系需要及时完善，一方面要促进关键技术的开发创新，另一方面要不断提升创新能力。合芜蚌示范区需要针对现有的创新主体进行整合，促进科研机构、大学和重点企业之间的技术对接、人才对接、成果对接，不断缩短科研成果从实验室到市场的距离；建设一体化的综合服务平台，涵盖创新政策、行政服务、交流培训、创业融资等内容。

参考资料

安徽省人民政府办公厅：《关于印发〈合芜蚌国家自主创新示范区建设实施方案〉的通知》，2016 年 12 月 3 日，http：//www. ahzwgk. gov. cn/xxgkweb/blue/showView. jsp? newid = 225273。

安徽省人民政府办公厅：《关于印发〈安徽省战略性新兴产业“十三五”发展规划〉的通知》，2016 年 9 月 13 日，http：//xxgk. ah. gov. cn/UserData/DocHtml/731/2016/10/19/856844875323. html。

安徽省统计局：《安徽统计年鉴 2016》，中国统计出版社，2016。

谢春芳：《培育和发展战略性新兴产业认识和思考》，《现代商贸工业》2016 年第 24 期。

王明、吴幸泽：《战略新兴产业的发展路径创新——基于创新生态系统的分析视角》，《科技管理研究》2015 年第 9 期。

赵双琳、朱道才、张秀荣：《合芜蚌自主创新区战略性新兴产业发展研究》，《郑州航空工业管理学院学报》2010 年第 5 期。

B.6

合芜蚌示范区新能源汽车产业发展报告

——以安徽江淮汽车集团股份有限公司为例

王东生　甘　甜*

摘　要：本文首先介绍安徽汽车工业发展现状以及新能源汽车发展概况，深度剖析了安徽江淮汽车集团股份有限公司发展新能源汽车产业的必要性和创新成果的应用。其次阐述了安徽江淮汽车集团股份有限公司目前在新能源汽车领域的示范推广、技术研发等过程中存在的困难，并对新能源汽车产业发展的对策进行了展望。

关键词：安徽　自主创新　江淮新能源汽车　安凯新能源客车

一　安徽汽车产业的发展

（一）安徽汽车工业发展历程及特色

汽车工业是典型的资金密集型、技术密集型、劳动密集型的现代化产业，具有显著的规模效应。经过长期的发展，汽车工业已成为当今世界最大、最重要的产业之一。汽车工业在我国制造业中占有很大比重，也是支柱产业之一。

* 王东生，安徽江淮汽车集团股份有限公司党委委员、工会主席；甘甜，安徽江淮汽车集团股份有限公司宣传部部长。

安徽省由于拥有较好的工业基础，其汽车工业一直走在全国前列。20世纪60年代安徽省的汽车工业刚刚起步，伴随着改革开放，从20世纪80年代后期开始快速发展，经过40多年的发展，已初步形成了较为完整的产业体系和自主品牌优势。凭借较好的发展优势，得益于自主创新，安徽省汽车工业迅速发展并取得了很大的成就。

安徽江淮汽车集团股份有限公司（以下简称“江淮汽车”）是安徽汽车工业的摇篮。1964年1月，江淮汽车的前身安徽巢湖汽车配件厂成立。1968年4月，两台HF270型汽油发动机试制成功，不久，第一辆江淮牌2.5吨载重汽车随之诞生，填补了安徽汽车工业的空白。

安徽汽车工业的最大特色是坚持自主创新。经过几十年的发展，安徽江淮汽车集团股份有限公司、奇瑞汽车股份有限公司、安徽安凯客车股份有限公司、安徽华菱汽车股份有限公司等汽车企业都极具市场竞争力与国际影响力。目前，安徽省已聚集了1000多家汽车及零部件企业，建成了合肥和芜湖两个国家级汽车及零部件出口基地。

从2009年开始，为实现从“汽车大省”向“汽车强省”跨越发展，安徽省开始大力实施工业强省战略，制定并实施汽车工业调整和振兴规划，把重点放在关键技术研发和创新以及一些基础原材料产业的发展，如节能环保的新能源汽车等重点领域，同时积极开拓海内外城乡汽车市场，有效地促进汽车工业平稳较快发展，增强了安徽汽车工业的活力和后劲，安徽汽车工业的结构也更加合理。

（二）安徽省新能源汽车产业的发展现状

安徽省新能源汽车产业有了较快的发展和推广。《安徽省人民政府办公厅关于加快新能源汽车产业发展和推广应用的实施意见》（以下简称《实施意见》）提出要加快安徽省新能源汽车产业发展和推广应用，以国家新能源汽车发展战略为指导，将发展新能源汽车作为加快转变经济发展方式的重要着力点和推进汽车产业转型升级的突破口，充分依托现有产业基础，发挥企业主体作用，以纯电动汽车和插电式（含增程式）混合动力汽车为主，鼓励发展燃料电池汽车，坚持产业发展和推广应用相结合、市场主导和政府扶持相结合、整车引领和加强配套相结合，加快新能源汽车推广应用和产业化进程，努力将安徽省建设成为核心竞争力强、配套完善、推广应用领先的新能源汽车强省。《实施意见》的总体目标是在产业化、关键核心技术、零部件配套能力、充电设施以及推广应用上取得相应的成果。

新能源整车开发将是安徽省“十三五”期间新能源汽车发展的重点之一。新能源汽车的整车开发涉及智能化汽车电子和环控设备，新能源汽车电机、电池等动力研发，还涉及核心零部件的开发，包括新能源汽车高比功率的驱动电机系统、适用于新能源汽车高性能低成本的动力电池系统以及先进的机电耦合总成产品等。在无人驾驶技术衍生产品方面，车载传感器、红外、可视、控制器、执行器等也是研究的重要领域，这些研究有助于实现汽车无人驾驶技术与高智能化汽车产品之间的关联应用。

二　江淮汽车在新能源汽车产业方面的探索

（一）江淮新能源汽车的发展

1. 发展成果

江淮汽车从2002年开始探索新能源汽车产业化技术路线，以“科学化、技术化、工业化、市场化”为指导思想，将新能源汽车作为企业构筑未来核心竞争优势的战略性业务，经过十多年的技术探索和商品化实践，明确纯电动和插电式混合动力两条技术路线，制定了“三步走”的发展规划和“迭代研发”的开发战术，走大众化和公共服务两大市场路线，产品覆盖乘用车和商用车两大领域，实现了新能源汽车业务的稳健发展，并逐步形成新能源汽车、传统乘用车、商用车三足鼎立的格局。

在平台建设方面，江淮汽车形成了两条技术路线：纯电动和插电式混合动力，基本形成了纯电动乘用车平台（iEV）、增程式电驱动乘用车平台（iREV）、深度混合动力乘用车平台（iHEV）和纯电动商用车平台（iCEV）

四大平台。其中，纯电动乘用车平台（iEV），以小型A级车为基本平台，最高车速达120千米/小时，续驶里程为150～250千米，慢充7～8个小时，可采取快充，满足城市短途代步需求。深度混合动力乘用车平台（iHEV），以B级车为基本平台，最高车速达160千米/小时，综合工况节油率达30%，可满足各类工况要求。

按照“三步走”发展规划，江淮汽车经过多年的探索实践，在新能源汽车领域形成了体系化的技术路线，通过持续的市场培育和技术突破，实现节能与新能源汽车领域的战略目标。第一步，2010～2012年，通过集成开发，推出安全、基本可靠的新能源整车；第二步，2013～2015年，通过积累车辆商品化关键数据，掌握关键核心技术，提升产品特性，正向开发出全新的纯电动车产品；第三步，2016～2020年，在总结商品化运营经验的基础上，深耕产业化，形成批量生产能力。

2. 政府支持

到2016年底，江淮汽车累计投放纯电动轿车3.5万辆，在行业内连续多年形成投放纯电动轿车示范运行私人领域的最大规模，车辆累计里程突破50000亿千米，单车最高行驶里程超20万千米。

2015年10月30日，国务院总理李克强视察了江淮汽车，详细地了解了新能源汽车的生产和研发情况，并试坐江淮第五代纯电动轿车——江淮iEV5，参观全系展车。李克强总理对江淮汽车坚持多元化发展所取得的丰硕成果给予高度肯定，同时强调创新发展、产品质量、开放合作是江淮汽车发展的重要目标。

江淮新能源汽车的市场推广成果显著，受到了党和国家领导的高度肯定与赞赏。2016年4月26日，在安徽省调研的中共中央总书记、国家主席、中央军委主席习近平来到中国科学技术大学先进技术研究院，充分肯定了江淮汽车在自主创新方面取得的成绩。

（二）安凯新能源客车发展情况

安徽安凯客车股份有限公司（以下简称“安凯客车”）是江淮汽车旗下

较早涉足新能源汽车领域的公司，且成果丰硕。目前，已开发出115款新能源客车，产品系列覆盖6～12米纯电动公交客车、纯电动旅游客车，还覆盖8～12米混合动力公交客车、混合动力旅游客车及纯电动专用车。目前，在全国范围内，安凯纯电动客车产品系列化最完整。

科技部2001年的“863”计划提出设立电动汽车重大专项，同时提出“三纵三横”的研发布局，安凯客车在此形势下开始着手新能源客车的开发。2002年，安凯客车成功开发出第一代铅酸电池电动客车。2003年，安凯客车第一辆纯电动公交车研制成功，同时获得国家公告。安凯客车是获得纯电动客车国家公告的首家企业。安凯客车第一批纯电动公交车采用锰酸锂电池作为动力系统，这批车型交付给北京121路公交车试运行。2004年，安凯客车研制成功了第一台混合动力公交车，交付株洲试运行。2005年，安凯客车成功开发出第二代镍氢电池电动客车。2006年，安凯客车成功研制了HFF6110GZ－3混合动力客车。2007年，该车型分别在上海92B与703路上试运行一年。与传统客车相比，该车型能节油20%以上，达到设计要求。同年，安凯客车先后开发了纯电动公交车、豪华旅游客车、电力工程车等系列产品并投入到上海、北京等地的公交、客运企业及国家电网示范运行。2007年，安凯客车成功开发出采用磷酸铁锂电池＋超级电容技术路线的第三代混合动力客车，标志着安凯新能源客车步入商业化运营的快车道。

2004～2008年，安凯客车在新能源技术研制方面取得新的突破。在全承载技术基础上，第二代、第三代纯电动客车研制成功，其中有国内首款纯电动智能化移动营业厅HFF5120XFW、国内首款纯电动豪华客车HFF6127K46EV等六款车型。安凯客车将第三代纯电动客车技术应用到公交车和豪华旅游客车上，是国内客车企业的首创。

2011年，安凯客车成功开发出搭载自主系统的第四代纯电动客车，并批量化应用，进一步降低了整车成本，大大提升了纯电动客车的市场适应性及产品竞争力。

2014年，以12米纯电动公交客车为抓手的第五代产品按计划开发。该产品采用全铝车身、自主增强型整车控制系统、轻量化电机、CAN 总线系统，匹配 150 瓦小时/千克三元材料高能量密度锂电池，可实现一次充电续驶里程超过 350 千米，达到国内续驶里程最高水准。

2015 年，安凯新能源客车市场进一步得到推广。超过 250 台安凯新能源客车进入上海、广州、大连、聊城等地的市场。

2016 年，安凯客车收获淮南 65 台新能源公交车大单。2016 年第一季度，安凯客车与徐州公交和潍坊公交有了新的合作。

三 坚持创新驱动打造核心优势

（一）江淮新能源汽车

1. 核心技术

经过多年的研发和实践，江淮汽车在电池模组、电机、电控三大核心技术和电转向、电制动、制动能量回收等关键技术方面都有了新突破，系统掌握了纯电动乘用车研发生产的许多核心技术。同时江淮汽车在实现车辆本质安全管理技术方面也有了新的突破，掌握了电池热管理技术。

2. 技术优势

（1）安全性能佳：基于当前产业化水平，江淮汽车开发和应用单体容量小的高比能 18650 型三元锂动力电池，电池结构在设计上保障人身安全，在诊断策略上可避免电池热失控。

（2）电池寿命长：江淮汽车持续多年整车和台架电池寿命的探索、开发，基于大规模示范运行积累的大数据分析，建立了电动车寿命的模型。

（3）低温性能出众：江淮汽车通过高功率驱动电机和高比能动力电池“双动力”功率匹配寒带充电保温两大技术的开发、运用，实现 iEV 全生命周期内 EOL 电池温度在 0℃ 的恶劣工况下，整车加速性能达到最高车速，整车续驶里程满足工况需求。

（4）成本优势明显：江淮汽车突破核心技术的批量化投放，实现第二代纯电动车平台整车性能和安全性的大幅攀升。

3. 研发队伍

截至目前，江淮汽车拥有新能源汽车产业研发队伍300多人，纯电动乘用车开发逐步与国际一流公司接轨，基于NAM流程，形成一套以试验开发为主线的产品正向开发流程；已经建成年产10万辆纯电动车的生产线，形成以江淮汽车为龙头的纯电动汽车开发的上下游产业链条。

4. 研发成果

2011年，江淮汽车推出第一代纯电动轿车江淮iEV1，定位为短途代步，整车采用15.2千瓦时磷酸铁锂动力电池，27千瓦风冷直流无刷电机，最高车速达95千米/时，ECE工况续驶里程达100千米，慢充时间需要8小时。

2012年，第二代纯电动轿车江淮iEV2上市，采用15.2千瓦时磷酸铁锂动力电池，27千瓦风冷直流无刷电机，最高车速达95千米/时，ECE工况续驶里程达100千米，慢充时间需要8小时。

2013年，第三代纯电动乘用车江淮iEV3推出，采用19千瓦时磷酸铁锂动力电池，42千瓦风冷永磁同步电机，最高车速达100千米/时，ECE工况续驶里程达130千米，慢充时间需要8小时。

2014年，第四代纯电动汽车江淮iEV4，采用19.2千瓦时磷酸铁锂动力电池，42千瓦风冷永磁同步电机，最高车速达100千米/时，ECE工况续驶里程达150千米，慢充时间需要8小时，直充时间需要2.5小时。

2015年，第五代纯电动轿车江淮iEV5上市。江淮iEV5是正向开发的全新平台五人座纯电动车，最高车速达120千米/时，综合工况续驶里程达200千米，采用26千瓦时三元18650锂动力电池，单体能量密度为180瓦小时/千克，实现纯电动车从磷酸铁锂迈向三元锂电池时代。同时，江淮iEV5轿车平台技术开发以总分第一名的成绩获得国家三部委新能源汽车产业技术创新工程项目2亿元资金支持。

2016年，第六代车型、中国首款纯电动SUV江淮iEV6S正式推出。江淮iEV6S是基于江淮iEV5关键核心部件开发成果全新开发而成的小型纯电动 SUV，最高车速达 130 千米/时，综合工况续驶里程达 253 千米，采用 33 千瓦时三元 18650 锂动力电池，单体能量密度为 240 瓦小时/千克。

2017 年，基于第六代及第七代技术，江淮汽车将推出多款新产品。如江淮 iEV6E，适用于中小城市短途代步，最高车速达 102 千米/时，综合工况续驶里程达 152 千米，形成开发运动（最高车速 102 千米/时）、经济（最高车速 80 千米/时）、长程（最高车速 60 千米/时）三种整车驾驶模式，实现客户价值最大化。江淮 iEV7，基于江淮 iEV5 产品平台，电动化特征更加显著，应用磷酸铁锂动力电池包，最高车速达 102 千米/时，综合工况续驶里程达 170 千米以上的经济型纯电动车产品，市场定位为城市代步。江淮 iEV7C，基于瑞风 A60 燃油车车身结构，整备质量 1920 千克，最高车速达 160 千米/时，综合工况续驶里程达 320 千米，是一款高端商务型纯电动车。江淮 iEV7S，基于成熟的江淮 iEV6S 产品平台，匹配高比能三元 18650 锂动力电池，开发液冷系统，最高车速达 130 千米/时，综合工况续驶里程在 250 千米以上。

5. 未来产品规划

根据江淮汽车发布“iEV +”战略规划，到 2020 年，江淮汽车将基于第三代平台推出江淮 iEV8，该车采用全固体锂电池，续航里程达到 400 千米。到 2025 年，江淮汽车将基于第四代平台推出江淮 iEV9，该车辆搭载锂空气电池，续航里程可达 500 千米，同时，实现燃料电池小批量示范运行。到 2030 年，江淮汽车基于第五代技术平台，将打造搭载锂空气电池的江淮 iEV10，该车续航里程可达到 1000 千米，并最终实现燃料电池产业化。

（二）安凯新能源客车

1. 核心技术

安凯客车较早在新能源汽车领域深耕并取得了硕果，与全球知名高校和一流零部件企业均有合作，是国内首家采用全承载技术生产新能源客车和首家上电动客车国家公告的企业，2003 年就已经研发出混合动力、燃料电池和纯电动等多款新能源客车。

2. 技术优势

经过多年的推广应用，安凯客车已经较为系统地掌握电动客车整车集成与匹配、动力系统集成、整车控制系统、电机控制、远程监控等核心技术，自主研发出锂电池管理系统（BMS）、整车控制系统、电机控制器、驱动电机、远程监控系统、绝缘检测系统等多种关键零部件，并成功运用搭载实现了新能源核心技术的实质性突破。

全国第一家电动客车整车系统集成工程技术研究中心也在安凯客车成立，安凯客车牵头组建了安徽省新能源汽车产业技术创新战略联盟。截至2016年底，安凯客车在电动客车散热、增程式技术、能量管理、整车控制系统、数据采集、驱动电机等方面申请近300项国家专利，主持和参与制定国家标准和行业标准超10项。

2010年1月，世界首条纯电动公交线路——合肥18路公交线运行，该线路使用30台安凯纯电动公交车。截至2016年，该线路总行驶里程近900万千米，单车平均行驶接近30万千米，最高行驶里程达42.5万千米，创造多项商品化运营指标第一。

3. 研发成果

安凯客车已研发出6米纯电动微循环客车、6~7米纯电动中型公务客车、6~12米纯电动公交客车、6~12米纯电动双层公交客车、8~12米纯电动通勤客车、8~12米纯电动校车、8~12米纯电动物流车和8~12米插电式混合动力客车等系列化产品，基本实现新能源客车产品全覆盖。

4. 未来产品规划

目前，安凯客车正在开发第五代纯电动客车，以12米纯电动公交客车为平台，采用全铝车身、自主增强型整车控制系统、轻量化电机、CAN总线系统，匹配高能量密度锂电池，可实现一次充电续驶里程超过350千米，满足公交系统全工况要求。而在混合动力客车领域，安凯客车建立起10~12米油电混合和气电混合动力客车平台，正在研发插电式混合动力客车。

四　江淮新能源汽车产业的发展目标及规划

（一）依托国家产业政策前景无限

中国新能源汽车产业在“十二五”期间基本完成了起步阶段。“十三五”是中国新能源汽车产业由起步阶段进入加速阶段的关键时期。“十二五”期间，国家和地方都出台了诸多促进新能源汽车发展的利好政策。

目前，国家政策对新能源汽车的发展做了一些相应的安排和调整。具体来看，所有政策都趋向于新能源汽车的规范化。比如，2016 年 8 月 11 日公布的《新能源汽车碳配额管理办法》和 9 月 21 日推出的《企业平均燃料消耗量与新能源汽车积分并行管理暂行办法》，这两个办法的核心就是鼓励新能源汽车的生产和销售，也鼓励企业购买新能源汽车，增加对汽车碳排放和燃料消耗的管理。

2016 年，国家更加细化了新能源汽车生产的准入条件，改后的准入条件更加严格、具体。2016 年 8 月 12 日公布的《新能源汽车生产企业及产品准入管理规定》指出，在企业准入方面，生产能力和生产条件的一致性、售后服务能力、设计开发等方面与 2009 年的准入规则相比发生了变化。在产品准入方面，新规定将电池、充电等方面的推荐性国家标准设为强制性国家标准。新规定要求新能源汽车产品装载的电池仍然需要通过国标检测，但没有对配套电池企业做准入要求。

关于新能源技术标准、技术路线等方面，国家给出更加完善的政策。2016 年，国家标准委下达第三批国家标准修订计划，包括《四轮低速电动车技术条件》《节能与新能源汽车技术路线图》等。在对新能源汽车推广安全的监管工作方面，国家正式发布《关于进一步做好新能源汽车推广应用安全监管工作的通知》。

工信部发布的《锂离子电池综合标准化技术体系》对促进锂离子电池产业的健康有序发展具有一定的指导、规范和引领作用。《汽车动力蓄电池行业规范条件》等系列政策文件对电池的管理具有进一步规范的作用。

2015 年 4 月 29 日，财政部、科学技术部、工业和信息化部、国家发展和改革委员会联合公布了《关于 2016～2020 年新能源汽车推广应用财政支持政策的通知》，明确了今后几年新能源汽车补贴逐年下降的比例。在补贴下调政策的导向作用下，市场必将逐步成为新能源汽车产业发展的主要驱动力，中国新能源汽车必须要走有质、有量、有国际竞争力的道路。

最后，国家还加强新能源汽车基础设施的建设和新能源汽车的推广。《关于"十三五"新能源汽车充电基础设施奖励政策及加强新能源汽车推广应用的通知》及《关于加快居民区电动汽车充电基础设施建设的通知》要求落实地方政府的主体责任，调动有关方面的积极性，认真解决好当前居民区电动汽车充电基础设施的建设问题。2016～2020 年，中央财政继续安排资金对充电基础设施建设和运营给予奖补。

（二）江淮新能源汽车产业布局

1. 新能源汽车的产业链布局

江淮汽车加大了产业链的布局，紧紧围绕着"三大电""六小电"等技术，通过联合技术攻关和产品开发，形成以合肥市为中心的"三大电""六小电"等电动车专用的关键核心部件产业链，先与华霆（合肥）动力技术有限公司成立合资公司，开发电池管理系统（BMS）、提供电池总成服务，后与安徽巨一自动化装备有限公司成立合资公司，生产电机与电控系统。整合合肥国轩电池材料有限公司、天津力神电池股份有限公司等电池零部件资源，整合安徽巨一自动化装备有限公司、上海电驱动股份有限公司等电机零部件资源，整合合肥晟泰克汽车电子有限公司、联合汽车电子有限公司、大陆汽车电子等电控零部件资源以及合肥同智机电控制技术有限公司等"六小电"零部件资源，形成以江淮汽车为龙头的纯电动汽车开发的上下游产业链条。

2015 年 11 月 24 日，江淮汽车与安徽巨一自动化装备有限公司在合肥签订了《江淮·巨一电驱动系统项目合资框架协议书》，双方成立合资公司。至此，江淮汽车完成新能源汽车上游核心零部件电池、电机及电控的全面布局。

在 2015 年广州车展上，江淮汽车与普天新能源有限责任公司宣布正式合作。双方于 2015 年 11 月 30 日签订了战略合作协议，拟在创新服务模式、充电网络建设、市场推广等方面开展全面合作。

2. 新能源产业基地建设

近年来，为扩大新能源生产规模，江淮汽车不断加快建设新能源产业基地。2014 年 10 月 8 日，江淮汽车与昆明市政府签订合作协议。安凯客车以专利技术的方式入股实现合作。

2015 年 8 月 29 日，江淮汽车、武汉盟盛人新能源汽车产业园发展股份有限公司、武汉蔡甸区政府三方就新能源汽车项目签约。江淮汽车首家省外新能源生产基地落户武汉，掀开了江淮汽车借助“本地布局”和“异地建厂”的新模式推动新能源汽车发展的序幕。根据协议内容，江淮汽车与武汉盟盛人新能源汽车产业园发展股份有限公司成立合资公司。

2016 年 6 月 12 日，江淮汽车武汉新能源生产基地一期工程正式开工，生产新能源轿车 1 万台，新能源商用车 1 万台，这对新能源汽车在中西部地区的发展有极大地推动作用，并将成为重要的战略增长极。同年，“江淮汽车年产 10 万台新能源汽车”项目开工。

3. 募集产业发展资金

2016 年，《安徽江淮汽车股份有限公司非公开发行股票发行结果暨股份变动公告》发布，江淮汽车将完成再融资暨非公开发行股票，募集资金主要用于新能源汽车项目建设，修订符合国家相关规定的产业政策以及思考江淮汽车未来整体战略发展方向。本次募集资金到位，为项目的顺利实施提供了资金保障。

4. 加快合资合作步伐

2016 年 4 月 6 日，江淮汽车与蔚来汽车签署框架协议。双方在新能源汽车、智能网联汽车产业链方面寻求合作，整体合作规模约 100 亿元。

2016 年 9 月 7 日，江淮汽车与大众汽车（中国）投资有限公司签署了谅解备忘录。

（三）江淮新能源汽车发展规划

江淮汽车于 2015 年 7 月发布江淮新能源汽车业务发展战略（即“iEV +”战略）。新能源汽车将成为构筑江淮汽车未来核心竞争优势的战略性业务。

未来，江淮汽车将以持续构筑领先的纯电驱动技术优势为基础，重点发展纯电动和插电式混合动力两大技术平台。同时坚持客户导向、政策利用和市场推动相结合的原则，积极鼓励客户购买及使用成本与节能汽车相当的最具性价比优势的新能源汽车产品，以商业模式创新和品牌建设为重点，有效把握产业政策和消费趋势共振的节奏，走大众化和公共服务两大市场路线，实现公共服务、商业运营、私人消费三大领域和13类细分目标市场的布局。

在新能源乘用车领域，乘用车纯电驱动小微型化、插电混动中大型化在2020年之前有望推出20款产品，江淮汽车强化品牌影响力和构建营销体系，以出租等为突破口，积极拓展政府与商业运营等公共服务领域；江淮汽车还突出微行、代步等消费特征，加快发展家庭及私人消费市场。

在新能源商用车领域，江淮汽车以纯电动为主、插电式为辅，实现底盘平台系列化，力争在2020年实现3.5T以下轻商全覆盖。

在新能源客车领域，江淮汽车以纯电动为主、插电式为辅，力争在2020年之前实现6～12米公交、通勤产品系列化，有效响应商业模式创新的需求，快速抢占城市公交、城乡客运和团体客户三大市场资源。

此外，江淮汽车将推动公司新能源产业的系统性、长远性布局，依托公司新能源整车技术进步和市场发展，以战略联盟为重点，外引内联，深耕产业链建设，推动资本运作和产融结合；加快构建完整的销售网络和服务体系，形成较强的市场化运作能力。

《安徽江淮汽车集团新能源汽车中长期发展规划（2015—2025）》提出，到2020年，江淮新能源汽车将力争产销15万辆，重点塑造行业第一品牌形象。至2025年，江淮新能源汽车将形成节能汽车、新能源汽车达到百万辆规模的发展格局。

五　江淮新能源汽车发展的困境和难点

（一）江淮新能源汽车面临的挑战

与传统汽车相比，江淮新能源汽车目前市场保有量较低，品牌影响力弱，占整个汽车消费市场的份额相对较小，与主流市场相比仍有较大距离。主要体现在以下几个方面：电池成本较高（占整车成本的40% ~50%），关键零部件一致性水平有待提高，动力电池的产能不足，续驶里程与用户期望仍有差距，在充电设施的建设方面也滞后于整车的研发、生产，给有关产品的推广带来了较大影响；存在不同程度的地方保护主义；各地区的补贴政策略有不同，全国没有实行统一的政策，补贴时间需进一步加快；市场推广难度大，抑制了厂商研发生产新能源汽车的积极性；统一开放的市场尚未形成，市场消费扶持政策有待完善。

（二）江淮新能源汽车存在的问题

一是新能源汽车作为新兴产业，创新型人才缺口突出，高端专业人才与复合型人才相对缺乏。二是目前因整个新能源汽车配套产业链不成熟，不能发挥零部件产业的集聚效应，尚未形成电动汽车关键零部件的成熟产业链。三是各地区相关补贴政策不统一使得各区域市场推广难度加大，同时，补贴经费下发周期长，对企业研发、制造、销售等环节造成资金周转压力。四是行业内电池技术尚未取得根本性突破，市场对新能源汽车电池认知度和接受度低，使得新能源汽车在市场推广与消费者接受程度上会受到一定限制。

六　新能源汽车产业发展的对策研究

纵观上文，新能源汽车产业发展的重点是发展核心技术，具体体现在以下七个方面。

1. 电池管理系统

依托现有的产业基础，充分发挥其在新能源汽车领域研产的主体作用。新能源汽车的核心技术在电池技术，必须要开发出比能量高、比功率大、使用寿命长的高效电池，这样才能与传统燃油车一较高下。这就要充分考虑诸多车载电气附件、机械附件，如空调、动力转向、制动助力等系统的能量消耗情况，综合考虑能量使用。同时利用大数据分析功能，更好地进行电池、电气系统的管理。

2. 电机电驱控制技术

电机是目前电动汽车发展的瓶颈之一，也是新能源汽车的关键零部件。电动汽车的发展，在汽车动力方面面临电气化和电控化两大技术变革。对标国际先进技术成果和产品，逐步改善国内的永磁同步电机研产工艺和模式，并摆脱“作坊式”的生产环境。同时逐步推动新能源汽车关键零部件和整车的系统落地。利用和集聚安徽省优势资源，尽快形成一批规模企业拥有的核心技术，研发一批具有自主知识产权的汽车产品，服务产业发展。同时，自主研制的镍氢、锂离子动力电池在能量密度和功率密度等方面取得突破。

3. 充电设施建设

根据国家新能源汽车产业发展、市场规模、消费者和产品布局情况，围绕各地政府制定的关于充电设施建设的发展规划，新能源汽车企业配合开展相关工作，用实际行动推进充电设施项目建设，加快形成布局合理的充电服务体系。企业有责任和义务配合有需求的政府单位，将充电设施建设和配套电网改造与建设纳入城乡发展规划，制定充电设施的专项规划，并将充电设施建设要求纳入控制性详细规划和具体建设项目规划，严格执行国家（行业）统一的技术标准，推进充电桩、充电站、换电站等充电设施建设。

4. 能量回收技术

新能源汽车的“行动”与“电气操作”均靠电池能量的发挥，其能量回收系统对整车的续航、电气使用以及性价比有着不可忽视的作用。因此，要加强能量回收技术的研发。

5. 底盘（车身）设计轻量化

根据新能源汽车的特点，底盘（车身）的设计与传统燃油车应有所区别，尤其在转向、悬架和制动等方面要进行专项开发，要与车载能源多样化相适应，且底盘设计不得约束汽车外部造型和内部空间；设计时应考虑整车质量、与电池组的协调程度，以及考虑后期更换、安装、维护的便捷性和乘坐的舒适度；全面推动全新结构的电动车整车底盘开发，逐步摒弃在传统车平台的基础上，按需求对局部做适当整改的做法，要彻底打破传统思想，合理创造与现代化模式相符的设计理念；在整车 NVH 性能方面，包括整车的密封、车身的结构、防水等，所有这些要求都对车身的开发提出了新的挑战；加大新结构、新材料的引入和应用，提高优化能力，加强同步工程，保持 CAE 和 CAD 的建模同步，加强轻量化设计，携手供应商突破技术壁垒。

6. 续航技术

新能源汽车通过技术升级，逐渐改变纯电动货车车载能量不足的局限，在排除增加电池组、增大车身重量的前提下，提升纯电动载货汽车的续航里程。鉴于中重型卡车功率较大，可从城市物流、城际物流入手，布局微型卡车、小型卡车的纯电动市场，探索经验，逐步改善工艺，实现载货汽车的电动化覆盖。

7. 基于纯电驱动智能化

根据全球汽车智能化发展趋势及工业和信息化部对《中国制造 2025》文件的解读，新能源汽车企业针对“智能交互、智能驾驶、智能互联、智能服务”四大方面提出全面提升电子智能化水平的发展思路。在智能交互方面，通过 HMI 设计、语音、投影等方式全面提升座舱电子人机交互的协调性，为用户提供便捷、舒适的驾乘体验；在智能驾驶方面，通过车辆自身感知系统及互联感知系统获取车辆行驶中外部环境信息，通过控制决策单元实现车辆的自动制动、加速、转向等功能；在智能互联方面，通过 SSPlink、C-play、C-life 系统的全面应用，使汽车与手机达到完美融合；在智能服务方面，通过对用户关怀、资讯服务、车辆控制、位置服务、行车数据、安全服务六大模块的持续开发，为客户提供安心、舒适、智慧的汽车终端。

参考文献

安徽省人民政府办公厅：《安徽省人民政府办公厅关于加快新能源汽车产业发展和推广应用的实施意见》（皖政办〔2015〕16 号），2015 年 3 月 27 日。

汪世福：《安徽省汽车产业发展现状、问题及对策研究》，《商界论坛》2013 年第 2 期。

赵韩、徐国胜、张炳力、窦聪：《安徽省发展新能源汽车的SWOT分析》，《合肥工业大学学报》（社会科学版）2011年第6期。

中国汽车技术研究中心等：《中国新能源汽车产业发展报告（2014）》，社会科学文献出版社，2014。

王刚、荆旭龙：《新能源汽车》，清华大学出版社，2015。

罗毅、李尔：《中国新能源汽车发展战略研究》，硕士学位论文，兰州大学，2014。

B.7

合芜蚌示范区文化产业创新发展报告

——以合肥时光流影科技股份有限公司为例

孙 立*

摘 要: 文化产业是城市经济发展的新业态、新形式和新动力。安徽是文化大省，从文化资源方面来说，在全国是一处高地，但是在文化产业发展方面是洼地。要发展文化产业，就要有创新和创意。位于合肥高新区的时光流影科技股份有限公司无论从所处的行业，还是从创新发展的角度来看，都是合芜蚌示范区文化产业创新发展状况的一个缩影，是“文化+科技”的典型代表。

关键词: 合芜蚌示范区 时光流影 文化产业 “文化+科技”

安徽省身处江淮大地，横贯东西，连接南北。自古以来，人杰地灵，文化多元，具有丰富的历史文化资源、徽文化资源、革命文化资源，是中国文化的一处高地。但不可否认的是，这些文化资源并没有得到充分有效地挖掘，文化产业发展相对落后。

2008年10月，安徽省委、省政府在合肥市召开推进自主创新暨建设“合芜蚌自主创新综合配套改革试验区动员大会”，在会上通过了建设“自主创新综合配套改革试验区”这一项重要决定。

---

* 孙立，安徽时代新媒体出版社有限责任公司副社长，合肥时光流影科技股份有限公司副总经理、董事会秘书，安徽大学管理学硕士。

目前，合芜蚌示范区内的文化产业发展迅速，产业集群效应逐步显现，产值增幅显著。但总体尚处于起步、探索和培育阶段，诸多影响文化产业发展的问题亟待解决，例如，产业规模小、发展格局不平衡、区域联动性不强等。如何进一步借助科技优势推动文化产业创新是我们下一步发展所需要思考的问题。

一 合芜蚌示范区文化产业发展优势

（一）安徽省文化产业资源丰富

安徽省拥有丰富的发展文化产业所需的资源。各项数据表明，安徽省正在强力推进文化产业快速发展。2015 年，安徽文化产业招商项目平均投资 10.02 亿元，比 2014 年增加 10.81%，大项目明显增多。在业态上，以内容、渠道为主的项目所占比重继续提高。合芜蚌示范区拥有新闻出版、广播电视、文化艺术、文化信息传输、文化创意和设计等六大类项目 294 个，投资总额为 3184.68 亿元，分别占以内容、渠道为主的项目总数的 89.09% 和 96.27%。安徽省文化产业已显示出强劲的生命力，文化产业发展也将不断走向一个新的方向，呈现其生机勃勃的状态，也是整个社会经济条件下的必然趋势。

目前，安徽省已有四类可发展的文化产业：新闻出版产业、旅游及相关产业、文化艺术产业以及艺术品制造与交易产业。

（二）合芜蚌示范区文化产业创新发展的优势

从宏观背景来看，自主创新已经上升为整个国家的发展战略。习近平总书记指出："我国的经济体量到了现在这个块头，科技创新完全依赖国外是不可持续的。我们毫不动摇坚持开放战略，但必须在开放中推进自主创新。"习近平总书记的话也为安徽省自主创新建设做出了战略层面的指导。

合芜蚌示范区囊括了安徽省三大城市合肥市、芜湖市、蚌埠市，覆盖皖中、皖北、皖南地区，跨皖江城市带、合肥都市圈、沿淮城市群，是长三角城市群众多国家自主创新示范区之一。因此，探讨合芜蚌示范区文化产业创新发展具有典型性和代表性。

二 合芜蚌示范区文化产业发展现状及问题

（一）合芜蚌示范区文化产业发展现状

1. 合肥市文化产业概况

（1）文化产业规模初具。合肥市文化产业近年来发展迅速，增幅较大。在 2015 年，合肥市文化产业完成固定资产投资达 355.02 亿元，同比增长率为 27.8%；文化产业投资占全社会固定资产投资的 5.8%。目前，合肥市已形成以创意设计、数字出版、广播影视、文化旅游、智能语音、新兴文化、动漫游戏七大门类为主导的文化产业发展格局。文化产业化、产业文化化成为合肥市文化产业发展的重要趋势，文化产业已成为新的经济增长点。

（2）产业结构逐步改善。据初步统计，2013 年合肥市文化产业法人单位突破了 10000 户，较 2012 年增加 4000 多户。2015 年，合肥市文化产业投资共涵盖 68 个行业小类。合肥市统计局数据显示，截至 2015 年底，合肥市初步认定文化产业法人单位 18316 户，同比增加 2014 户，增长率为 12.4%。合肥市已形成了以数字出版、智能语音、广播影视等为重点的文化产业发展格局。

在产业领域方面，合肥市文化产业涉及文化服务业、文化制造业和文化批零业三大领域，其中，文化服务业是文化投资的主体。数据显示，2015 年合肥共有 382 个市文化服务业投资项目，占文化投资项目总量的 64.3%；完成投资共计 231.72 亿元，占文化投资金额总量的 65.3%。

（3）文化企业实力增强。2014 ~ 2015 年，合肥市文化企业上市历经了从无到有，总数达到 11 家，其中既有国有传统文化企业，也有民营新兴文化企业，表明合肥市文化产业发展的业态更加丰富、环境更加优化、加快发展的合力不断壮大。

随着文化与多产业融合发展，新业态不断涌现，一批文化产业项目带动作用凸显。中建国投安徽公司投资的合肥创意产业园项目正式签约，规划引进总部经济、研发孵化、文化创意等综合业态及项目；2012 年 12 月获批的国家广播影视科技创新实验基地初步规划范围已经确定；总投资约 350 亿元的万达文化旅游城项目已经建设完成，开始营业；中航工业合肥文化创意产业园及城市综合体项目正式签约，总投资约 110 亿元。

在培育一批特色鲜明、创新能力强的文化科技企业的同时，合肥市还积极引进、聚集一大批文化企业，形成了一批逐渐成熟的文化创新示范园区。2015 年，合肥市成功申报安徽省创意文化产业合肥基地，成为安徽省首个创意文化产业类的战略性新兴产业集聚发展基地。截至目前，合肥市已有省级文化产业示范基地 13 家、国家级产业园区（基地）11 个，涵盖文化制造业、文化服务业等多个门类。

2. 芜湖市文化产业创新发展概况

政府政策引导、项目品牌打造以及产业链联动构成了芜湖市文化产业创新发展的基本模式。

（1）政府政策支持引导，重视市场主体的引入与运作。如前文所述，芜湖市政府对于文化产业发展给予了很高的定位，在政策导向上也给予了极大的配套支持。同时，芜湖市为文化产业的发展制定了自己的规划，保证了发展的质量和可持续性。除在政策方面的举措外，对于从事文化产业的企业，也是在人才培养、资本运作、对外合作、海外拓展、技术创新等方面给予扶持，为振兴文化产业的发展营造出浓厚的氛围。

以芜湖市重点发展的动漫产业为例，芜湖市已经走出了自有的“芜湖模式”，概括起来为“四个结合，一条主线”。所谓“四个结合”，即“主题公园与动漫基地相结合，高端人才引进与基础人才培养相结合，孵化基地建设与招商引资相结合，原创与交易相结合”。“一条主线”指的是“以文化为内核，以科技为引领，以旅游为市场”。

芜湖市政府把文化产业放在战略性支柱产业的地位，在此过程中非常重视市场主体的引入和运作。如支持新华958文化创意产业园的建设等。

（2）项目品牌打造，追求大型化、持续化、品牌化的发展。芜湖市在针对文化产业的资本引入中，致力于强强合作，积极寻求与有实力的文化产业大集团合作，打造精品项目，树立文化品牌，通过这些企业以及优质项目的品牌效应带动整个文化产业链条的持续发展。

例如，“方特欢乐世界”由深圳华强集团投资兴建，总面积约125万平方米，总投资超过15亿元人民币，是中国目前规模最大的第四代主题公园，被誉为中国版的迪士尼乐园。

除上述的“方特欢乐世界”项目，芜湖市近年还打造了华强文化科技产业园、芜湖（和瑞）文化科技产业园、鸠江区动漫产业发展基地等项目，总投资超过100亿元。

（3）产业链联动，多元化发展。文化产业在芜湖市的发展已经形成了多元发展的格局，文化产业内部的联动延伸以及跨产业的合作已形成一定规模。

例如，目前较热的一种商业组合模式——文化旅游地产，即文化旅游产业与房地产开发组合。在芜湖市，此种模式也得到了成功应用。房地产开发企业新华联集团在芜湖市投资兴建的“新华联文化旅游度假区”，是继上述的“方特欢乐世界”之后又一个按照5A级景区标准打造的“旅游度假区”，在芜湖市文化产业发展的版图上又增添了一个新的地标，整个度假区游客量一年估计达300万人以上。与此同时，旅游热点的形成又为新华联集团地产项目的销售提供了助力。

3. 蚌埠市文化产业创新发展现状

（1）“老题新作”，文化鼓点铿锵有力。7300年前的双墩文化、4200年前的大禹文化、2200年前的大汉文化、400多年前的大明文化……蚌埠市历史文化版图拥有令人骄傲的资源禀赋。蚌埠市是淮河文化发祥地之一，素来享有“文化摇篮、帝王故里、歌舞之乡、山水城市”之美誉。蚌埠市将文化产业发展纳入全市发展整体战略，在《蚌埠市“十二五”文化产业发展规划》的编制中，勾画了“一轴贯穿、两核闪耀、三圈环拱、四片联动”

的空间布局。近五年，蚌埠市文化产业增加值年均增幅都超过 30%，占 GDP 比重达到 5%，已成为蚌埠市经济支柱性产业。

（2）“无中生有”，大珠小珠熠熠生辉。以招商引资为抓手，巧做“无中生有”文章。一批大项目落户蚌埠市，成功撬动了全市文化产业的发展。

城南的花鼓灯嘉年华是皖北首座主题游乐公园。自正式运营以来，日均游客量稳稳地突破万人大关。

投资约 36 亿元的城东“湖上升明月”项目雏形显现，挖掘蚌埠市所拥有的明文化历史资源，打造总投资达 25 亿元的大明文化产业园，主打源远流长的孝道文化；总投资达 40 亿元的星宇文化创意产业园，将被打造成全球最大的动漫游戏产业集群和国家文化产业龙头示范企业；兆联天下、水木易卡通、白石山佛教文化园、巨人军事游戏研发基地等重点项目也纷纷在此“落子”。

城西的国家文化产业示范基地——蚌埠光彩玉器文化城，2000 余户商户已入驻，年交易额突破 50 亿元。

在淮河中游地区发现的淮河北岸双墩遗址是年代最早的新石器时代文化遗存；将玉文化、建筑文化有机结合的中华玉博园已形成了完整的玉产业链。

蚌埠市积极探索引导文化与农业、科技、旅游、教育、医疗等业态的融合创新之路。蚌埠旭日医疗动漫科技有限公司推出的新产品，将动漫创意、电子技术与医疗康复有机结合，让人眼前一亮。

目前，蚌埠市文化企业超过 2000 家，总投资达 609.1 亿元，拥有市级重大文化产业项目 47 个，从业人员达 30 余万人。社会资本竞相涌入，产业活力竞相迸发。文化产业对固定资产的投资和经济发展的支撑和拉动效应日益增强。

（二）合芜蚌示范区文化产业发展总体状况

1. 产业资本逐步壮大，经济实力逐渐增强

一方面，合芜蚌示范区文化产业年增加值都在 30% 以上，日益成为经济发展支柱产业；另一方面，文化产业个体也得到较好发展。经过体制改革的洗礼，一批具有强大实力的文化单位显现出巨大的发展潜力，经济实力不断增强。

2. 集聚效应日益显现，规模经济效应凸显

以合肥市为中心，蚌埠、芜湖二市为两翼的合芜蚌示范区，逐步形成皖南、皖中、皖北三大文化产业板块。

3. 民营企业发展迅速，融资渠道日益多元化

合芜蚌示范区破除政策壁垒，快速吸引了大量社会资本进入。目前民营文化产业已经占合芜蚌示范区文化产业总量的一半以上。

4. 技术创新贡献力度逐渐加大

技术创新对推动合芜蚌示范区文化产业的发展具有显著作用，尤其是一些依靠高科技的产业，比如动漫产业。

5. 产业链不断延伸，整体盈利能力提升

品牌经营收入、发行收入、广告收入、投资收入、资本运作收入等构成了合芜蚌示范区传媒产业多个方面的盈利来源。例如，把传统出版的影响力向网络空间、国际空间延伸，推动传统出版和新兴出版融合发展成为安徽出版集团文化输出发展的新格局，为此，搭建了时代艺品、时光流影、时代教育在线等多个融合发展平台。

（三）合芜蚌示范区在文化产业发展中存在的问题

合芜蚌示范区文化产业发展总体还处于起步、探索阶段，还存在一些问题亟待解决，具体如下。

1. 文化产业规模偏小

截至 2016 年，以合芜蚌示范区为代表的安徽省文化产业增加值逐年升高，无论是产值还是占 GDP 的比重，位次在全国均大幅提升。2011～2015 年，安徽省上市（挂牌）文化企业数量达到 23 家，是 2011 年之前文化企业总量的 4.6 倍。但是从全国范围看，合芜蚌示范区文化产业规模较小，市场竞争力还不强，文化产业发展无论是产业规模，还是在经济总量中的占比均比较滞后，对安徽省产业结构的带动作用还需要继续强化。

2. 文化产业发展格局不均衡

在合肥市的文化产业中，传统文化服务业增加值（核心层）比重依然较大，这些产业基本是以公有资本为主体的新闻出版、广播影视和文化艺术等，新兴产业发展空间亟待开拓。芜湖市的文化产业发展虽有亮点，但整体集聚程度还不均衡，如在动漫、游戏、旅游等领域集聚化程度较高，但其他领域的发展联动还有待进一步加强。

3. 合芜蚌三地文化产业特色不够，联动性不强

合芜蚌示范区文化产业的同质化现象比较突出，未能根据三地的文化、地理、历史条件发展创新型文化产业。总的来说，合肥、芜湖、蚌埠三市文化产业的关联性、互补性还不够强，尚未形成联动发展、互相促进、整体发展的局面。安徽省处于南北交界，文化资源丰富，省内地域文化差别较大：蚌埠市自古属于中原文化区，素有“禹会诸侯地，淮上明珠城”之称；合肥市地处江淮之间，深受江淮文化影响；芜湖市在长江以南，受到江南文化和徽文化的辐射。总体来说，三地的文化产业地域特色发掘不够，相互之间又缺乏有效联动，没有形成互相促进、整体规划、系统发展的局面。

4. 合芜蚌三地文化产业整体创新能力不足

合芜蚌示范区拥有一批具有特色的自主创新文化企业，但是这些企业不但数量少，而且创新成果的差别较大。在这些自主创新企业中，自主创新主体分布不均，只有0.6%的企业专利申请数量过百，说明企业的自主研发能力是比较薄弱的。

5. 科技创新成果转化率不高，科技金融结合不够

在当前的经济形势下，合芜蚌示范区必须加快技术创新步伐，推动高新技术产业化，提高科技创新成果转化率，实现产业结构的调整与升级。据调查，目前合芜蚌示范区的科技成果转化率为20%～30%，真正实现产业化的成果不足10%，而上海、北京等示范区的成果转化率为50%～60%，产业化率也达到20%～30%，可见，合芜蚌示范区与它们相比还有很大差距。安徽省及合肥、芜湖、蚌埠等三市制定了不少首创、独创的政策，但财政撬动社会资本的作用发挥得不够，大多资金投入主要以无偿补助、事后补助、直接补助为主，吸引风投、信贷、担保、保险等资金不足。比如，出于规避风险的考虑，政府资金更多被用于扶强扶大，对初创型企业和原创型项目支持不足。政府的风险引导基金，按照保值增值的要求，其委托投资的项目主要集中在企业较成熟阶段，很少用于早期项目的天使投资。

6. 产学研合作机制不健全

合芜蚌示范区对行业发展的关键技术、共性技术投入不足，研发不够，亟须加快建设与中国科学技术大学先进技术研究院等科研院所合作的高端产业合作平台。同时，企业与高校、科研院所合作的层次不高、深度不够。目前，合芜蚌示范区企业与高校和科研院所的合作多采取技术转让、合作开发和委托开发等方式，共建研发机构及技术联盟等高层次的合作还比较少，高校、科研院所的科研成果产品化、市场化不足。主要有三个原因：第一，供给与需求脱节。高校、科研院所在科研开发中对成果的实际应用价值和经济效益未给予足够的重视，很多科研成果只拥有技术含量，不具备市场潜力，陷入“自弹自唱”的怪圈。第二，激励机制尚不够完善。由于体制原因，科研人员研发水平以获得国家经费、发表论文数量、获奖励级别等来衡量，而企业则以实现经济利益为第一目标，双方合作的内在动力很难达成一致。第三，公共服务平台功能还较薄弱，有影响力的科技中介机构数量少、规模小。比如，2013 年合肥市的技术合同成交额总量超过安徽省的一半，但仅相当于南京市的 29%、武汉市的 24.9%。

7. 创新型人才缺乏

首先，对科研人员吸引力不足。虽然合芜蚌示范区出台了多项政策吸引创新型人才，但是结果不尽如人意。2013 年，安徽省引进的人才中具有高级职称的仅占 7.2%，拥有博士学位的只占 3%。人才的外向程度低，结构不合理。在自主创新企业就职的员工中，78.6% 的员工来自安徽本土，来自省外的员工仅占 21.4%，其中引入的外国人才只有 0.01%。合肥市是合芜蚌示范区中吸引人才能力最强的城市，而其大中型工业企业中科研人员仅有 18000 人，芜湖市与蚌埠市的人才吸引能力与合肥市相比还要弱一些。其次，缺乏文化创意人才。既懂产品研发又懂艺术创作、既通晓文化产业内容又具有自主创作能力的文化创意人才是夺取文化产业发展制高点的关键因素，而现有的人才储备远远不够。最后，缺少文化经营人才。文化经营人才是文化产业发展的领军人物，他们决定着文化产业发展的规模和质量。

8. 管理机构有待加强和理顺

就合肥市的政府文化管理部门来说，在机构编制、人员编制和经费管理方面存在一系列问题，这与各级领导对文化产业的高度重视及市场的迅猛发展势头极不相称。

三　案例：时光流影的成长与创新

（一）时光流影是合芜蚌示范区文化产业创新发展的缩影

坐落于合肥高新区的时光流影，也是安徽出版集团 2013 年以来重点打造的互联网出版平台，也是安徽出版集团新媒体转型的桥头堡，被媒体称为中国版 Facebook。

时光流影既是中国唯一一家拥有自己技术研发团队的数字出版企业，也是第一家着力打造专业出版内容资源数据库的文化企业。它既是第一个，也是唯一一个研发出 POD 技术的公司。

公司现有员工 150 人，平均年龄 26 岁，其中技术研发人员占了近 70% 的比例，90% 的员工拥有互联网相关从业经验。公司拥有在相关专业技术领域的绝对优势，目前已申报 7 项国家发明专利，拥有 20 多项软件著作权，拥有“时光书”“时光故事书”“时代脸谱”“时光流影”等一批商标。

所以，无论从所处的行业，还是从创新发展的角度，时光流影都是合芜蚌示范区文化产业创新发展状况的一个缩影，是“互联网 +”“文化 + 科技”的典型代表。

（二）时光流影成长历程

1. 时光流影的1.0时代

时光流影于2014年6月10日晚间正式推出TF1.0版本和移动客户端测试版。所有的产品功能及网站架构都是由外包团队开发的，当时产品开发仅仅是把用户单纯的分为发图片和发文章的两类人群，虽然在2014年6月推出了“一键成书”的自动排版功能，但是做书的功能还不太完善，提供给用户个性化定制的空间很小。后期的优化都是在外包团队留下来的框架基础上进行修修补补，很多需求得不到很好的解决，网站的系统结构和内容结构都受制于当时的技术框架。

所以，时光流影的1.0时代尚处于摸索阶段，产品定位并不清晰明朗，功能开发也不成熟，但是确定了互联网出版的大方向，时光流影承担安徽出版集团新媒体转型的重任，致力成为打造专业出版内容资源数据库、按需出版的文化企业。

2. 时光流影的2.0时代

2014年下半年，时光流影启动了全站改版计划，本次改版上线对于时光流影来说具有里程碑式的意义。2.0版本的上线完全摒弃了外包团队开发的所有代码，重新定位了产品的运作模式，整合了原有的写时光、晒时光及聊时光频道，重新命名为“发现”频道，把用户发布的精彩内容、用户的时光故事、活跃用户推荐及平台的活动集合到了一起，意在让新老用户在平台上都能找到自己感兴趣的内容，从而挖掘用户需求，引导用户来记录内容并做书。同时，时光流影对网站首页也进行了大的调整，突出产品特色及定位，把产品的功能定位及特色宣传提到首页，让新老用户进入网站能明白具体是做什么的。在做书的个性化定制及用户使用引导方面，时光流影也进行了大的调整，强化用户体验。此外，还推出了时光书频道，集合所有用户的作品到一个公共书架模块展示，强化了时光书的概念。

可以说，时光流影的2.0时代是进一步明晰产品定位、优化产品功能、注重用户体验的阶段。

3. 时光流影的3.0时代

2016 年 2 月 26 日，时光流影正式发布 3.0 版本，进一步划分了各菜单、各功能间的层级关系，合理的布局为用户提供更加优质的阅读体验，使得用户能够迅速适应页面，上手使用。

作为时光流影 3.0 版本的亮点功能之一，极速成书可以实现将用户手机相册智能导入，并迅速排版成照片书的功能。结合人脸识别、地理位置检索等先进技术，根据分类快速筛选成宝宝书、旅行书等。从相册导入到排版成书，用户不需要任何复杂操作，只需选择对应极速成书的入口，等待片刻，一本独家定制的照片书便制作完成。

所以，时光流影的 3.0 时代让按需出版变得更方便，用户体验更好、更丰富，进一步体现时光流影在互联网出版方面的技术创新和优势。

（三）时光流影的创新

时光流影作为一个具有互动社交功能的互联网出版平台，有集话题交流、知识共享、数字出版、内容积累为一体的强大功能，在产品、运营、技术等方面都具有创新性。

1. 精准定向文化消费需求，实现人人都可出书的梦想

（1）无需排版，一键成书。时光流影的最大特点就是根据用户的个性化需求，无需排版，一键成书，让虚拟网络的图片、文字记录个人时光，并在纸页上落户安家，实现了人人都可以出书的梦想。

（2）更容易达成版权交易。在时光流影里，用户的每张图片、每段文字，只要版权清晰，经过平台专业编辑的润色后，都有可能在时光流影以图书、期刊、报纸的形式出版，让用户的文字、图片变成出版物，为用户留存永久记忆。

2. 利用新技术，联结和融合更多的创新产品及服务模式

（1）开放平台接口，为第三方平台提供“一键成书”技术。在“互联网+”时代，内容日趋成熟的 UGC 平台只有联结和融合更多的创新产品及服务模式，同时布局更加广阔的渠道才能适应行业需求。2017 年 1 月，时光流影开放平台顺势而生，为第三方平台提供了成熟的“一键成书”技术。只要在第三方平台使用时光流影平台提供的接口，可将第三方平台上的图片、文字迅速排版成书。目前已经接入时光流影开放平台的合作方有多彩手帐 APP 等。时光流影开放平台“一键成书”技术可以为千万 APP 原生内容提供变现服务，构建出开放共赢的 O2O 内容服务新生态。

（2）支持微博、QQ、微信等第三方账号。该平台通过支持新浪微博、QQ 等第三方账号登录方式，帮助用户参与话题讨论，发表用户对热点话题的独特观点。用户上传自己的时光记录，可以是优美的文字、图片，也可以是音频、视频，经过一段时间的积累，形成用户自己的时光记录，与网友分享。

（3）与第三方网站开展合作。例如，与麦淘亲子发起的拼团活动，与京东众测开展合作，提供产品优惠和赞助。借助第三方平台影响力，提升时光流影平台和产品的知名度。

3. 精心策划包装明星类活动，进军粉丝经济

在互联网时代，谁都无法忽视粉丝经济的重要性。时光流影不仅针对不同客户群开发相应的子产品，也针对客户群特点量身打造相应的活动。明星粉丝是时光流影平台的重要客户群，也是具有强消费能力和高活跃度的客户群。2016 年，时光流影举办了“7·18 明星粉丝节”活动，来自刘若英、张天爱、王青、迪丽热巴、郭采洁、鞠婧祎等 50 位明星大咖的 1000 本明星粉丝纪念册吸引超过 30 万粉丝积赞秒杀。截至 8 月 1 日活动结束，微信点赞总数超过 240 万、“7·18 明星粉丝节”微博话题总量超过 960 万、活动页浏览量超过 380 万。目前，明星类活动已经形成成熟的模式，成为公司固定举办的活动，既带动招商，也提升平台关注度。

4. 积极走出去，推动全球产业布局

2014 年 8 月 27 日，“时光流影海外时光站”成立。时代出版传媒股份有限公司（以下简称“时代出版”）也在 8 月 27 日举办了“丝路书香”国际合作项目签约对接会。“丝路书香”国际合作项目旨在就资本合作、版权输出、聘用国际专家、新媒体项目等方面与海外出版商达成合作共识，共谋文化交流大事。这是中国出版企业响应国家“一带一路”倡议，首次同“丝绸之路”30多个沿线国家对接合作。

时代出版以“时光流影海外时光站”授牌为抓手，旨在谋划以项目、平台为基础，聚集文化资源，抢占国际文化市场，为文化发展创造新模式。

2015年7月，时光流影海外版上线。2015年8月28日，时光流影在北京国际图书博览会上举行了海外版内测发布仪式，2015年10月14日在德国法兰克福国际书展举行了时光流影海外版正式的发布仪式。依托“按需出版+文化社交”的独特创意，“时光流影海外版”一经推出就受到了各国人民的广泛欢迎。目前，海外版网站的用户访问量达到了10万人次，日均在线人数超过10000人，日均新增用户1000多人，日均新增图片文字类原创内容2000余条。

时光流影海外版相对于中文版来说更垂直，着重突出图文一键排版成书功能，满足了国外用户记录、留存个人生活影像的乐趣。

时光流影海外版实现了支持Google和Instagram等第三方账号直接登录的功能，Facebook、Instagram等社交平台的数据可以“一键导入”到海外版平台上，立即成书，印制成册。未来，平台还将开发Twitter等其他海外主流社交平台的数据，实现对接和一键导入服务。

根据《2004年摩根士丹利中国互联网报告》，选择通过互联网获取中国信息的外国人占到了66.1%，互联网成为各国获得中国信息的首选媒介，远远超出了电视（16.6%）和传统的报纸（10.4%）。互联网对外国受众而言是最值得信赖的获取中国信息的媒介渠道。“时光流影海外版”和“时光流影海外时光站”的建设是立足中国文化“走出去”的一种全方位突破和尝试。在以新媒体传播技术为驱动的基础上，开拓性的采用线上线下结合的全新发展模式，在当地搭建线下实体海外时光站，由本土人员进行管理和运营推广，采用社交网站这样一种在移动互联网新技术条件下全球共通共用的模式，潜移默化的传播中国文化，使其逐渐成为中国文化影响全球的一种传播新载体、新阵地。

（四）时光流影及示范区文化产业在创新发展中存在的问题

时光流影是合芜蚌示范区文化产业发展的一个缩影，也存在一些问题。例如，时光流影的大部分客户集中在文化氛围浓厚的江苏、浙江、上海等地，而不是本土或者其他地区，说明安徽省的文化产业发展受制于环境；另外，合芜蚌示范区文化消费市场亟待开拓，需要借助文化产业弘扬本土文化、提升本土文化氛围、培养居民文化消费习惯。具体来说，主要包含以下几方面。

1. 需要进一步找准消费痛点，激发消费需求

时光流影虽然实现了“人人都可以出书”的梦想，但是未必人人都想出书。目前时光流影的客户群主要集中在沿海发达城市，说明时光流影的发展与居民消费水平和文化氛围密切相关。如何进一步打开全国市场，激发人人都想出书的需求，需要从平台建设到市场运营等多方面、全方位的考虑，不断摸索尝试。

时光流影创立之初，是以社交功能为切入点的出版内容聚合平台，即“话题社交+内容聚合”，希望以话题社交为基础，为平台积聚优质内容，增强用户黏度，引导消费需求。目前，在内容聚合和个性印刷方面，时光流影是一款很成功的应用工具，但在话题社交方面，社交功能也不明显，缺乏话题性和互动性，仍在寻求突破，寻找发力点。此外，网站的内容建设力度不够，吸引力不足。作为一个以内容聚合为基础的文化生活社交平台，必须提高网站内容质量，突出社交功能，才能长远发展。

2. 网站风格需要进一步清晰，用户体验有待进一步加强

首先，时光流影为用户提供文创产品个性定制服务，需要密切关注用户需求，及时与用户互动交流。作为一个新兴行业的先驱者，时光流影平台建设一直在摸索中前进，网站的风格也难以定型，目前平台仍然存在页面主题不鲜明、风格不统一的问题。其次，在产品规划上，时光流影平台也存在产品定位混乱、应用率差的问题。根据不同的人群和需求，时光流影开发出了成长印记、出书神器、时光书、时光台历、时光记事本、微信时光书等子产品群，不断细分市场，增强用户体验。但是从另一方面来说，因为产品多，客户遇到的问题也多，且在一定程度上分散了客户的注意力，所以仍需要对产品进行进一步优化整合。

3. 人才流动频繁

安徽省位于中部地区，无论从整体的薪资待遇水平还是城市发展水平都无法对本土之外的优秀人才形成足够的吸引力，造成人才流动频率高、人才流失严重，对公司发展极为不利。时光流影作为一家创业公司，工作压力大，人才流动频繁情有可原。但是人才流动过于频繁，不利于项目的持久开展和公司的长远发展，需要凝聚一批忠诚度高、素质过硬、目标一致、敢拼敢冲和有想法的人才队伍，才能带领公司前进。

（五）时光流影自主创新发展的目标和趋势

1. 时光流影的发展目标

时光流影秉承“记录、整理、传承”的服务理念，倡导“人人都能创造自己的文化，人人都能传承自己的文化”，利用移动互联网技术将文化定制与人们的精神追求有机融合在一起，全力打造数字出版生态体系，实现传统出版与数字出版的无缝对接。

未来，时光流影会不断加大研发投入，运用高新技术创新文化生活方式，培育新的文化业态，增强文化发展活力，促进文化和科技融合，成为国内乃至世界上引领文化消费新业态的高新技术文创企业。

2. 时光流影的发展趋势

（1）在强有力的科技支撑下，保持高速的发展状态，不断培育出新的文化业态。时光流影是唯一一家拥有技术研发团队的数字出版企业，在相关专业技术领域拥有绝对优势。在新技术的推动和融合下，时代出版产品功能不断细分，文创产品层出不穷。经过几年的打造，时代出版逐步形成了“时光流影”主平台，打造了成长印记、出书神器、时光书、时光台历、时光记事本、微信时光书等子产品群，覆盖了亲子、教育、旅行、青春、校园等各类人群。

目前时光流影的注册用户已达400万，“记录、整理、传承”的服务理念得到广泛认可。可以预见，以创意性和新技术为特征的时光流影文创产品将层出不穷，不断培育出新的文化业态。

（2）线上线下结合，市场拓展的广度和深度不断增加，向海外进行文化输出。时光流影线上开发出时光圈、时光书众筹等功能；线下研发出全球首辆可移动一键印书车，在深圳文化产业博览交易会引爆全场。线上线下结合，活动形式不断丰富。

2016 年，时光流影陆续开发出印刷代理平台、开放平台（为第三方平台提供成熟的“一键成书”技术）；2017 年，时光流影线下体验店也正式对外开放，开通了加盟热线，让更多人加入时光流影的事业当中。

此外，时光流影还走出本土，积极占领国内文化高地，大力拓展海外市场。2015 年，时光流影在北京设立分部，对接北京及其周边资源，并先后在美国、德国、奥地利等国设立海外时光站，迈向国际化数字出版舞台。

（3）积极探求与金融资本融合之路。2015 年，时光流影参加了北京地区路演，首次亮相商业投资市场；2016 年 8 月 18 日，时光流影从时代新媒体出版社分拆独立，申报上市。时光流影以市场为导向，以市场标准要求自己，以市场思维树立目标，立志成为一个引领文化消费新业态的高新技术文创企业。

四　加快合芜蚌示范区文化产业创新发展的建议

当前，文化产业逐步形成支柱性、先导性、引领性的产业形态，成为世界经济、文化发展的重要增长点。加快文化产业发展，对优化产业结构、促进经济转型、提升综合实力等方面具有重要意义。根据合芜蚌示范区文化产业发展的现状，结合国内外文化产业发展趋势，就下一步如何推动合芜蚌示范区加快文化产业发展提出如下建议。

（一）基本原则

一是传承文化，科学发展。注重文化保护，突出传统特点，努力实现中华优秀传统文化的创新性发展、创造性转化。二是突出特色，把文化资源优势转变为产业优势。三是创意引领，跨界融合。打破行业和地区壁垒，延伸产业链条，丰富产品形态，拓展文化产业发展空间。四是市场运作，政府扶持。发挥政府的引导、扶持职能，坚持企业主体、市场运作的基本原则，更好地优化文化产业创新发展的环境。

（二）主要任务

1. 大力发展特色文化产业，注重差异化发展

（1）发展重点领域，推动文化产业融合发展。鼓励各地发展演艺娱乐、工艺品、文化旅游、特色展览、特色节庆等特色文化产业。引导“文化 + 科技”“文化 + 旅游”“文化 + 创意”“文化 + 服务”等领域融合发展，培育新的产品类型和新兴业态。

（2）推动文化产业集群发展，建设特色文化产业示范园区。以芜湖市为例，一是打造各具特色的历史文化园区。挖掘、保护历史文化资源，实施“百年历史建筑复活计划”，修复近代西洋建筑群，建设雨耕山酒文化产业园，建设大砻坊创意产业园，改造芜湖古城，建设集文化、旅游、商业、休闲为一体的综合性区域，传承“芜湖印象”；建设堂子巷民俗园，打造以徽文化为主题的历史文化街区；规划建设繁昌窑遗址文化公园，再现古代繁昌窑繁荣盛景。二是建设特色文化产业示范园区。规划建设芜湖华强文化科技产业园、芜湖文化创意产业园、芜湖服务外包产业园等文化特色鲜明、产业优势突出的特色文化产业示范园区，入驻的中小型文化企业承担了芜湖市大企业的服务外包业务。

（3）建立区域文化产业合作机制。围绕重点产业和重点项目，推动产业要素有效配置，建立和完善特色文化产业区域合作机制。

（4）健全各类特色文化市场主体。培育和引进特色文化骨干企业，发挥其在品牌培育、创意研发、市场推广、渠道建设等方面的龙头作用，带动区域特色文化产业发展。

2. 搭建全方位的发展平台

（1）搭建文化艺术交流平台。安徽省拥有丰富的徽文化资源、红色文化资源、历史文化资源，但是发掘力度不够，在文化产业发展上比较落后。合芜蚌示范区应大力发展文化艺术交流平台，对接市场，提升各类交易平台的信息化和网络化水平，鼓励各类合作社、协作体和产业联盟整合资源，搭建平台，促进特色文化产品和服务交易。

（2）推动文化和科技融合示范基地建设。引进一批重点文化和科技融合企业，高起点规划建设孵化器，加快推进文化与科技孵化器、加速器建设。

（3）扶持文化创客平台建设。依托各类文化园区，加快培育和发展文化创意、创客空间，提倡和丰富创客文化，为各类人才加入文化创客行列提供创意平台、创新平台、创业平台和良好条件。

3. 改革文化产品外贸体制，借鉴并引进先进文化产业发展模式

世界各国文化产业的发展最终都走出国门、面向世界。因此，文化产业在发展过程中还要面对世界市场。合芜蚌示范区许多文化产品也走出中国，通过产品贸易的方式走向国际。

在推动合芜蚌示范区文化产业发展的过程中，应该学习和推广先进案例的成功经验，不断改革和完善文化产品的外贸体制，积极鼓励企业参与国际文化贸易交流，鼓励版权贸易和电影的出口。与此同时，应该积极学习欧美等国家文化产业的发展模式，汲取其中的优秀元素。例如，美国好莱坞电影的成功经验是十分值得影视业学习的内容。

4. 加大招商引资力度

（1）坚持“非禁即入”原则，广泛吸引社会资本参与建设，拓宽投融资、交易、合作渠道，发展新兴业态。第一，建议建立由政府主导的市场化运作的文化金融公共服务平台，即“文化金融服务中心”。第二，建议建立文化金融合作实验区，引导和促进社会资本进入文化产业。第三，熟悉和利用好资本市场。

（2）加大对知名企业、规模企业、品牌企业的引进力度。重点在数字内容与新媒体、创意设计、演艺娱乐、高端艺术品等方面做好智力引进工作。

（三）保障措施

1. 进一步完善创新创业政策体系

尽快出台详细、配套的成果转化政策，鼓励高校“走出去”、企业“走进来”，深度开展产学研合作。综合运用税收、财政、金融等手段，为文化创意产业创新发展提供制度保障。

2. 加大资金扶持力度

充分发挥财政资金杠杆作用，将文化产业发展工程纳入安徽省财政文化产业发展专项资金扶持范围，重点支持具有地域特色和历史特色的文化产业发展。

3. 强化人才支撑

制定和实施行业领军人物特殊政策，尽可能地在户籍管理、子女入学入托等方面为文化创意产业高级人才提供保障。

4. 完善交流合作机制

加大产学研合作教育力度，加大学校与科研院所、企业联合培训力度。在合肥市高校设立文化创意产业相关专业，加大对各层次的文化创意人才的培养力度，优化人才结构和发展环境，形成文创人才聚焦高地。

5. 建立重点项目库

按照自愿申报、动态管理、重点扶持的原则，建立重点项目库，优先支持符合条件的重点项目，这些项目将享受财政文化产业发展专项资金项目补助、绩效奖励、保费补贴、贷款贴息等扶持政策。

创新主体篇

Innovative Subject Reports

B.8

合芜蚌示范区企业创新机制、政策研究

周 艳*

摘 要: 企业作为创新的主体，在合芜蚌国家自主创新示范区建设中承担着十分重要的作用。近年来企业在自主创新方面取得了一定的成绩，创新技术企业发展态势良好，较好地利用了丰富的科教资源，日益加强对外合作。但在创新定位、人才机制、融资手段和相关政策的完善等方面还需要不断地探索。未来，创新企业将呈现聚集与融合、绿色与高端、差异与动态的发展趋势。为促进企业创新更好地推动合芜蚌国家自主创新示范区的建设，必须加强相关政策研究，寻求企业的合理定位，完善人才机制，积极培育企业家队伍。

* 周艳，安徽省社会科学院社会学研究所助理研究员，研究方向为经济社会、农村社会。

关键词： 合芜蚌示范区 企业创新 科技创新 人才机制 产业链

国务院同意建设合芜蚌国家自主创新示范区既是对国家自主创新示范区近年来取得成绩的肯定，也对安徽省的创新发展提出了更高的要求。合芜蚌自主创新示范区建设面临新的机遇和挑战，安徽省自主创新之路任重而道远，企业创新则永远在路上。

企业作为创新的主体，在示范区的建设和发展中承担着十分重要的作用。近年来，安徽省高新技术企业迎来了示范区建设和泛长三角区域发展的有利契机，企业在自主创新方面大胆探索，实现了突破性的进展。

一 发展现状

1. 高新技术企业发展态势良好，创新驱动作用初显

高新技术企业是企业创新的主体，也是科技创新转化为产业资源的重要载体。近年来，安徽省高新技术企业迎来了发展的良好机遇，保持着较快的发展速度。《2015 年安徽省高新技术产业统计公报》数据显示，2015 年，安徽省共有高新技术企业 3157 家，实现产值 7705. 1 亿元，当年申请专利 34737 项，授权专利 21352 项。其中营业总收入亿元以上的高新技术企业达 922 家、十亿元以上的高新技术企业达 126 家、百亿元以上的高新技术企业达 9 家。国家重点高新技术企业达 54 家，上市高新技术企业达 53 家。其中，合芜蚌试验区规模以上高新技术产业总产值及增加值在安徽省范围内优势明显。2015 年，合肥市自主创新试验区规模以上高新技术产业总产值达 5217. 1 亿元，增加值达 1257. 2 亿元；芜湖市自主创新试验区规模以上高新技术产业总产值达 3143. 7 亿元，增加值达 732. 8 亿元；蚌埠市自主创新试验区规模以上高新技术产业总产值达 964. 8 亿元，增加值达 252. 3 亿元。

2015 年，合肥市拥有国家高新技术企业 1056 户，合肥市高新技术产业开发区在全国 146 个高新区综合发展排名中列第 7 位。高新技术产业增加值达1257.2亿元，占生产总值比重的22.2%。技术合同交易额达104.93亿元，拥有众创空间15个、科技企业孵化器33个，拥有重点实验室、工程（技术）研究中心、企业技术中心919个，其中国家级54个。[①] 近年来，合肥市高新技术产业开发区GDP一直保持年均18.4%的增长速度。目前，园区有高新企业14000户，年均增长25.3%。同时，合肥市高新技术产业开发区在生物医药、电子信息、公共安全、节能环保、新能源等新兴产业方面的高新企业也已初具规模，特别是集成电路设计企业在高新区实现了80%以上的集中度。在公共安全产业方面也自主培育一些上市公司，如安徽皖通科技股份有限公司、合肥美亚光电技术股份有限公司等技术处于领先水平的企业；在电子信息产业方面也拥有一些行业龙头企业，如中国电子科技集团公司第三十八研究所、中国电子科技集团公司第四十三研究所、微软公司、科大讯飞股份有限公司、思科系统公司等都是十分具有发展潜力的科技企业；在生物医药产业方面也集聚了一批高端企业，大批生物医药企业也将持续与合肥市高新技术产业开发区签约；在新能源产业方面，成功引进通威集团有限公司、晶澳太阳能有限公司、3M等知名企业。另外，机器人企业也是合肥高新技术产业开发区发展的主导领域之一。

2016年上半年，芜湖市高新技术产业产值达1739.9亿元，实现增加值达382.4亿元，分别较上年同期增长15.0%和15.1%。芜湖市高新技术产业增加值占规模以上工业增加值的55.9%。全市拥有高新技术企业441家，省级以上创新型（试点）企业120家，其中国家级创新型（试点）企业4家。同时，企业的创新主体地位也得到了明显的提升，全市70%以上的研发机构、研发人员、研发经费、专利申请数量和省级科技成果均来自企业。在高新产业发展方面，芜湖市聚焦战略性新兴产业的培育与发展。目前，全市纳入国家统计体系的战略性新兴产业的企业有391家，战略性新兴产业实现产值达1371.15亿元，同比增长18.2%，居安徽省第2位；实现增加值达

① 合肥市科技局：《2015年合肥市自主创新主要指标》，http：//www. hfst. gov. cn/11271/11291/201612/t20161201_ 2126489. html。

413.18亿元，同比增长16.5%，增长贡献率为42.5%，拉动增长4.4个百分点。[①] 在机器人产业领域集聚了埃夫特智能装备股份有限公司等约50家企业；在新型显示产业领域汇聚了基板原材料、面板模组以及应用终端的全产业链30多家企业；在新能源汽车产业领域集聚了奇瑞新能源汽车技术有限公司、芜湖宝骐汽车制造有限公司、埃泰克汽车电子（芜湖）有限公司、芜湖杰诺瑞汽车电器系统有限公司、芜湖大洋电机新动力科技有限公司等知名企业；在现代农业机械产业领域集中了中联重机股份有限公司、安徽谷王烘干机械有限公司等农机企业。2015年，芜湖市共129家企业通过安徽省高新技术企业认定管理工作领导小组办公室的评审。全市高新技术企业总数达441家，其中安徽省百强高企达32家。同时全市目前共有135家科技“小巨人”企业。[②]

蚌埠市近年来始终把发展高科技、实现产业化作为经济转型发展的突破口，在企业创新中不断加快产业集聚。截至2016年9月，蚌埠市共有高新企业204家，占规模以上企业的23%。2016年1~10月，蚌埠市高新技术产业增加值达248.4亿元，比上年增长23.6%；高新技术产业总产值达990.7亿元，比上年增长26.8%。蚌埠市逐渐形成了电子信息、高端装备等四大支柱产业，并先后获批国家级科技兴贸出口创新基地、国家新型工业化（硅基新材料）产业示范基地、国家级汽车零部件出口基地、国家级滤清器产业基地和安徽省首批14个战略性新兴产业（硅基新材料）集聚发展基地之一。

2. 企业创新中产学研结合紧密，科教资源优势得到较好挖掘

科教资源优势是合芜蚌自主创新示范区的重要优势之一，企业创新更离不开产学研的紧密结合。合芜蚌自主创新示范区有着十分丰富的科教资源，聚焦着许多知名高校的高素质人才。合肥、芜湖、蚌埠三市是科教资源较为丰富的地区，也集中了安徽省大部分的创新资源。三市拥有高等院校、科研

① 芜湖市科技局：http：//www. whinfo. gov. cn/Content. aspx？pSysID = 1043&pTypeID = 110505。

② 合肥市科学技术局：《2016年1~10月安徽省高新技术产业统计快报》，2016年11月14日，http：//www. ahkjt. gov. cn/technologi/service/kjtj/gxjscyfz/webinfo/2016/11/1474180504009485. htm。

院所 130 多个，拥有国家级工程技术研究中心 6 个。

如何充分挖掘和利用自身的科教优势，并将它融入企业创新之中，将知识优势转化为产业优势，安徽省在合芜蚌自主创新示范区的建设中一直致力探索产学研结合的有效路径。为了加强企业与高校和科研院所的合作，安徽省科技厅还牵头建立了高校和科研院所的科技创新联络员制度。创立这一制度的目的就是要进一步发挥好科研在科技创新中的支撑和引领作用，一方面鼓励科研人员创办企业，实现科技成果转化；另一方面加强科研院所、高校与企业的合作，加快实现科研成果产业化的步伐，从而推动企业创新。合肥高新区依托科教资源优势，努力打造合肥综合性国家科学中心核心承载区，致力实现关键技术突破，将科技创新与产业发展密切结合。合芜蚌自主创新示范区的建设就是合肥国家科技创新型试点城市的拓展和合芜蚌自主创新成功经验的放大。芜湖市企业积极与高校合作，围绕汽车及零部件、通用航空、机器人等产业分别与清华大学、哈尔滨工业大学、上海交通大学等 6 所高校签订了合作协议。同时，中国科学院、浙江大学、合肥工业大学等 10 多所高校、科研院所也在芜湖市设立技术转移机构。各县区和开发区也依据自身的重点产业与 30 多所高校、科研院所建立了合作关系。蚌埠市近年来不断创新人才工作模式，利用与高校和科研院所合作的机会，深入实施人才战略。蚌埠市人才储备以积极引进高层次人才为主，从国内外著名高校和研究机构引进高端人才，设立“千人计划”工作站。同时，联合北京科技大学在蚌埠高新区内建设特种陶瓷与粉末冶金国家重点实验室。目前蚌埠高新区新增安徽省战略性新兴产业技术领军人才 40 人，成功申报了 15 家市级“3221”产业创新团队，5 家省级“115”产业创新团队。近年来蚌埠市依托驻蚌院所和龙头企业新建了 MEMS 国家地方联合工程实验室、生物有机肥创制重点实验室等 3 个国家级研发中心。目前蚌埠市拥有包括 11 个国家级在内的省级以上研发平台 149 个。

3. 自主创新承接产业转移，企业外向性特点日益明显

合芜蚌国家自主创新示范区的建设是在安徽省推进长江经济带等国家重大战略实施的背景中展开的，这一背景既是企业创新的有利契机，也对企业外向性发展提出了要求。近年来，示范区的高新企业在区域经济的大背景下主动参与产业分工，承接产业转移，再形成完整的区域创新链，在实现中西部互动合作、持续发展、协同发展中发挥了比较积极的作用。合芜蚌区域经济的发展是探索一条产业转移加自主创新的跨越发展之路，因此企业应在合作中求发展，在承接产业转移中自主创新。

合芜蚌国家自主创新示范区在对外开放方面成绩显著。合肥海关实现长江经济带区域通关一体化，合肥综合保税区获批设立，蚌埠保税物流中心顺利运行，芜湖港进入国家启动港退税政策试点。2014 年，安徽省进出口总额达 492.7 亿美元，比上年同期增长 8.2%；亿元以上省外投资项目实际到位资金达 7942.4 亿元，比上年同期增长 16.9%；实际吸收外商直接投资达 123.4 亿美元，比上年同期增长 15.5%。[①] 2016 年前三季度，安徽省实际利用外资达 117.2 亿美元，比上年同期增长 8.4%。近年来，合芜蚌国家自主创新示范区不断加强以企业为主体的自主创新，加大产业集聚效应，降低配套成本，成为承接产业转移、投资创业的沃土。例如，继家电、汽车、平板产业之后，合肥市在集成电路产业冲击全国第四的位置就是走自主创新和企业合作之路。在集成电路方面，合肥市本地企业在技术路线上的探索有所突破，合肥芯碁微电子装备有限公司已研发出全国首个双台面激光直接成像设备，走在行业的前端。在此基础上，合肥市将以发展芯片设计、高端封装和特色晶圆制造为重点，与国内外龙头企业合作，实现设计、制造、封装测试同步推进，加快建设全国性集成电路产业集聚区，打造“中国 IC 之都”。近年来，芜湖市也不断提高协同创新与合作交流的水平，加强与“长三角”“珠三角”对接，深化与北京中关村科技园区、上海张江自主创新示范区的交流合作，在企业自主创新中不断提升自身在区域经济产业链中的合作地位。蚌埠市在企业创新领域中进一步完善招商工作机制，让企业创新在更大的区域经济体中展开。由管委会招商融资平台拿地建设，先租后售，吸引外资企业入驻，然后回购

① 安徽省人民政府办公厅：《2015 年安徽省政府工作报告》，2016 年 2 月 22 日，http://zw.anhuinews.com/system/2016/02/22/007229499.shtml。

厂房和土地，实现项目快速落地。2016 年蚌埠市引进了深圳央科手机、南京煜宸 3D 打印和大连中嘉新材料等 11 亿元以上的项目，总投资达 40 多亿元。蚌埠市与安徽省高新技术产业投资有限公司、招商致远资本投资有限公司合作，设立了 23 亿元的安徽高新技术产业投资叁号子基金支持刚创业的科技企业的发展。

4. 政策保障进一步完善，企业创新政策环境不断优化

合芜蚌自主创新示范区建设一路走来，各项服务、政策日趋完善。为了更好地促进企业创新，政府部门在金融、管理、人才、科技等方面制定了较为完善的政策网络，为企业创新提供较为优质的政策服务。

在试验区建设的基础上，安徽省进一步完善了示范区建设的各项规划和政策。在企业创立方面的政策包括《关于深化科技体制改革加快区域创新体系建设的实施意见》《关于建设合芜蚌自主创新综合试验区人才特区的意见》《合芜蚌自主创新综合试验区企业股权和分红激励试点工作指导意见》《关于合芜蚌自主创新配套改革综合试验区创新平台建设的实施意见》《合芜蚌自主创新综合试验区人才奖励试行办法》等。目前，安徽省先后出台了《合芜蚌国家自主创新示范区发展规划纲要》《合芜蚌国家自主创新示范区空间布局规划》。

合肥市近年来不断加大政策力度，促进企业创新发展。合肥市高新区出台了“2 +2”政策体系和“创九条”专项双创扶持政策，重点支持新型孵化器和众创空间的引进和建设。合肥市高新区还设计了服务企业创新的各种金融产品，不断加大企业创新的金融服务力度。同时，合肥市高新区还一直致力于完善园区内的教育、医疗等公共服务，为企业发展提供一个舒适的环境。

芜湖市在安徽省率先制定了《推进国家自主创新示范区建设工作方案》。方案明确了四个方面的重点任务：一是围绕集聚创新资源，加快高层次科技人才团队、高水平研发机构等创新资源集聚的步伐；创新财政科技投入机制，支持科技型企业利用多层次资本市场上市（挂牌）融资；建立风险投资新模式，促进大众创业、万众创新。二是围绕增强创新能力，重点加强以企业为主体的创新能力建设。建设企业创新平台、公共创新平台，着力突破支撑产业发展的关键技术和公共技术壁垒，营造战略性新兴产业和新业态蓬勃发展的生动局面。三是围绕促进科技成果转化，充分发挥政府的服务功能。激发高校的研发动力，扎实推进现代职业教育体系建设；大力推进政产学研合作，促进金融资本与科技成果对接；加快科技成果转化步伐，营造创新源泉涌动的生动局面。四是围绕完善创新机制，全面深化科技管理体制改革。加快形成开放融合的创新机制，加强区域科技创新合作，坚持先行先试、积极探索，在管理机制、创新政策、科技服务、宏观管理等方面形成可推广、可复制的经验。

蚌埠市近年来也构筑了促进企业创新发展的较为完善的政策体系，先后出台了《实施创新驱动发展战略进一步加快国家创新型城市建设的意见》《关于扶持高层次人才创新创业实施意见》《关于发展众创空间推进大众创新创业的实施意见》《蚌埠市加快科技服务业发展实施方案》《蚌埠市推进人才特区建设若干政策实施细则》等。蚌埠市还在安徽省率先开展专利权质押贷款试点，也是安徽省唯一一个被列为全国知识产权质押融资示范城市。

二　存在的问题

合芜蚌自主创新示范区是在自主创新试验区的基础上发展而来，经过多年的发展，合芜蚌自主创新示范区取得了许多重大的成就，但是与其他几个较早发展的国家级自主创新示范区的建设情况相比，合芜蚌自主创新示范区具有起步迟、起点低的劣势，企业创新任重道远，还面临着一系列需要逐步探索、不断突破的新问题、新情况。

1. 企业创新特色和专长不明显，突破竞争重围还需要合理定位，不断探索新的路径

现代企业靠创新开拓市场，迎来发展机遇。企业特别是高新企业的竞争从某种角度而言，就是创新的竞争，创新成为企业发展的核心竞争力，核心竞争力就是企业的核心专长。面对层出不穷的替代品的威胁，以及日益激烈的企业竞争，拥有别人没有的优势资源显得尤为重要，现代企业的竞争主要是围绕培育和形成核心竞争力而展开的。

合芜蚌自主创新示范区有较好的发展基础，也拥有较为优质的科教资源，这为高新企业的创新与发展提供了便利条件，但是示范区内的各个高新区定位不清晰，特色也不明显，产业规划还需要进一步理顺。一方面，在示范区内部，合肥、芜湖、蚌埠三市的高新企业定位有重复，在市场覆盖上有交叉，这样容易造成内部竞争，不利于推进整个示范区企业创新的发展。同时，由于产业和企业规划不够完善，在形成新的产业链上也不具备完整性。在有的产业链上同质性企业较多，而互补性企业缺失。另一方面，产业和企业创新定位缺少大视野，不能以更大区域经济的视角来找准位置。在承接产业转移过程中，还要进一步根据自身特点和市场需求不断创新企业产品和企业管理，才能提升企业的实力。同时作为后起之秀，合芜蚌自主创新示范区还与其他先建设的示范区存在多方面的差距。在企业的机制创新、科技创新、文化创新等方面，既要向比较成熟的企业学习，同时也要找到差距，在差异中创新，在不断地创新中求生存。面对创新竞争，如何突破重置，如何培育和形成自身的核心竞争力，品牌创新对于合芜蚌自主创新示范区的企业而言是一项十分艰巨的任务。

2. 人才政策不够完善，人才保障是影响企业创新的瓶颈

合芜蚌自主创新示范区本身是高校和科研院所云集之地，拥有较强的科研实力和人才资源，但是人才政策还不够完善，如何培养、使用、留住人才也是目前企业需要面对的重要问题。企业创新的核心是人才，企业的竞争归根到底是人才的竞争，正因为如此，如果没有完善的政策，企业随时都会面临着人才流失的危险。

合芜蚌自主创新示范区虽然明确了科研人员激励的目标，也采取了一些分红、入股、奖励等政策，但是在收益分配机制，特别是科研成果转化的使用权、处置权、收益权等方面还需要进一步从政策和法律等角度给予明确的定义，以保障科研人员的利益，从而起到激励的作用。除了经济权益，在人才保障、企业环境创新、政府行政服务效率等方面都需要进一步改善，同时营造企业内部良好的生态系统，为创新人才提供适宜的工作环境。创新人才的生活环境，高新区的公共产品和公共服务也存在需要不断完善的问题，在产学研一体化的合作方式上也需要进一步探索尝试。除了留住本地优秀的创新人才，在吸引人才方面，合芜蚌自主创新示范区的企业相对其他经济较发达地区的企业还处于比较劣势的地位。在经济收入、经济环境、企业文化、生活空间、科研条件等方面都与发达地区企业存在明显差距，吸引人才相对比较困难。

3. 吸引外资力度较弱，企业缺乏必要的融资手段

资金为企业创新提供保障，没有充分的资金投入，企业创新举步维艰。企业创新资金来源包括企业注资、政府税收支持、金融贷款以及吸引外资。近年来，安徽省采取了一系列的融资手段吸引外来投资，主要由政府搭台牵线，在吸引外来投资方面取得了一定的成效，但是吸引外资力度较弱，企业自身缺乏必要的融资手段。

目前企业创新方面的招商引资工作大多是由政府主动出击，搭台唱戏，企业多是在政府搭建的平台上获取外来投资。这种吸引外资的融资方法既加重了政府的负担，也让企业缺乏主动性。企业自身不能够完善创新管理体制，不能更灵活地解决资金需求，对政府过度依赖。企业在“走出去”、资金“请进来”方面还没有形成一套完整和系统的工作制度，等待政府、依赖政府的思维方法影响其吸引外资的力度，从而阻碍企业创新发展的快速推进。

4. 有关企业创新的政策与法律不够完善

完善的政策和法律系统为企业创新提供重要保障，要求相关政策完整且富有体系，从而真正形成政策网。近年来，安徽省为建设合芜蚌自主创新示范区，出台了一系列促进企业创新的相关政策，对示范区的发展起到了积极的推动作用。合芜蚌自主创新综合配套改革试验区升级为自主创新示范区对企业创新的示范作用提出了新的要求，相关的政策需要逐步完善，特别是关于企业创新的立法也要尽快出台。企业创新是一个不断摸索的过程，不断出现的新情况、新问题也对政府服务提出新的需求，所以政策的完善过程也是一个持续的发展过程。2016 年，国务院同意在合芜蚌高新区建设国家自主创新示范区，安徽省政府着手研究如何提供各种政策支持以更好地促进示范区的建设，开始启动编制《合芜蚌国家自主创新示范区发展规划纲要》《合芜蚌国家自主创新示范区空间布局规划》等规划，同时依据合芜蚌国家自主创新示范区的建设方案，出台支持示范区建设的各种政策性文件和举措。在企业创新方面还涉及股权激励、知识产权等各项权益激励，这方面则需要通过立法的形式来加以稳定和保障。在人才、税收、金融、科技成果、企业合作等方面都需要相关的政策支撑。

三　未来趋势与要求

面对日益激烈的市场竞争，企业创新是企业发展最强劲的动力。对于日新月异的科技进步和快速更新的科技产品，企业如何能及时掌握市场需求，始终走在科技创新的最前沿，除了聚焦创新人才，还需要把握企业创新的发展趋势。从目前企业创新的发展来看，未来高新企业将呈现出聚集与融合发展、绿色与高端发展、差异与动态发展等趋势。

1. 聚集与融合发展

企业合作对于高新企业而言是必然的发展趋势，合芜蚌自主创新示范区的企业创新更要注重合理定位大区域经济的视野，才能在竞争中谋求生存之道，企业创新更要从区域经济产业链中找到合适的产品创新方向，在企业的聚集与融合中进行科技创新。

高新企业聚集与融合发展是未来的发展趋势之一，也是企业发展的必由之路。一方面，目前高新企业已呈现出聚集发展的态势，区域经济发展已经成为各地区实现跨越发展的主要经济模式，企业创新要主动顺应产业融合的趋势，在产业链中寻求自身的位置；另一方面，聚集与融合发展有利于企业更好地进行科技创新，还可以降低创新的成本，提高创新的效率。在企业聚集与融合中既要学习前辈又要超越前辈，不重复前辈的探索道路，同时也可以更好地找准市场需求。

2. 绿色与高端发展

从创新产品的角度看，绿色与高端发展是企业创新的必然要求。生态和绿色发展是现代经济发展的重要特点，只有走绿色发展之路，企业才可以走得更远，拥有更大的发展潜力。科技创新首先就要具备绿色和可持续发展的特点，低碳绿色的科技成果和创新产品才符合市场的需求，才能赢得市场。产品创新如果没有把握住绿色发展的要求将很快被市场淘汰。

面对科技产品日益快速地更新换代，企业产品的高端化需求也更加明显。科技创新的最大威胁便来自层出不穷的替代品的出现，所以创新需要一直走在市场需求的前面，需要企业不断通过科技创新向市场提供高端产品，延长产品替代的周期。提供高端产品就要求企业在创新中掌握前沿的核心技术，这也是企业自主创新与模仿创新的重要区别。

3. 差异与动态发展

从市场需求的角度看，差异与动态发展也是企业创新的未来发展趋势。企业创新特别是科技创新首先是要给市场提供科技产品，面对各种竞争对手，要创新出自己的特点，针对不同的客户需求，进行差异性供给，而不是同质产品的恶性竞争，这样既减少竞争伤亡，又能满足市场多样化的需求。差异发展既要了解目前市场上已经提供的产品，又要调研市场中多种群体的差异性需求，为企业创新产品找准目标。

创新永远都是一个动态发展的过程，这就要求企业创新的脚步不能停下，不断更新产品。如果不能及时更新产品，就会被别人的新产品所取代。企业创新的动态发展需要及时把握市场需求，同时为自己的创新产品做好长期规划，在已有产品的基础上深入挖掘，不断地进行自我完善，才能具有竞争优势。

四　对策建议

1. 创新企业合理定位，在区域经济产业链上找准自己的位置

高新技术企业发展与空间布局要考虑企业产品之间的互补性和产业链上

的关联性，但要避免产品的高同质性。一方面，从省级层面进行产业发展规划和空间布局规划，合芜蚌各高新区以省级规划为依据，先找准自身的定位，再在此基础上，进行区域内部产业规划和企业布局规划；另一方面，从区域经济和承接产业转移的视角来引进和规划高新企业。产业定位要有利于承接区域经济的产业转移，在产业链中找准位置。在承接产业转移的过程中要避免“打小工”的现象，以自主创新来主动迎接产业转移，以创新来赢得合作中的主动权。同时在企业定位中，还要参考其他示范区中同类的高新企业，站在巨人的肩膀上，可以更有效地找准企业创新的方向和突破口。实现从模仿创新向自主创新转变，培育企业自身的技术专长和核心竞争力。

2. 积极探索人才培训、引进和使用机制，以人才战略推动企业创新发展

企业创新的核心是科技创新，科技创新的关键是人才。不断探索人才培训、引进和使用机制既是企业创新的内在要求，也是企业科技创新的必然要求。

合芜蚌自主创新示范区拥有较为优质的科教资源，要积极探索产学研结合的模式，促进科教资源与高新企业合作，促进科研成果转化。在产学研的合作中，要加强知识产权保护、加大对科研人员的激励力度、鼓励科研人员入股企业等。通过建立一批科研院所、搭建公共服务技术平台，更好地促进科研成果转化。同时，在人才引进和使用机制方面，政府要充分发挥行政服务作用，不断完善财政支持科技创新的投入机制。同时企业也形成“走出去”“引进来”的交流机制，持续关注高新技术前沿动态和人才类型。在吸引人才方面，企业还要不断加强企业文化建设，以人性化的企业文化吸引人才、留住人才。同时，要加强示范区公共服务和公共产品的提供，解决企业人才的后顾之忧。

3. 在产品创新的同时注重企业管理创新和文化创新，提升企业竞争的软实力

企业文化既是一个企业的组织规范和价值观念，同时也是增强企业凝聚力、激发企业创造力的重要因素。企业文化创新是企业创新的应有之义，从广义企业创新的概念来讲，企业创新应该包括企业文化的不断更新。同时，企业文化创新有利于企业自身的创立，以独特性应对千变万化的外部市场。对于企业内部而言，企业文化也有利于吸引人才、凝聚人才，激发企业员工的创新潜能，提升企业软实力。

在企业文化创新方面，首先，要建立一个比较完整的企业管理制度，确立企业的发展目标、发展路径，明确企业的规范性，创新企业价值理念。其次，企业文化既要适应外部社会的变化，又要适应市场发展的需求。再次，企业文化还要强调独特性，把企业文化建设成为企业个性化的品牌。最后，企业文化要以人为本，以人为核心，始终把对企业人才的关怀放在核心位置。

4. 培育可流动的企业家队伍，为企业创新提供管理人才保障

培育可流动的企业家队伍是现代企业制度的重要要求，企业创新要求企业管理者能抓住瞬息万变的市场需求，这对企业管理者的能力也提出了要求。因此，企业创新要培育可流动的企业家队伍，要求企业家在知识水平、管理能力、实践经验、道德素养等方面有较高的综合素质。

培育企业家队伍，要求加强企业管理者的培训和交流，通过走进高校、走进课堂、走进企业、理论研讨等多种形式不断提高企业家的管理水平。在企业家管理方面也要积极建立相关的认证、考核和评价机制，有利于打通企业家的流动渠道。同时还要积极探索企业家的激励机制，逐步形成职业化的企业家队伍。当然，企业家队伍建设也离不开相关的监督机制的保障。

5. 加强相关政策的研究，逐步完善企业创新的政策网络

企业的发展必然离不开政策的保障，政策既能为企业发展提供支持，又能很好地引导和约束企业行为，从而让企业发展更能符合整体规划目标。合芜蚌自主创新示范区是一个新兴事物，企业创新也在不断探索中发展，相关政策的制定与完善要以政策研究为依据。企业创新政策的研究与制度，主要涉及行政管理体制、科技管理体制、金融财政政策的支持与投入机制、人才机制等方面的政策和立法。

参考文献

陈力田、赵晓庆、魏致善：《企业创新能力的内涵及其演变：一个系统化的文献综述》，《科技进步与对策》2012 年第 14 期。

苏涛：《企业文化在发展变迁中创新的“绿色”飞跃》，《湖北社会科学》2014 年第 10 期。

汪锦、孙玉涛、刘凤朝：《中国企业技术创新的主体地位研究》，《中国软科学》2012 年第 9 期。

李建民：《中国企业技术创新主体地位形成的对策分析》，《宁夏社会科学》2007 年第 2 期。

张云霞：《企业自主创新主体论》，《上海经济研究》2009 年第 2 期。

宋培林：《论企业创新文化——兼析我国企业创新文化的营造》，《当代经济科学》2000 年第 5 期。

杨鲲鹏、梁磊：《企业创新的文化影响模式分析》，《南开管理评论》2004 年第 4 期。

吴金和、范人伟：《合芜蚌自主创新示范区建设中的问题与对策》，《合肥学院学报》（社会科学版）2010 年第 5 期。

张亨明：《国家级实验区创新发展存在问题的原因分析及对策——以“合芜蚌”自主创新综合配套试验区为例》，《湖南社会科学》2015 年第 1 期。

B.9 合芜蚌示范区中小企业创新平台建设报告

石纨雯*

摘　要：　中小企业对于国民经济和就业的贡献早已得到各界的共识，中小企业发展的根本动力来源于创新，合芜蚌示范区的建立为中小企业的创新发展提供了巨大的平台。目前，在大众创业、万众创新的“双创”引擎背景下，加快创新平台建设是中小企业提高自身核心竞争力的内在要求和增强自主创新能力的必然途径。创新平台的建设在提升企业公信力、改变企业经营理念、降低企业创新成本、提高企业创新吸收能力等方面发挥着积极的作用，因此，中小企业的发展离不开创新载体和平台。本文详细阐述了合芜蚌示范区中小企业创新平台的发展现状，在结合多家有代表性企业的案例进行分析的基础上，对示范区中小企业创新平台的构建展开研究，剖析示范区中小企业创新平台在发展过程中存在的突出问题，最后提出了推进其更好地发展的对策建议。

关键词：　合芜蚌示范区　中小企业　创新平台

一　合芜蚌示范区中小企业创新发展现状分析

（一）中小企业发展现状

我国高度重视中小企业的发展，从目前的情况来看，全国50%的税收

* 石纨雯，安徽大学社会与政治学院2014级社会学专业硕士研究生，研究方向为应用社会学、社会心理学。

是由中小企业创造，60%的GDP是由中小企业贡献。中小企业提供了80%的就业岗位，中国企业数量的90%由中小企业组成。在全球经济下行的背景下，我国产业发展的内外部环境更加严峻，广大中小企业积极应对在发展进程中复杂变化的市场形势，不仅有力支撑了中国经济的健康繁荣发展，而且中小企业自身在创新方面也呈现着良好的发展态势。但是总体来看，由于自身规模限制、个体经营风险大、竞争力较弱等原因，中小企业创新活动往往面临更多的困难和制约因素。从外部来看，中小企业由于受到政策和制度的影响，其创新能力和创新水平普遍不高，因此，大多数中小企业的技术创新活动只能依赖于外界，以高新技术开发区的高科技中小企业为例，不少企业缺少创新装备，没有自主技术创新的内涵，只能沦为组装企业。为了帮助广大中小企业做大做强，走出自主创新的困境，应充分激发中小企业的创新激情，建设创新平台。

（二）安徽省创新平台建设的基本情况

合肥、芜湖、蚌埠三市是安徽省技术实力最雄厚、创新资源最集中、创新体系最完备、创新活动最活跃、创新成果最显著的区域，已经成为引领安徽省创新发展的重要引擎。自2008年安徽省启动建设合肥、芜湖、蚌埠三市自主创新综合试验区以来，尤其是2015年6月，合肥、芜湖、蚌埠三市正式获批建设国家自主创新示范区，合芜蚌示范区坚持科技创新与体制机制创新“双轮驱动”。“十二五”以来，安徽省先后批准设立了26家开发区，截至2015年底，安徽省共有各类开发区175家（其中国家级开发区19家、省级开发区71家、省级筹建开发区64家、新型园区21家），实现了省、市、县、区级以上开发区全覆盖。开发区占地面积达4479.9平方千米，其中建成区面积达1822平方千米，分别为2010年底的1.5倍和1.4倍；开发区内集聚各类企业达8.8万家，其中工业企业达3.5万家，分别为2010年底的3倍和2倍。

省级以上科研机构不断增加。安徽省拥有国家大科学工程5个，拥有国家级实验室1个；拥有国家级企业技术中心57家，居全国第8位、中部第2

位。2015 年，国家重点（工程）实验室由 9 个增加到 21 个，省级（含重点）实验室由 92 个增加到 106 个，部属（含院属）实验室由 35 个增加到 51 个；省级以上工程（技术）研究中心由 205 家增加到 557 家，其中，国家级工程（技术）研究中心由 6 家增加到 30 家。创新能力的提升，主要表现在人才和产业上。目前，安徽省共拥有"两院"院士 34 人，截至 2014 年，研发人员达 20.1 万人，建有院士工作站 92 个，柔性引进院士 112 人，入选"千人计划"159 人。高新技术企业数量由 2010 年的 1313 家增加到 2015 年的 3157 家，居全国第 8 位。2015 年，安徽省首批 14 个战略性新兴产业基地产值达到 3082.7 亿元，增长 19.7%，高出全部工业产值 13.6 个百分点；安徽省科技研发经费稳步上升，GDP 占比排名居全国第 9 位，科技进步对经济增长贡献率达 55%。

安徽省备案科技企业孵化器达 109 家、市级以上众创空间达 66 家（其中国家级 6 家、省级 29 家）。企业研发机构覆盖率居全国前列。2014 年，安徽省规模以上工业有研发机构企业数量占企业总数的百分比为 14.5%，比 2011 年提高 5.2 个百分点，高于全国平均水平 1.9 个百分点，居全国第 4 位。安徽省国家级企业技术中心数量由 2011 年的 27 个增加到 2015 年的 64 个，排名由全国第 10 位上升至第 7 位。

（三）示范区中小企业创新平台建设的政策机遇

政府在中小企业创新过程中发挥的作用不可替代，政府政策和外部制度环境对中小企业创新平台的建设起着关键作用。随着大众创业、万众创新理念的深入推进，中小企业的政策环境不断优化。合芜蚌示范区政府陆续出台了一系列政策助推企业创新发展，中小企业创新平台的建设也迎来了良好机遇。

2016 年是"十三五"的开局之年，合芜蚌示范区各级政府强化政策落实工作，对已出台政策的执行情况开展调查评估，及时解决存在的问题，改进措施，确保政策落地见效。

合肥市在全国率先出台《合肥市自主创新专项政策》，并且已经编制形成《合肥市系统推进全面创新改革实施方案（征求意见稿）》，修订全市自主创新政策条款，重点突出对外开放合作、创新能力建设和创新平台建设。芜湖市政府继续加大资金投入和政策扶持力度，通过一双“无形的手”坚定企业创新信心，激励企业创新热情。在安徽省率先制定《推进国家自主创新示范区建设工作方案》，方案确定了四个方面的重点任务，其中之一就是围绕增强创新能力，加强以企业为主体的创新能力建设，建设企业创新平台和公共创新平台，提高支撑产业发展的关键技术和公共技术，营造战略性新兴产业和新业态蓬勃发展的生动局面。在财政支持方面，蚌埠市政府专门设立了自主创新专项资金、风险投资引导资金、战略性新兴产业发展基金，同时探索股权投入、借转补等新型财政支持模式，聚焦科技创新，用财政资金的杠杆撬动企业建设创新平台的加速挡。

2015 年，安徽昊方机电股份有限公司获得 195.64 万元的市级补助资金，同年，公司被授予 10 项发明专利，成为国内拥有专利最多的汽车空调电磁离合器企业，同时 80% 以上的专利都应用于新产品的生产，20% 则用于前沿的技术储备，为领跑行业集聚能量。2016 年，公司“带轮热锻自动化技术及其核心装备的开发应用”通过政策认定，再次获得 85.65 万元市级先期支持资金。安徽昊方机电股份有限公司不断验证了政府财政支持对于企业创新的效果。正是因为有了政府的财政支持，企业才能有充足的创新研发意愿，才能对创新平台建设的投入不遗余力。

二　合芜蚌示范区中小企业创新平台建设的路径

区域创新平台是为促进科技产业化发展，解决本区域或本行业的关键科学与技术问题而搭建，区域创新平台是一种行业创新平台，相较于解决本企业在创新过程中出现的共性问题的企业创新平台，其范围更大、更广。①

① 吴国林：《区域技术创新平台研究——大涌红木家具专业镇的技术创新平台建设》，《科技进步与对策》2005 年第 1 期。

（一）企业孵化器

目前，企业孵化器的投资主体分为政府主导和企业主导两种类型。按照提供的服务类型又可分为综合性孵化器和专业性孵化器。由企业孵化器组成的创新平台和创新基地可以帮助广大中小企业的科研成果及时进行商业化运作和产业化开发，还能够提供专业系统的培训和相关政策的咨询服务，给予市场推广、融资和法律等方面的支持，尽量降低创新创业过程中遇到的市场风险、财务风险、技术风险等。因此，培育中小企业的孵化器在提高中小企业的创新能力方面发挥着关键作用。政府要为企业孵化器和在孵中小企业加大政策和财政扶持力度，实行税费减免等优惠政策，同时鼓励孵化器进行自创自收，提升孵化器孵化中小企业的成功率。同时我们也应看到，合芜蚌示范区的各类孵化器建设仍然比较落后。目前示范区内的各类孵化器不足30个，而且区域分布不均衡，其中合肥市就占了一半以上。孵化器发展规模差距也较大，合肥、芜湖、蚌埠三市的孵化器在孵企业、已经毕业企业、企业净利润和销售收入等指标存在着较大差异。

安徽省政府及有关部门努力加大现有孵化器的升级改造力度，通过加强与天使基金、创投基金合作，逐渐形成“投资+孵化”模式的新型孵化器。针对企业“种子期—初创期—高成长期”的不同需求，以企业孵化为核心，以孵化器为基础，通过对接加速器、产业园，逐步打造“创业苗圃—孵化器—加速器—产业园”的孵化链条。对符合条件的孵化基地，按照三年孵化期内的实际孵化企业数量给予每户每年3000元补贴。对当年新认定的市级、省级、国家级孵化器以及众创空间，给予20万元、50万元、100万元建设补助，认定级别晋升的按各级补助标准级差追加补足。按照场地面积、服务能力和孵化绩效等情况，给予众创空间、科技孵化器20万元、15万元、10万元分档绩效补助。

蚌埠市着力构建多层次中小企业孵化平台，推进中小企业产业园、中小企业创业基地建设。目前全市科技企业孵化器面积达22万平方米，在孵企业达300家；小企业创业基地和产业集群专业镇总数达20个。2015年10月，蚌埠市与北京中科科技创新发展研究院发挥各自优势，联合建立了科技成果交易转化孵化中心，围绕硅基新材料、电子信息、生物医药、智能装备等产业发展进行深度交流与合作，促进科技成果的后期实验、开发、应用和推广。

截至2014年底，芜湖市科技企业孵化器使用面积达到24.88万平方米，累计毕业企业207家，较为完善的孵化培养体系已经初步形成，为芜湖市的企业创新活动提供了优质的创新平台和创新载体。其中，芜湖高新技术服务中心于1998年在芜湖市高新区成立，是芜湖市第一家科技企业孵化器。经过十几年的不懈奋斗，已经发展成为国家级重点孵化器，为社会提供岗位5000余个。孵化企业合计实现销售收入23.4亿元，实现利税共2.5亿元。在安徽省科技厅组织的对省级以上孵化器绩效考评中排名安徽省国家级孵化器第2位。

（二）政产学研用合作创新平台

政产学研用合作创新平台是合作创新的一种，政产学研用合作创新是以企业为主，企业、高校、科研机构及政府的相关部门在利益驱动下，为追求发展目标，运用各自资源分工协作进行经济和社会活动。政产学研用合作创新活动已经成为我国经济发展中的重要内容，也是我国建立企业创新体系和创新平台的重要形式，对推动中小企业的创新发展具有重大意义。

从示范区目前的情况来看，由于中小企业的规模小，缺乏资金、技术人才，故依靠自身的力量开展技术研发的效率是很低的，其创新成果转化不畅，直接影响了中小企业创新的释放，为了满足其共性技术需求，中小企业可以选择依托各大高校、科研机构或公共技术创新平台等创新主体，建立产学研用多种资源聚集的创新平台。中小企业通过这种“桥梁”的方式能够打破原有产学研用各个主体之间的隔阂，带动企业创新项目、创新团队及创新成果的协同发展，从而解决产品研发和转化动力不足的问题。

合肥市的做法是通过协同企业、高校、科研机构等各方面力量，积极建设政产学研用的“创新链条”。在高端研发平台上，鼓励和支持与国内外名校建设协同创新平台，引进国内外顶尖技术人才。在共性技术平台上，按照

"企业当主体、院所唱主角、政府大服务"思路，建设了新能源汽车、语音信息等10个战略性新兴产业研究院，已引进海外高端人才98人，集聚研发人员1000多人。在公共服务平台上，以"一中心、三基地"为代表，在层层推进中促进科技研发高端化、共享化，推动科技成果产业化、市场化。

合肥市是国家三大种业发展基地之一，合肥市政府已经出台了《关于深化种业体制改革加快种业发展的实施意见》，立足独有的资源禀赋和发展基础，加大科技创新和政策扶持力度，还将积极搭建平台，为种子企业的创新发展保驾护航。安徽荃银高科种业股份有限公司（以下简称"荃银高科"）是国家育繁推一体化的种子企业，是农业部杂交稻新品种创制重点实验室依托单位。荃银高科结合自身优势，牵头与中国科学院韩斌院士团队、中国水稻研究所胡培松研究员团队、中国科学院遗传与发育所傅向东研究员团队、四川农业大学水稻研究所李仕贵教授团队、中国科学院合肥物质科学研究院吴跃进研究员团队、安徽省农业科学院水稻所李泽福研究员团队、中国科学院合肥物质科学研究院技术生物与农业工程研究所等七家国内生物育种研究领域顶尖级专家团队，瞄准国际种业巨头创新发展模式，开展以水稻为主的农作物分子设计商业化育种及相关技术研究，加大整合力度，实现优势互补，以"立足水稻种业、着眼设计育种、面向市场需求、实现共赢发展、创新合作机制"为发展宗旨，在育种体系、技术手段、合作模式、合作机制方面探索创新，将分子育种和常规育种的优势相结合，公司计划在未来五年内根据公司经营的整体情况，增加对国家水稻商业化分子育种技术创新联盟的投入不少于2000万元。联盟原计划设立为紧密型的企业制公司化运营，由于难以突破目前体制机制的约束，在农业部建议下先行成立松散型组织以便开展具体工作。联盟依托安徽荃银农业高科技研究所设立育种中心，联盟内部开展的所有配组、观察和生态测试工作由育种中心承接。

国家水稻商业化分子育种技术创新联盟作为中小企业政产学研用合作创新平台的一种搭建模式和崭新尝试，意义十分重大。不仅是提升种业科技创新能力的重要举措，也有利于加快公司科研人才队伍建设及公司分子育种水平的提升，赋予了企业发展新的动力。

（三）协同创新平台

创新平台的主体不仅由企业组成，也可以是由政府、行业协会、企业、中介服务机构中的某一方或几方构成的合作组织。中小企业在进行创新的发展过程中，需要研发以高、精、尖为特点的技术和产品。为了优化中小企业创新的服务水平、提高资源利用效率，需要有强大以及处于技术和产品发展前沿的研发平台的支撑。企业没有足够的能力独立建立创新平台，只有借助于外部力量建设的协同创新平台，发挥创新研发组织的优势，促进资源共享，打破当前社会上分散的科技分割、教育资源分割的体制制约瓶颈，提高人才、科技和资本的结合度，降低创新创业成本。总体来看，合芜蚌示范区的协同创新平台层次仍然较低，没能形成强大的合力。

针对广大中小企业存在的研究成果和成果转化之间难以转换的普遍问题，政府及有关部门可以联系中小企业和科研机构成立专攻技术集成、熟化、转移的机构，建设一批具备独立法人资格、运行机制灵活、实行企业化管理的新型研发转化机构，贯通技术研发、集成、熟化、产业化整个链条。

针对当前中国农业和农村的现状，保障国家粮食安全和食品安全需要一批“有知识、懂技术、会经营”的专业农业人才。为此，2012 年 2 月，荃银高科牵头并出资 500 万元，联合安徽农业大学、安徽团省委发起设立“现代青年农场主”试验班，针对在校大学生，计划 10 年培养 300 名“现代青年农场主”，人才定位为“现代农业的实践者、粮食生产的贡献者、美好乡村的建设者、基层政权的巩固者、农业国际合作的促进者”，共同探索政府、学校、企业联合培养农业复合应用型人才的新模式。为做好“现代青年农场主”众创平台的管理服务工作，荃银高科建立了以董事长为核心的工作领导小组，并聘请了全国知名农业专家、原安徽省农技推广总站总农艺师杨惠成老师出任总顾问。该创新平台的管理服务团队均为大学本科以上学历，有着丰富的专业知识和管理经验，专业涵盖农学、经济、管理、会计等。“现代青年农场主”培育计划其本质是政府、学校、企业联合培养农业复合应用型人才的协同创新平台，区别于传统的高校依托自身资源培养人才的模式，聚集政府、学校、企业资源共同培养人才，在全国属首创。该平台不仅有利于发挥学校理论教学优势，有效推进大学生参与农业现代化建设，还有利于发挥企业实践孵化作用，提高企业的创新能力建设。

（四）中小企业自身构筑研发平台

中小企业走创新型发展道路是一个漫长过程，往往需要经过相当长时期的发展和投入才能有所成效。中小企业在创新发展中将创新平台的建设主要寄托于政府财政和政策方面的扶持是不科学的，企业的技术中心和研发机构是企业创新活动的核心，合芜蚌示范区的中小企业要想在激烈的国内甚至国外竞争环境中取得优势，就必须重视研发机构的作用，增加研究和开发（R&D）的经费，并将其投入到公司的技术中心和研发平台建设中。创新能力较强的中小企业可以将科技研发业务分离出来，依托省市级科研机构、工程技术研究中心和企业技术中心等建成独立研发平台。中小企业也可以独立建设一批具备运行机制灵活、实行企业化管理等特征的研发转化机构，加快中小企业完整的产业化、链条式发展。

安徽省工业车辆传动系统工程技术研究中心是安徽合力股份公司于2009年设立的研发中心，2011年12月顺利通过验收。该研发中心致力于积极联合各方科研力量，优化产品研究方向，发挥所依托单位的优势，紧密围绕工业车辆传动系统共性技术、关键技术的研究，主要开展工业车辆传动系统智能化研究、传动系统节能技术研究、传动系统优化技术研究、传动系统新结构研究及传动系统可靠性研究等工作，对带动关联产业的集群效应发展都具有十分重要的意义。科大讯飞股份有限公司在智能语音核心技术研究领域一直致力于推动形成智能语音及语言核心技术和核心技术成果产业化两方面的竞争力。2010年，科大讯飞股份有限公司推出了全球首个移动互联网智能交互平台“讯飞开放平台”，该研发平台可以为移动互联网、智能硬件、机器人等领域的开发伙伴提供开放技术服务和独家解决方案。目前平台日服务量近15亿人次，为13万开发伙伴和7亿终端用户提供语音及人工智能交互服务，在技术实力、服务体量和市场占有率等方面均处于绝对的行业领先地位。

（五）创新创业平台

在培育中小企业的创新创业平台过程中，芜湖市自主创新示范区的政府通过积极制定各项创新政策、开展创业活动等方式营造良好的体制机制环境，为创新创业初期的中小企业在遇到资金、项目、人员、场地等问题时提供整套的解决方案。芜湖市以各创业载体为平台，顺应“互联网+”大趋势，鼓励中小企业积极与支付宝对接，不断拓展和丰富创新创业平台，探索将创业贷款、芝麻信用、创业培训等城市应用模块在芜湖市与中小企业之间实现对接开放。在具体建设过程中，中小企业可以通过示范区内的高新区、科技企业孵化器、创业基地、大学科技园、高校、科研院所，充分利用为创新创业者提供的工作空间、资源共享空间，大力发展“众创空间”。

位于合肥市创新产业园的合肥高新股份有限公司于2012年正式运行，作为合肥高新区管委会直属的一家产业地产专业运营服务企业，公司致力于服务好园区每个企业，为企业提供完善的配套设施、优质贴心的服务、详细的政策指导等业务。近年来，产业地产已经成为发展势头强劲的行业。产业地产的目标客户以中小企业为主，企业入驻产业园，为地方经济带来产值、就业和税收，大力促进了区域经济发展。合肥高新股份有限公司开发建设了光机电一体化园、信息产业园、机电产业园、中试科技园等多样的创新平台，也是合肥高新区大力打造的创新创业平台。合肥高新股份有限公司在引进创新技术产业和金融支持方面为企业提供了优惠，更为企业从项目伊始到结束的整个产业链过程提供全套服务，产生了企业和自身共赢的效果，越来越多的企业和创业者纷至沓来。

“众创空间”指的是根据当前社会创新创业特点及需求，按照市场化机制、专业化服务和资本化途径建立起来，具备低成本、便利化、全要素、开放式等特征的新型创业服务平台。其实质是构建一个包括创业培训、投融资对接、商业模式构建、团队融合、政策申请、工商注册、法律财务、媒体资讯等在内的全方位创业服务体系，众创空间利用国家高新区、科技企业孵化器等创新平台，发挥政策集成效应，实现创新与创业相结合，为创业者提供了工作空间、社交空间、网络空间以及资源共享空间。位于蚌埠市人力资源服务产业园内的“WM 众创智慧谷”，是蚌埠女企业家方雯创办的众创空间。目前，在“WM 众创智慧谷”注册的公司已有 60 家。蚌埠市另一个众创空间——蚌埠市蓝莓庄园星创天地在 2016 年也被纳入国家级科技企业孵化器管理和服务体系，成为蚌埠市继“WM 众创智慧谷”之后第二家国家级众创空间，也是蚌埠市唯一一家国家级农业众创空间。蚌埠市蓝莓庄园星创天地现入驻孵化企业 8 家，拥有示范推广基地 12310 亩，亩产增收达 8120 元，直接经济效益达 1.6 亿元，带动 500 余名种植户致富。该众创空间成立以来，建成信息交流平台、示范基地等多种平台载体，为创业初期的中小企业提供“双创”系列的服务，形成“创意—培训—实践—转化”一整套完善的服务链条。一对一帮扶提升实践创新能力，创新技能帮扶精准。同时，深化与安徽农业大学等高校和科研院所的对接，已经累计开展了 20 余次的专题研讨活动，产学研用成果转化高效。

三　影响合芜蚌示范区中小企业创新平台建设的突出问题

（一）缺少完善的政策环境

近年来，虽然合芜蚌示范区对中小企业技术创新活动的扶持力度不断加大，也出台了一系列创新政策促进中小企业的创新平台的建设。但存在扶持政策、扶持措施实施不到位的情形，成效也不尽如人意。究其原因，不仅是相关政策对自主创新的中小企业扶持力度不够，而且与政府和中小企业间存在较为严重的信息不对称有极大关联。信息不对称造成了中小企业不够了解咨询政策，更不会积极主动地去争取，严重阻碍了中小企业创新平台的建设。另外，政府的一些创新政策较为片面，缺乏一定的连续性，没有注意到在创新平台建设过程中要根据每个环节、每个阶段的特点出台相应的配套措施和给予不同的政策支持，后续的配套政策跟不上会导致企业的创新活动延迟、中断甚至失败。

（二）合芜蚌示范区中小企业创新能力和创新意识有待加强

虽然合芜蚌示范区内中小企业的增长速度较快，但在创新能力上仍然十分薄弱，创新平台的数量少，对技术创新的需求也少，导致中小企业的培育创新平台经验不足。一方面，中小企业内部基本上没有实力很强的科研部门，大部分的企业创新工作只是对市场上新产品的模仿，不能很好地结合企业自身拥有的资源和企业特点进行创新，因此不能掌握创新平台建设的方法。另一方面，由于创新平台建设是一项高风险的工作，中小企业受到自身规模的限制也很难进行大规模的投入。另外，中小企业各类创新平台处于初创期，软硬件建设都比较落后，从而导致平台在服务企业、转化技术成果、开展产学研合作等方面的能力偏弱。缺乏创新能力的另一个重要原因就是中小企业内部缺少浓厚的创新氛围，创新意识陈旧保守。特别表现在企业家和企业领导者缺少长远意识，追逐眼前利益和短期利润，不重视企业创新文化的培养。创新好比一个企业的血液，创新平台好比输送血液的血管组织，没有新鲜血液的供给，企业只能因为供血不足而瘫痪倒闭。

（三）市场化运行机制不完善

目前，中小企业创新平台建设投入的主体仍然是政府，绝大多数的中小企业创新平台的建立和运行完全依靠政府的扶持，一些中小企业孵化器和研发机构仍然停留在对事业单位的管理模式上，由于中小企业自身因素的限制，创新平台尚未建立规范的市场运行机制。落后的平台运作模式直接导致中小企业没有足够的创新能力，制约了中小企业的创新发展。另外，政府过多的行政干预制约了中小企业创新平台构建高效的盈利机制，抑制了中小企业调动其创新积极性。缺少市场化的运行机制还会限制其他社会资源的参与，难以实现中小企业创新平台持续健康发展的目标，因此，建立创新平台市场化运行机制必须提高中小企业的创新主体地位。

（四）缺少专业化的中介服务机构

目前，合芜蚌示范区面向中小企业，特别是自主创新型中小企业的创新服务群体数量有限，现有的中介服务机构规模小、服务项目不全、服务质量参差不齐。专业性强、高水平的公共创新服务平台十分紧缺，也没有形成系统完善的中介服务链。这与数量庞大的中小企业不相适应，远远不能满足中小企业创新平台建设的需要，导致了中小企业创新平台运作效率低下。主要体现在如下两个方面：首先，中小企业的科研成果以及企业与科研院所、高校合作的科研成果、专利技术等不能及时进入市场，长期搁置导致失效和浪费。其次，企业需要的专业技术、人才等，由于没有通畅的信息渠道，无法及时引进来。

四　合芜蚌示范区中小企业创新平台建设的对策建议

（一）政府强化资金支持，帮助中小企业解决融资难题

中小企业在创新平台建设过程中普遍存在融资困难的问题，特别是在创业初期的中小企业。中小企业虽然对资金的需求没有大企业多，但是中小企业发展具有高风险的特征，因此，面向中小企业的融资服务要有针对性。主要体现在如下两个方面：一是示范区要设立关于建设创新平台及相关活动的财政专项基金，包括鼓励中小企业设立研究与开发基金。例如，设立专门支持和鼓励产学研合作的“产学研合作专项资金”等。引导金融资源更多地投向中小企业，开发出适合创新型中小企业发展的信贷产品。二是解决中小企业创新平台投入问题的主要渠道是建立完整的中小企业的信用担保机制。针对中小企业资信、担保能力较弱的特点，成立由专门机构管理的平台，为中小企业向商业银行贷款提供担保，由政府解决担保的风险损失，或者政府直接对中小企业创新平台建设工作提供无息或担保贷款。

（二）推动中小企业创新主体建设，强化企业的技术创新主体地位

为了强化中小企业在创新平台建设中的主体地位，合芜蚌示范区政府要出台相关政策，大力支持中小企业进行创新平台建设，坚持把社会上的一切创新基本要素向中小企业内部聚集，推动中小企业成为创新 R&D 资金投入的主体和创新成果应用的主体，特别支持创新型中小企业和高新技术中小企业，通过招商引资的方式引进示范区内急需的创新型企业和高新技术企业。政府要放宽有关政策措施要求，减少行政上的直接干预，扩展中小企业自主创新的空间。同时，中小企业自身也要进行变革，运用好各种创新平台，与创新平台更好地结合。一方面，积极建立企业自己的创新技术中心和研发平台，组织开展一批省级企业技术中心建设项目，完善技术中心和研发平台创新能力建设所需的各种设施，提高创新平台设备的技术水平。另一方面，中小企业通过创新平台具有的中介功能，结合企业研发能力对外输出和扩散创新成果，尽快形成企业的产业链条，发展壮大自己。

（三）提升创新人才培养和引进水平

人才是中小企业技术创新的动力源，也是提升创新能力的根本。建议在政府工作层面，合芜蚌示范区可以利用各类高校和国家重点实验室等重大科研机构比较集中的优势引进高层次人才，政府应在政策和资金上重点支持。在中小企业自身方面，应积极建立以人为本的企业人才机制，引进急需的中高级技术人才和管理人才向企业一线流动，选用那些拥有一技之长、专业知识过硬，又有创新战略眼光和敬业精神的企业家和研发团队，发挥创新创业主体地位；还要在企业内部形成一整套用人机制，包括人才的培养、使用、评价和激励方面，形成企业创新人才的技术梯度效应和规模效应，提高他们的素质，提高他们的创新能力，吸引更多的国内外优秀人才积极投身于中小企业；通过搭建人才交流服务中心，定期举办与知名专家教授、企业家、政府机构领导的人才对接交流活动；优化创新平台建设环境，创新平台是创新创业人才的集聚高地，中小企业进行创新平台建设也是汇聚人才的过程。

（四）建立合芜蚌三市协调机制，强化中小企业之间的交流合作

区域发展的重点是整体实力的提高。作为一个区域发展整体，合芜蚌示范区发展的重点目标应是合肥、芜湖、蚌埠三个城市的协调发展和区域整体实力的共同提升，这要求中小企业创新平台的建设要注重各区域之间的合作。目前示范区内的中小企业创新平台建设与合肥、芜湖、蚌埠三市产业的关联性、互补性还不够强，合芜蚌示范区中小企业的合作机制还停留在表面，尚未形成协调兼顾、互相促进的产业链发展局面。首先，政府在体制机制上建立一个创新发展机制和创新制度体系，开展一系列政府间机构的合作，统筹安排合芜蚌各示范区的创新资源，着力促进各示范区中小企业间的创新合作。中小企业之间可以利用创新平台密切交流，互通有无。其次，运用好各类创新平台，优先发展国家重要产业和项目，争取在国家重要技术领域生产出有应用价值的产品，并且积极分享创新成果，避免合肥、芜湖、蚌埠三市企业之间重复建设造成的创新资源浪费。例如，汽车制造业是芜湖市的优势产业；玻璃制造业是蚌埠市的支柱产业，合肥市就可以不再重点发展该产业，或者配合该产业的相关企业项目。这样做还能避免合芜蚌示范区中小企业之间的过度竞争。最后，合肥、芜湖、蚌埠三市在合作过程中因为综合实力差距导致利益分配的矛盾也需要建立协调机制和有实际权力的利益协调组织进行调解，以期更好地发挥创新平台的协同创新作用。

（五）培育基于互联网的新型创新平台建设

目前中国已经进入“互联网+”时代，互联网技术已经深入中小企业的创新活动，但是，利用互联网支持中小企业创新平台建设并不是传统意义上的仅仅利用电子商务服务中小企业，更不仅仅是在互联网平台上销售中小商品。“互联网+”技术更注重进入企业的供应链，为中小企业提供一种新的营销模式，帮助企业参与产业链，打造创新链，实现创新驱动发展。一方面，引入优质的服务资源，推进中小企业网络创新服务平台建设，更好地为中小企业技术创新服务；另一方面，合芜蚌示范区的中小企业应积极主动实

施“互联网+”战略，提升中小企业互联网思维，借助示范区内的第三方电子商务平台或者自建互联网创新平台开展网络营销等活动，通过软文推广、事件营销等方式宣传企业的实体产品和虚拟服务产品，达到互联网新技术与传统中小企业的业务有机结合的要求，加速传统中小企业的产业升级，更好地满足个性化、多样化的市场需求。此外，互联网平台大大降低了创新创业门槛，激发了创业者的创业活力。合芜蚌示范区应加快网络创新创业平台的建设，建设一批智慧型中小企业创新创业基地，鼓励个人利用网络新技术进行创业，推动开办的个体公司尽快规模化发展。

B.10
合芜蚌示范区高校和科研机构创新建设报告

吴翠萍　范佳妮*

摘　要：　随着时代的进步与科技的飞速发展，高校和科研机构的科研创新能力已经成为区域发展的关键要素与核心竞争力。自合芜蚌示范区成立以来，高校与科研机构一直是示范区创新建设的主要力量，为安徽省乃至周边地区的全面发展提供了强大的支持。合芜蚌示范区科研创新工作如何跟上时代步伐，实现可持续发展是值得关注的问题。本文在总结2015~2016年合芜蚌示范区高校与科研机构创新建设工作的基础上，分析其存在的问题，并提出对策与建议。

关键词：　高校　科研机构　科研创新

一　合芜蚌示范区高校和科研机构创新资源概述

（一）基本情况

高校和科研机构是示范区创新建设的中坚力量，一个地区高校和科研机构的创新建设情况从某种意义上来说是该地区创新建设的现实写照。总体来

* 吴翠萍，安徽师范大学副教授、博士，硕士生导师，研究方向为社会工作；范佳妮，安徽省社会学学会实习生，研究方向为社会工作。

看，合芜蚌示范区的高校与科研机构发展情况如下。

截至2016年，合肥市有各类高等院校60所，在校学生达64.81万人，其中普通高校达50所，在校学生达61.54万人；全市有150个省部级以上重点实验室和工程实验室、132个省级以上工程技术研究中心、35个省级以上工程研究中心、227个省级以上企业技术中心，其中，拥有国家级企业技术中心33个；全年有9项科技成果获国家科技奖，其中1项获得国家自然科学一等奖、2项获得国家自然科学二等奖、1项获得科技进步一等奖、4项获得科技进步二等奖、1项获得国际科学技术合作奖；全年受理专利申请达32364件，其中发明专利达16431件，比2015年增长27.1%；全年授权专利达17070件，其中发明专利达3413件，比2015年增长80.5%；全年共签订各类技术合同达9342项，成交金额达104.9亿元，比2015年增长15.9%。①

2015年末，芜湖市拥有10所普通高等院校，6700名专任教师；全市拥有84个省级及以上工程（含技术）研究中心、139个省级及以上企业技术中心、15个省级及以上重点（含工程）实验室、2个省级及以上质检中心、21个院士工作站，946个企业拥有省级高新技术产品；芜湖高新技术创业服务中心和芜湖大学科技园跻身全国百强孵化器；全年组织实施210项各类科技计划项目、共登记192项各类科技成果、获55项各类科技奖，全年共有20886件专利申请量和9049件专利授权量，每万人口有效发明专利拥有量达13.56件。②

与此同时，蚌埠市共有普通高等教育学校5所，2671名专任教师，6.07万在校学生；全市有4个国家重点（含工程）实验室、14个省级（含重点）实验室、56个省级以上工程（含技术）研究中心、1个国家级高新技术产业开发区；全年共有5000件发明专利申请量；全年共签订1510项各类技术合同；全年每万人口有效发明专利拥有量达6.39件；全年共新建21家省级以上研发平台。③

① 合肥市统计局：《合肥市2015年国民经济和社会发展统计公报》，2016年3月22日。
② 芜湖市统计局：《芜湖市2015年国民经济和社会发展统计公报》，2016年3月29日。
③ 蚌埠市统计局：《蚌埠市2015年国民经济和社会发展统计公报》，2016年4月5日。

从以上数据来看，合芜蚌示范区的高校与科研机构创新力量基本形成了以合肥市领头、芜湖市与蚌埠市齐步跟进的局面。

（二）重点高校和科研机构创新资源概述

1. 合肥市

（1）人才队伍情况

合肥市以中国科学技术大学、合肥工业大学、安徽大学三所“985”“211”为代表的高校师资人才队伍比较突出。2015年的人才队伍情况见表1。

表1　2015年合肥市三所“985”“211”高校师资人才队伍情况一览

单位：人

学校名称	中国科学院与中国工程院院士	发展中国家科学院院士	荣获“千人计划”称号的专家	荣获“长江学者”称号的教授、青年学者	国家杰出青年基金获得者	国家优秀青年科学基金获得者	国家级教学名师	教职工总人数
中国科学技术大学	50	17	44	49	106	57	7	1812
合肥工业大学	1	—	8	14	6	4	2	3705
安徽大学	—	—	2	1	1	—	1	2600

而合肥市以中国科学院合肥物质科学研究院为代表的科研机构人才队伍在数量与质量方面也相当优异，截至2016年7月，合肥物质科学研究院在职职工达2500余人，其中专业技术人员达2000余人，拥有高端科技专家如“两院院士”、“万人计划”教学名师、荣获“千人计划”称号的专家、国家杰出青年基金获得者、“973”首席科学家、“863”计划专家、关键技术人才等300多人；设有5个博士后站点，在站博士后达73人；设有12个博士点和25个硕士点，在读研究生达1600余人。①

① 中国科学院合肥物质科学研究院网站中的单位简介，2009年8月12日，http：//www.hfcas. ac. cn/dwgk/skjj/200908/t20090812_ 2384206. html。

（2）重点科研创新设备情况

中国科学技术大学在拥有以合肥同步辐射加速器、北京谱仪（BESIII）、稳态强磁场、大天区多目标光纤光谱天文望远镜（LAMOST）、子午工程等大科学装置的同时，还拥有数量庞大的科研创新设备。其中值得一提的是，垂直X射线系统，水平X射线系统，流延机，傅里叶变换红外光谱仪，偏光显微镜，瑞亚双螺杆拉条造粒机组，双向拉伸装置，高温、光偏置输运测试系统，梯度PCR仪（基因扩增仪），高速大容量落地式离心机，凝胶成像系统，核酸蛋白检测仪，细胞计数器，匀浆器，单分子光镊力谱仪，拉曼光镊系统等综合科研仪器设备是对外开放共享的，需求方只需要登录中国科学技术大学的仪器共享网站即可申请使用。

合肥工业大学在科研创新设备方面也拥有丰富的资源，学校同样也建立了大型仪器开放共享服务平台网站，提供三坐标测量仪、发酵罐、热机械分析仪、同步热分析仪、激光热导仪、全自动元素分析仪、X射线荧光光谱仪、X射线衍射仪、超高效液相飞行时间质谱联用仪、X射线光电子能谱仪、超导核磁共振波谱仪、ZETA电位分析仪、激光粒度分析仪等近百件科研创新设备，开放共享服务。

安徽大学作为以文史类学科为重点的大学，同样也不放松对科研项目的建设和发展，拥有众多科研设备，其中以分子生物移液工作站、旋转流变仪、蛋白质纯化系统、宽频扫描仪、流式细胞仪、超高效液相色谱仪、大容量落地式高速离心机、紫外可见分光光度计、X射线多晶体衍射仪、电感耦合离子体发射光谱仪等科研设备为代表的169台仪器在该校科研设备共享平台进行分享使用。

中国科学院合肥物质科学研究院拥有EAST核聚变实验装置、EAST辅助加热系统、稳态强磁场三个大科学工程，是中国主要的核聚变研究基地之一，是世界实验室在我国设立的核聚变研究中心，是中国科学院重要的科技创新基地。合肥物质科学研究院拥有X射线衍射仪、双道原子荧光光度计、高分辨透射电子显微镜、激光扫描共聚焦显微镜、细胞工作站、流式细胞仪、快速液相色谱仪、差示扫描量热仪等几十件科研创新设备，并建有科研设备共享平台。

（3）重点科研平台建设情况

表2　合肥市重点高校与科研机构科研平台一览

学校/科研机构名称	重点科研平台
中国科学技术大学	国家同步辐射实验室、合肥微尺度物质科学国家实验室（筹）、合肥同步辐射光源、稳态强磁场实验装置、火灾科学国家重点实验室、核探测与核电子学国家重点实验室（联合）、语音及语言信息处理国家工程实验室（联合）、热安全技术国家地方联合工程研究中心、量子信息与量子科技前沿协同创新中心、大尺度火灾国际联合研究中心、国家高性能计算中心（合肥）、安徽蒙城地球物理国家野外科学观测研究站、中国科学院量子信息与量子科技前沿卓越创新中心、中国科学院合肥大科学中心、中国科学院材料力学行为和设计重点实验室、中国科学院壳幔物质与环境重点实验室、中国科学院近地空间环境重点实验室、中国科学院能量转换材料重点实验室（联合）、中国科学院星系宇宙学重点实验室（联合）、中国科学院量子信息重点实验室、中国科学院软物质化学重点实验室、中国科学院脑功能与脑疾病重点实验室、中国科学院吴文俊数学重点实验室、中国科学院电磁空间信息重点实验室、中国科学院空间信息处理与应用系统技术重点实验室（联合）、中国科学院无线光电通信重点实验室、中国科学院强耦合量子材料物理重点实验室、中国科学院天然免疫与慢性疾病重点实验室、中国科学院城市污染物转化重点实验室（联合）、中国科学院国家数学与交叉科学中心——合肥分中心、中国科学院强磁场科学中心（联合）、中国科学院网络传播系统与控制重点实验室（培育建设）、中国科学院太阳能光热综合利用研究示范中心、中国科学院量子技术与应用研究中心、中国科学院热安全工程技术研究中心等百余平台。
合肥工业大学	汽车技术与装备国家地方联合工程研究中心、现代显示技术国家工程实验室、有色金属与加工技术国家地方联合工程研究中心、智能决策与信息系统技术国家地方联合工程研究中心、省部共建现代显示技术国家重点实验室（培育基地）、特种显示技术教育部重点实验室、过程优化与智能决策教育部重点实验室、农产品生物化工教育部工程研究中心、光伏系统教育部工程研究中心、安全关键工业测控技术教育部工程研究中心、智能决策与信息系统技术教育部工程研究中心、高性能铜合金材料及成形加工教育部工程研究中心、教育部IC设计网上合作研究中心、安徽省生态工程技术研究中心、教育部应用物理网上合作研究中心、高性能铜合金材料及成形机械工业重点实验室、安徽省信息处理技术与信息系统工程研究中心、机械工业绿色设计与制造重点实验室、安徽省可再生能源及工业节能工程实验室、安徽省有色金属材料与加工工程实验室、安徽省汽车技术与装备工程研究中心、安徽省工业车辆重点实验室、安徽省自动化装备工程研究中心、安徽省分布式控制技术工程研究中心、安徽省功能高分子工程研究中心、安徽省锻压数控装备工程研究中心、安徽省数字化设计与制造重点实验室、安徽省现代成像与显示技术重点实验室、安徽省汽车NVH与可靠性重点实验室、安徽农产品精深加工省级实验室、安徽新能源利用与节能省级实验室、安徽土木工程结构与材料省级实验室、安徽低温与制冷技术省级实验室、安徽飞机雷电防护省级实验室等百余平台。

续表

学校/科研机构名称	重点科研平台
安徽大学	教育部人文社科重点研究基地徽学中心、计算机智能与信号处理教育部重点实验室、经济法制研究中心、安徽省绿色高分子材料重点实验室、光电信息获取与控制教育部重点实验室、财政税收与公共政策研究中心、高等教育研究所、淮河流域环境与经济社会发展研究中心、安徽大学长三角经济社会发展研究中心、科学发展观研究中心、教育部电能质量工程研究中心、安徽省信息材料与器件重点实验室、哲学与安徽思想家研究中心、中国传统文化研究院、工业节电与电能质量控制协同创新中心、高节能电机及控制技术国家地方联合工程实验室、健康科学研究院、徽文化传承与创新中心。
中国科学院合肥物质科学研究院	国家环境光学监测仪器工程技术研究中心、国家环境保护环境光学监测技术重点实验室、国家林业局能源林研究中心(合肥)、中国科学院通用光学定标与表征技术重点实验室、中国科学院大气成分与光学重点实验室、中国科学院中子输运理论与辐射安全重点实验室、中国科学院新型薄膜太阳电池重点实验室、中国科学院离子束生物工程学重点实验室、中国科学院材料物理重点实验室、中国科学院环境光学与技术重点实验室、中科院－国家民族农业信息技术联合实验室、中国科学院合肥战略能源和物质科学大型仪器区域中心、安徽光子器件与材料省级实验室、安徽省仿生感知与先进机器人技术重点实验室、安徽省离子束生物工程学重点实验室、安徽省环境光学监测技术重点实验室、安徽省纳米材料与技术重点实验室、安徽省环境光学监测工程技术研究中心、安徽省数字农业工程技术研究中心、安徽省纳米材料及应用工程技术研究中心。

(4) 创新政策支持情况

2015 年 4 月 13 日，合肥市科技局发布了《合肥市人民政府关于印发〈合肥市扶持产业发展‘1+3+5’政策体系〉的通知》，所谓“1+3+5”政策体系指的是《合肥市扶持产业发展政策的若干规定》《合肥市政府投资引导基金管理办法》《合肥市天使投资基金管理办法》《合肥市财政资金“借转补”管理办法》《2015 年合肥市促进新型工业化发展政策》《2015 年合肥市促进自主创新政策》《2015 年合肥市促进现代农业发展政策》《2015 年合肥市促进服务业发展政策》《2015 年合肥市促进文化产业发展政策》，即 1 个若干规定、3 个管理办法和 5 项具体政策。2015 年 9 月 8 日，围绕“大众创业、万众创新”的主题，为促进合肥市科技企业孵化器的健康、科学管理，推动孵化器健康发展，合肥市印发《合肥市科技企业孵化器认定和管理办法》。2015年9月29日，合肥市科技局印发《合肥市众创空间认定和管理办法（试行）》，旨在围绕"大众创业、万众创新"的主题，为创新创业者打造更好的平台，提供更好的服务。2015年12月2日，合肥市人民政府修改了《合肥市科学技术奖励办法》，完善设立的奖项、奖励对象的条件、评选流程、奖励金额等方面，另增加了"对与合肥市开展产学研合作的市外、境外的科研人员与组织予以奖励"的条款。2015年12月8日，合肥市科技局印发《合肥市产业创新战略联盟管理办法（试行）》，旨在加快推进合肥市产业创新战略联盟的组建和发展，实现联盟的有序管理和规范运作。

2. 芜湖市

（1）人才队伍情况

安徽师范大学有教职工2279人，其中1412名为专任教师，350人拥有正高级职称，616人拥有副高级职称，1人拥有国家级教学名师的称号，拥有国家级教学团队3个，6人入选"百千万人才工程"国家级人选名单，7人入选教育部"新世纪优秀人才"支持计划，5人被聘为"皖江学者"特聘教授，7人被聘为讲席教授，28人被评选为安徽省学术与技术带头人；拥有"安徽省学术与技术带头人"后备人选47人，拥有5个省级教学团队、10个省级教学名师、12个省级教坛新秀。①

安徽工程大学有教职工近1300人，500余人拥有教授、副教授等高级专业技术职称，85%的教师拥有博士、硕士学位；学校还聘请一批国内外知名学者担任兼职教授，包括中国科学院院士和中国工程院院士；引进"长江学者"等高层次人才担任学科领军人才。②

（2）重点科研创新设备情况

安徽师范大学是一所以文史类学科见长的高校，其理工类学科的实力也十分雄厚，该校拥有科研创新设备47件，包括核磁共振波谱仪、X射线单

① 安徽师范大学网站中的学校简介，http：//www. ahnu. edu. cn/3209/view。
② 安徽工程大学网站中的学校简介，http：//www. ahpu. edu. cn/s/1/t/527/p/18/c/2/list. htm。

晶衍射仪、液相色谱飞行时间质谱联用仪、电化学工作站、毛细管电泳系统、傅立叶变换红外光谱仪、紫外可见近红外分光光度计、稳态/瞬态荧光光谱仪、紧凑型激光光散射仪、元素分析仪、场发射扫描电镜、X 射线衍射仪等仪器，并建设大型科研仪器共享平台。

安徽工程大学一直以来在创新科研工作上投入较多，学校拥有美国康塔 NOVA 2000e 比表面积及孔径分析仪、英国马尔文 MS－2000 激光衍射粒度分析仪、日本岛津 GCMS－QP2010 气相色谱质谱联用仪、日本岛津GC－2010 气相色谱仪、上海辰华 CHI660C 电化学工作站、意大利欧维特 EA3000 元素分析仪、瑞士梅特勒－托利多 DL15 自动电位滴定仪、美国戴安 ICS－3000 离子色谱仪、日本岛津 LC－2010 液相色谱仪、日本岛津 ProminenceLC20A 高效液相色谱仪、日本岛津 DSC－60A 自动差热热重同时测定装置等几十件科研设备，并建有科研设备共享平台。

（3）重点科研平台建设情况

表 3　芜湖市重点高校科研平台一览

学校名称	重点科研平台
安徽师范大学	化学生物传感重点实验室、功能性分子固体重点实验室、生物环境与生态安全重点实验室、安徽省现代教育技术培训中心、安徽省重要生物资源保护与利用研究重点实验室、资源环境与地理信息工程技术研究中心、数学研究所、安徽遥感考古工作站、计算机科学与技术研究所、原子与分子物理实验室、生物多样性研究重点实验室、地理信息系统实验室、合成化学重点实验室、分析测试中心、环境科学研究中心等。
安徽工程大学	设计艺术研究中心、安徽省纺织工程技术研究中心、安徽省微生物发酵工程技术研究中心、安徽省工程技术研究中心、安徽工程大学技术转移中心、皖江高端装备协同创新中心、安徽省纺织面料重点实验室、安徽省电气传动与控制重点实验室、安徽检测技术与节能装置省级实验室、安徽高性能有色金属材料省级实验室、安徽省纺织行业科技公共服务平台、安徽省进数控和伺服驱动技术重点实验室培育基地、安徽省生物制品与食品检测检验及其标准化技术公共服务平台等。

（4）创新政策支持情况

2015 年 6 月 5 日，芜湖市科技局发布了《芜湖市科技“小巨人”企业创新能力培育办法（修订）》。2015 年 8 月 14 日，芜湖市科技局发布《芜湖市人民政府办公室关于〈贯彻落实创新型省份建设配套政策〉的通知》，旨在贯彻落实“创新驱动发展战略进一步加快创新型省份建设”精神，在政策层面给予创新工作更多支持，完善制度建设，从而推进芜湖市自主创新能力的提升。同日，芜湖市科技局又发布《芜湖市人民政府办公室关于印发〈芜湖市扶持高层次科技人才团队创新创业实施办法〉的通知》，更好地发挥政府作用，从制度层面落实帮扶政策，为芜湖市高层次科技人才创新创业提供可靠支撑，从而推动芜湖市经济社会发展。2015 年 9 月 8 日，芜湖市科技局发布《关于印发〈科技企业孵化器建设和绩效考核扶持政策的实施细则〉等 4 个实施细则的通知》，旨在贯彻落实“进一步提升人才特区建设水平”精神，不仅要支持人才队伍建设，更要在深层次上保障人才队伍孵化的完善与绩效考核政策的公正，从而培育出高水平、有保障的人才，打造有利于人才创新创业的良好环境。2015 年 10 月 28 日，芜湖市科技局发布了《关于印发〈芜湖市企业研发投入贷款贴息补助实施方案〉的通知》，旨在深化科技体制改革，使政府在贷款、资金方面为科研创新建设给予更多支持与优惠，使资金能够得到合理运用，提高资金使用效益。2016 年 9 月 2 日，芜湖市科技局发布《关于印发〈芜湖市专利权质押贷款实施细则〉的通知》，旨在推动做好芜湖市科技型中小微企业的专利权质押融资工作，加强市场支持，使原本资源基础相对薄弱的中小微企业能够获得更多融资机会，缩小与大企业的差距，获得更好的成长环境与起步条件，从而带动芜湖市各科技型企业的发展，推动科研创新工作的进步。

3. 蚌埠市

（1）人才队伍情况

截至目前，安徽财经大学有 1428 名在职教职工，其中，990 名专任教师中有 448 人具有高级职称；拥有 18 名国务院特殊津贴专家和省政府特殊津贴专家、拥有 4 名全国优秀教师、2 人入选教育部“新世纪优秀人才支持计划”；拥有 6 个省级教学团队，其中 5 人为安徽省教学名师；拥有 21 名安徽省学术和技术带头人，其中 7 人为后备人选；拥有 2 名安徽省高校拔尖人才；23 人入选“安徽省高校中青年学科带头人培养对象”；拥有 26 名安徽省高校优秀中青年骨干教师。①

（2）重点科研创新设备情况

安徽财经大学在其棉花工程研究所拥有棉风门自动启闭装置、棉花样品快速平衡装置、棉纤维长度快速检测仪、智能单纤维电子强力仪、籽棉温湿度监测系统、储备库温湿度监控系统等仪器设备，尚未搭建科研设备共享平台。

中国电子科技集团公司第四十一研究所是我国唯一的专业电子测量仪器研究所。现有职工近千人，其中科技人员达 800 多人，400 多人具有中、高级技术职称。其生产产品囊括微波/毫米波仪器、数字通信测量仪器、光电测量仪器、基础通用仪器、微波毫米波部件、数字电视测试、电源及元器件测试仪器、示波器、模块化及自动测试系统、烟草电子、太阳能光伏发电系统等，产品种类丰富，如信号发生器、信号分析仪、光纤熔接机、网络协议测试仪、数字电视测试仪、示波器、自动测试系统、微波放大器、光伏测试器、逆变器等。

作为原国家建材局直属的全国综合性甲级设计研究单位，蚌埠玻璃工业设计研究院于 2000 年改企，加入中国建筑材料集团有限公司。多年以来，为蚌埠市、合芜蚌示范区乃至全国都培养、输送了一大批专业人才。除此之外，该机构常年开展国际合作，加强与国外同行业机构的交流，相互学习，推动发展。蚌埠玻璃工业设计研究院研发了太阳能光伏玻璃、电子信息显示玻璃、节能玻璃等国际领先的技术并实施产业化，多项技术打破国外垄断，填补了国内研发空白，满足了太阳能光伏产业、电子信息产业及建筑节能快速发展的需要。该机构实现了 ITO 导电膜玻璃产销量全球第一，创造了太阳能光伏玻璃生产线单体规模全球最大的纪录，制造出国内第一条量产 4.5 代 TFT－LCD 超薄玻璃基板生产线、首条国产化薄膜太阳能电池用 TCO 玻璃生产线和国内首条 0.2 毫米电子信息显示玻璃基板生产线，科

① 安徽财经大学网站中的学校简介，http：//www.aufe.edu.cn/s/1/t/21/p/1/c/279/list.htm。

研成就硕果累累。

（3）重点科研平台建设情况

表4　蚌埠市重点高校与科研机构科研平台一览

学校/科研机构名称	重点科研平台
安徽财经大学	安徽经济预警运行与战略协同创新中心、经济发展研究中心、合作经济研究中心、合作经济研究与培训基地、棉花工程研究与培训基地。
中国电子科技集团公司第四十一研究所	电子测试技术重点实验室、光电子一级计量站、综合电子测试与保障装备研发中心、自动化测试技术研究应用中心、国家电子仪器质量监督检验中心、国家计量器具新产品定型鉴定技术机构。
蚌埠玻璃工业设计研究院	浮法玻璃新技术国家重点实验室、玻璃节能技术国家地方联合工程研究中心、国际级博士后科研工作站、国家玻璃深加工工程技术研究中心、安徽省玻璃新材料工程技术研究中心、安徽省薄膜太阳能电池工程技术研究中心、安徽省浮法玻璃新技术重点实验室、安徽省玻璃节能工程研究中心、安徽省煤矿掘进与运输设备工作技术研究中心。

（4）创新政策支持情况

2015年5月8日，为认真贯彻落实蚌埠市委、市政府“创新驱动发展战略进一步加快创新型城市建设”精神，激发科研创新的积极性，营造良好的社会氛围，蚌埠市发布《蚌埠市工程技术研究中心组建备案制实施细则》。2016年8月11日，为适应科技工作新形势的需要，蚌埠市科学技术和知识产权局发布《关于印发〈蚌埠市科学技术奖励办法实施细则〉（新修订）的通知》，结合时代新特征，完善奖励制度。2016年8月12日，蚌埠市科学技术和知识产权局发布了《蚌埠市人民政府办公室关于发展众创空间推进大众创新创业的实施意见》，旨在贯彻落实《国务院办公厅关于发展众创空间推进大众创新创业的指导意见》（国办发〔2015〕9号）和《安徽省人民政府办公厅关于发展众创空间推进大众创新创业的实施意见》（皖政办〔2015〕41号）精神，加快发展众创空间等新型创新创业平台，努力营造良好的创新创业生态环境，激发大众创新创业活力，打造蚌埠市经济发展新引擎。2016年9月29日，蚌埠市科技局发布《关于印发〈蚌埠市科技局权力运行监管细则〉的通知》，该细则涵盖面广，对园区认定评估、职称评定及监管、纠纷裁决监管等方面都进行了明确规定。

二 合芜蚌示范区高校和科研机构创新发展

1. 产学研结合

近年来，合芜蚌示范区越来越注重高校和科研机构通过产学研结合所制造出来的巨大创新推动力，鼓励高校与科研机构加快创新成果转化，将科研成果转化为实际的生产力。

2015 年 12 月 15 日，合肥工业大学与肥西县开展了科技人才项目对接活动，当日完成了三类 10 个项目的签约，此次活动是肥西县政府主动与合肥工业大学合作，使高校资源能够与肥西县各企业实现无缝对接，合肥工业大学的人才为肥西县产学研结合工作提供了强有力的支持，推动了肥西县地方经济的发展。2016 年 1 月 28 日，中国科学院合肥物质科学研究院将 2007 年通过国家验收的全超导托卡马克核聚变实验装置 EAST——人造小太阳项目再升级，使其成功实现了电子温度超过 5000 万度、持续时间达 102 秒的超高温长脉冲等离子体放电，并再次通过国家验收。未来，这项技术将有可能实现核聚变光能发电。2016 年 3 月 28 日，安徽大学与合肥市经济技术开发区签订了战略合作框架协议，此次会议推动了合肥市经济技术开发区与安徽大学的合作交流，实现产学研更深层次结合。2016 年 8 月 16 日，中国科学技术大学自主研发的全球首颗量子科学实验卫星“墨子号”成功升空。2016 年 10 月 7 日，中国科学技术大学首次通过模拟天然珍珠母生长过程制备了人工仿生结构材料，该技术有可能运用于骨缺损修复领域，成为众多骨骼受损患者的福音。2016 年 10 月 13 日，合肥工业大学在癌症治疗技术方面有了新突破，最新研制的一系列高分子纳米药物载体实现了“诊疗一体化”，人们有可能借助它在癌症发病早期就能及时得到预警，这种干预还会延续到治疗过程中。

自 2015 年以来，针对芜湖市创新建设对经济的推动力度不够、创新成果转移渠道单一、效率低、一级科研项目与市场需求不契合等问题，安徽师范大学在产学研结合方面做出了多方面努力，先后与5市7县（区）建立战略合作关系，承担了千余项科研课题。安徽师范大学利用所拥有的环境工程、旅游规划、土地规划三个学科优势进一步提高创新能力与服务能力，为当地科研创新建设贡献力量，输出人才，此外也尤为重视电子信息、社会学和经济管理等新兴学科的快速发展；在“十二五”期间，安徽师范大学在专利利用方面也颇有建树，不仅获得500余项专利授权，并且对企业开放这些专利，助力它们申请高新企业。可以看出，安徽师范大学近年来围绕产学研结合，充分利用自身优势，面向社会，为芜湖市等地的经济发展和社会发展提供了强大的支持。

2015年5月8日，由安徽省教育厅和安徽财经大学共同举办的“《安徽经济社会发展系列研究报告（2015）》新闻发布会”在合肥市召开，本次发布会标志着安徽财经大学成为立足于学科优势、致力于为地方经济发展建言献策的具有特色的财经智库。蚌埠玻璃工业设计研究院最突出的成就是该机构自主开发研制的电子信息显示玻璃生产线，该玻璃生产线曾多次打破中国超薄电子玻璃薄型化的生产极限，2016年5月至今仍旧保持着0.15毫米的极薄浮法电子玻璃的中国最薄纪录。这一技术使得玻璃产业不仅在传统领域发挥作用，而且能够运用到电子信息显示领域中，打破了国外的垄断。

2. 科研人才的孵化

合芜蚌示范区高校与科研机构在注重产学研结合以及科研项目成果转化的同时，也十分重视培养更多的科研人才，壮大地区人才队伍。因为只有不断推出人才，与时俱进，才能保证地区创新的活力，推动地区的可持续发展。

2016年5月15日，中国科学技术大学创客中心正式揭牌，该创客中心将为创客们提供贯穿创新创业“全链条”的服务空间和平台，充分利用学校资源完成人才孵化工作。与此同时，合肥工业大学设有大学生科技创业服务中心，安徽大学青年创业基地和泛科达高新众创空间也于2016年10月14日在合肥创新产业园正式启用。中国科学院物质科学研究院更是下设合肥创新院，搭建产学研协同创新平台，已经成为合肥市新兴产业技术创新、人才培养、科技成果转移转化及产业化体制机制创新的基地。2015 年 5 月至今，已成功孵化包括合肥艾德稳科技责任有限公司、合肥中科启奥生物科技有限公司等在内的 19 家企业，培养了一大批专业人才。

2016 年，安徽工程大学也与多家企业和政府合作，建立起鸠客汇众创空间、皖江云众创空间、安徽悦玺文化发展有限公司、长江鲨众创空间、芜湖大学生创业苗圃、大砻坊科技文化园 6 所孵化基地。

3. 区域间协同创新

（1）与发达地区及机构的合作

合芜蚌示范区在加快地区内创新科研建设的同时，不忘打开地区大门，积极与发达地区、机构展开合作交流，借鉴先进经验，学习先进技术，并与本土特色以及自身资源优势结合，使之能更好地服务于地区发展，推动地区创新。

2015 年 4 月 25 日，安徽财经大学与浙江省人力资源交流服务中心签署合作协议，双方主要围绕人才与项目两个方面，立足产学研结合，期望通过战略合作形成从人才输出、培训、实习最终到成功就业的“一条龙”完整流程模式。

2015 年 12 月 23 日，安徽工程大学与浙江省丽水市签订“人才金桥”合作框架协议，促进校政合作由松散型转为紧密型，进一步推动了人才引进与人才培养工作。

2016 年 4 月 7 日，中国电子科技集团公司第四十一研究所与国家电投中央研究院成功签订战略合作协议，成为战略合作伙伴，双方合作领域主要集中在新能源领域，合作内容涉及新能源设备、检测数据分析平台与公共服务平台、人才培养与智库建设、科研项目等多方面。

2016 年 10 月 18 日，合肥工业大学前往深圳，与深圳东江环保股份有限公司成功签署了战略合作协议，此次合作意在促成双方联手创建持久性污染物检测中心，这是该类型的创新平台在该区域建立的第一所，双方希望通过该平台促进当地危险品与废品处置技术取得进步，促进当地的可持续发展，围绕产学研结合模式的创新，建立资源节约型、环境友好型社会，跟上时代步伐，树立创新、协调、绿色、开放、共享的新理念。

2016 年 10 月 20 日，中俄总理定期会晤委员会科技合作分委会第二十届例会在上海举行，中国科学院合肥物质科学研究院相关人员参加了此次会议，并与俄罗斯联合核子研究所在 JINR、NICA 大科学装置等方面开展友好战略国际合作，充分利用两国机构的资源优势与技术优势，在尊重两国政策与文化的基础上，深入交流、资源共享、争取共赢，推动两国机构在大科学装置领域合作的创新发展，从而带动两国科研创新水平的进步。

（2）对落后地区的资源输出

合芜蚌示范区不仅积极推进自身发展，而且调动区域资源优势，主动帮扶、带动周边相对落后地区的发展，努力构建一个发展局面更加合理、资源分布更加全面、科研水平更加平衡的区域整体，以点带面，使区域整体再反过来推动示范区的发展，为示范区营造一个更加良好的环境，实现区域的可持续、科学发展。

2015 年 7 月 9 日，合肥工业大学与郎溪县政府合作开展产学研对接活动，此次活动由郎溪县政府主动邀请合肥工业大学来本地进行合作，希望通过合肥工业大学的帮助，解决地方企业所面临的技术与发展问题，从而带动地方经济发展。

2016 年 6 月 30 日，安徽工程大学与繁昌县政府成为战略合作伙伴，繁昌县期望通过这次合作，能够从安徽工程大学得到人才与技术资源上的帮助，双方合作涉及的领域广泛，包括生物、机械、食品、纺织服装、材料等。

2016 年 7 月 15 日，安徽师范大学与宿松县委展开合作，在宿松县建立了大学生社会实践基地，双方期望通过实践基地这个平台实现资源对接，安徽师范大学将充分利用高校资源优势，向宿松县输出人才与技术，而宿松县则提供政策支持、提供平台实践的机会深化双方合作，互惠互利、实现共赢。

2016 年 8 月 17 日，蚌埠玻璃工业设计研究院对口帮扶五河县贫困村，成立大病救助基金、举行捐赠仪式，并承诺帮他们继续寻求可持续发展的项目，增加农民收入。

2016 年 9 月 20 日，安徽大学与阜南县开展座谈会，此次座谈会主要围绕双方合作共建研发基地计划，阜南县作为“贫困县”，急需高校资源的支持，安徽大学在此次合作中将充分发挥教育资源优势，对阜南县提供教育扶贫方面的支持，为阜南县的脱贫工作贡献力量。

三　合芜蚌示范区高校和科研机构创新建设存在的问题

（一）创新资源发展不均衡

合芜蚌示范区高校和科研机构创新资源的发展情况并不均衡。作为省会的合肥市与另外两个城市的情况相比，高校与科研机构更多、实力更强，人才多，创新资源数量多、质量高，是合芜蚌示范区创新发展的领头羊；芜湖市的创新建设情况落后于合肥市，位于示范区三市中的第二位；蚌埠市第三，但与芜湖市的差距不大。

目前，合芜蚌示范区无论从科技人才队伍（见表5）还是重点科研机构（见表6）等创新资源数量来看，合肥市都处于领先地位，而蚌埠市与芜湖市则不相上下，在人才、机构等方面各有优势，但总体均落后于合肥市。

表5　2015年合芜蚌示范区R&D人员分布情况

地区	R&D人员折合全时当量（人年）	较上年增量（%）	每万就业人口中从事R&D活动的人员（人年）
合肥	50714	7.09	96.82
芜湖	16701	-2.36	81.31
蚌埠	11374	21.21	51.7

表6　2015年中央驻合芜蚌示范区科研院所名录

序号	科研院所名称	所在市
1	中国科学院合肥物质科学研究院	合肥
2	中国电子科技集团公司第三十八研究所	合肥
3	蚌埠玻璃工业设计研究院	蚌埠
4	合肥通用机械研究院	合肥
5	化工部第三设计院（东华工程科技股份有限公司）	合肥
6	合肥水泥研究设计院	合肥
7	中国电子科技集团公司第十六研究所	合肥

续表

序号	科研院所名称	所在市
8	中国电子科技集团公司第四十一研究所	蚌埠
9	中国电子科技集团公司第四十三研究所	合肥
10	机械工业第一设计研究院	合肥
11	中国兵器工业第二一四研究所	蚌埠
12	中国电子科技集团公司第四十研究所	蚌埠

注：芜湖市正在争取设立中央级科研院所，目前还未设立。

（二）科技创新成果转化不足

目前，合芜蚌示范区的科技成果转化率为20%～30%，真正实现产业化的成果不足10%，而上海、北京等示范区的成果转化率为50%～60%，可见，合芜蚌示范区和发达地区相比还有很大差距。[①]

首先，潜在的市场需求是科技成果转化的前提条件。因为在研究和选题前期阶段缺少一些市场方面的人员参加，合芜蚌示范区现阶段的科研项目绝大多数都由高校或科研机构内部单方面进行，对市场需求因素考虑较少，市场人员也鲜少注重参与，导致项目选题过于偏重技术与理论，造成科研成果与市场脱节。同时，在高校中科研创新人员绩效评估制度不够健全，有些科研人员对示范区市场的实际需求缺乏足够重视，一味追求技术成果的水平和获奖级别的高低等，这也是导致科研选题远离市场需求的原因之一。由此，衍生出来的科技创新成果得不到市场重视，难以转化成实实在在的成果。

其次，从企业方来说，投资高校科研项目是一件需要有创新精神、敢于冒风险大胆尝试的事情。这也成了一个门槛，将许多追求稳定利润的企业排除在外，使科研创新项目得不到充分的市场投资与支持。此外，由于高校、科研机构的性质与企业的性质有着一定的差距，它们在运行方式、工作理念尤其是专业技术上存在偏差，有时也会出现合作之后磨合效果不佳、相互之间难以沟通融合、项目成长缓慢甚至失败的现象。

---

① 张亨明：《国家级自主创新示范区发展存在的问题及对策建议》，《理论探讨》2016年第2期。

（三）产学研协同程度有待提升

尽管合芜蚌示范区中部分高校与科研机构已经形成了很好的产学研协同创新工作的局面，但不可否认的是，示范区内仍然存在协同不充分的现象，还未能形成平衡、全面的产学研协同环境。从高校与科研机构来看，问题主要在于，部分高校的优势学科与优势创新要素尚未与当地科研机构的创新建设形成合作与联动，仅在校内或机构内发展，对外宣传力度不够，在市场内无法树立品牌。如此一来，创新力量与优势学科得不到市场关注，无法得到地域内的产学研协同合作机会，浪费了人才与科研资源。从企业来看，部分企业在寻求科研合作机构时，掌握资讯不足，对各大高校与科研机构的实力与客观情况不够了解，一味追求高校或科研机构的“大名气”，而不是寻求最适合的合作伙伴，往往事倍功半。

（四）创新资源配置不合理

高校、科研机构与地区合作所进行的创新建设总体来说是一个新兴动向，因此，它的体制机制仍存在不合理之处。从资源配置机制上来看，高校与科研机构实际上并不属于一个政府部门管理。另外，在地域合作的科技创新项目管理上，经费问题由教育部门负责，人员问题由民政部门负责，资源配置问题由科技管理部门负责，这种分散管理的现象限制了科研创新项目发展的速度与效率。

另外，在形成合作以后，政府、企业、高校与科研机构在整个项目研发中的职责分工并不明确，有时在一些问题上会引发“哪一方做主”“哪一方执行”等分歧，当各方意见出现冲突时，也缺乏机制来调和矛盾、解决问题，使得各方难以在各自擅长的领域集中力量推动项目进展，限制了项目建设的效率。

四　推动合芜蚌示范区高校和科研机构创新发展的措施

（一）缩小地区差距，合理布局创新资源

针对合芜蚌示范区创新资源分布不均衡、发展局面不合理的情况，要在

政策上对发展相对落后的地区给予一定扶持，立足于各地区的特色与优势，使创新建设具有更高效率、更高质量，有效缩小地区差距，推动合肥、芜湖、蚌埠三市同步发展。

针对目前芜湖市与蚌埠市科技创新资源水平相对落后于合肥市的现状，两市在 2016 年立足于区域资源优势和特色，布局了全新的科研工作方向。2016 年 10 月 24 日，芜湖市制定了《推进国家自主创新示范区建设工作方案》，确定了四个方面的重点任务：一是加快集聚人才、机构等创新资源，创新财政科技投入机制，促进大众创业、万众创新；二是围绕增强创新能力，重点加强企业创新能力建设，支持建设创新平台，实现关键技术突破，营造产业与技术互相促进的新局面；三是围绕提高科技成果转化效率，带头建设服务政府，激发全市各高校与科研机构的研发动力，改革完善教育体系，推进政产学研协同建设；四是完善相关体制机制，全面深化科技管理体制改革，营造开放融合的新氛围，加强区域科技合作，积累本地经验，形成适宜本土的科研工作特色。

蚌埠市近年来同样扎实推进合芜蚌示范区建设工作。一是着力推动技术开发和产业创新体系建设，利用蚌埠市工业资源与高新科技资源优势，建立起创新型现代产业体系，重点攻克关键产业领域，形成产业优势；二是着力推动金融和资本创新体系建设，对产业投资引导基金加大投入力度，建立覆盖范围全面的基金群；三是着力推动平台和企业创新体系建设，重点培育创新型企业，加快研发平台建设，尤其是技术转移平台建设，形成大众创业、万众创新的良好局面；四是着力推动制度和政策创新体系建设，用政策引导创新发展之路。

（二）建立并完善高校、科研机构创新项目管理体制

首先，为了增加高校、科研机构与市场的合作机会，必须使科研项目立足于市场需求，在了解市场动态后结合高校、科研机构自身资源与优势开展项目，吸引市场目光，在注重科研成果的同时也要兼顾经济效益，使高校、科研机构与企业等合作方都有利可图，带动示范区科研创新建设的同时，也

带动当地经济发展；其次，加强科研人员的科技成果转化意识，在政策上，要在高校与科研机构改革完善科研人员考核与评价制度，将科技成果转化情况等相关内容也加入考评体系，全面、公正的评价科研人员的科技创新能力，提高科研队伍工作积极性。

2016 年 12 月 30 日，合肥市科技局修订完善《合肥市工程技术研究中心管理办法》，进一步规范了合肥市工程技术研究中心的认定和管理。2016 年 3 月 29 日，芜湖市科技局发布《科技计划项目管理监督办法》，进一步加强对科研工作的监督，净化科研环境，为科研工作提供可靠保障。除此之外，合肥市、芜湖市、蚌埠市各高校、科研机构将继续按惯例开展创新平台、人才队伍等方面的绩效考核与监督工作，为科研创新工作持续保驾护航。

（三）完善产学研协同合作机制，促进资源共享

为了使合芜蚌示范区产学研协同局面得到更好的发展，加深协同程度，首先，要在高校、科研机构与市场之间建立更深层次的了解，创造机会使企业与高校、科研机构进行多方面交流，实现信息共享。示范区可以搭建合作信息平台，将高校、科研机构与市场的相关信息公布在网络上，使双方能够一目了然，从而选择最合适的合作伙伴，加深产学研协同程度，提高科研成果转化为有价值的生产力的成功率。其次，为了深化合作，应当建立合作方资源共享制度，使合作方的人力资源、科研设备、社会网络等资源能够实现多方共享，相互促进、相互扶持，打破隔阂，在共享中实现共赢，更好地提高科研成果转化效率。

目前，在资源共享方面，合芜蚌示范区有很多高校与科研机构都建立起了科研设备网络共享平台，为有使用需求的机构提供设备租赁服务，以带动多方科研创新发展。

在市场合作与平台建设方面，合芜蚌示范区各高校与科研机构都致力于加强与企业的合作关系，建立越来越多的产学研创新平台，不断产生新动态。2015 年 12 月，合肥市政府、安徽大学、长丰县政府三方共建绿色发展创新平台，计划建成“三中心、一智库、一基地、一园区”；2016 年 2 月，

合肥市召开加快安徽省战略性新兴产业集聚发展基地建设推进会，规划申报安徽省第二批战略新基地；2016 年 7 月，中国科学院工程热物理研究所与合肥市政府签订了合肥先进能源装备研究院（中国科学院工程热物理研究所合肥分所）项目合作协议，搭建起国家级科研创新平台。2015 年 3 月，芜湖市科技局与上海技术交易所达成共建“上海技术交易所－芜湖协同创新中心”的共识；2016 年 3 月，安徽师范大学与芜湖市长信智控网络科技有限公司洽谈合作事宜，双方商定在未来开展人才与设备资源共享、重大项目联合攻关以及毕业生实习和就业基地建设等领域的合作。2015 年 8 月，蚌埠市安徽科技学院与安徽万世伟业投资集团有限公司达成合作协议。

（四）建立完善的资源配置机制，明确各方职责分工

针对创新资源配置不合理的问题，合芜蚌示范区应该建立更加便捷、高效的配置机制与行政管理机制，为示范区科研创新合作项目开启“绿色通道”，使各项资源能够实现“一站式”配置，使资源配置工作能够集中完成，节省人力物力，提高项目建设效率，激发项目积极性与活力。此外，要在制度上明确各方在科研创新项目中的角色与分工，厘清并处理好政府、高校与科研机构、企业之间的关系，减少摩擦，避免不必要的冲突，提高合作效率，使各方能够在明确清晰的思路下进行合作，各司其职，发挥所长，提高工作效率。

为此，“创新驱动战略背景下安徽省重点实验室运行管理体制机制创新研究”已被纳入安徽省 2016 年度第一批软科学研究计划项目表，合肥、芜湖、蚌埠三市也在积极响应创新科研管理体制的号召，修订、完善当前体制不合理的部分。

参考文献

合肥市统计局：《合肥市 2015 年国民经济和社会发展统计公报》，2016 年 3 月 22 日。

芜湖市统计局：《芜湖市 2015 年国民经济和社会发展统计公报》，2016 年 3 月 29 日。

蚌埠市统计局：《蚌埠市 2015 年国民经济和社会发展统计公报》，2016 年 4 月 5 日。

刘诗瑶：《中科大实验室“长出”珍珠母》，《人民日报》2016 年 10 月 10 日。

汪永安：《全超导托卡马克核聚变实验装置获重大突破》，《安徽日报》2016 年 2 月 4 日。

岳瑾、王永亮：《政府与高校主动牵手　企业与人才积极对接》，《合肥日报》2015 年 12 月 14 日。

陈婉婉：《安徽经济社会发展研究系列报告出炉》，《安徽日报》2015 年 5 月10 日。

周鸣、郭耀华：《蚌埠成功拉引 0.15 毫米“极薄”玻璃》，《安徽日报》2016 年 5 月 14 日。

桂运安：《中科大创客中心揭牌》，《安徽日报》2016 年 5 月 16 日。

合肥市科学技术局网站：http：//www. hfst. gov. cn。

芜湖市科学技术局网站：http：//www. whinfo. gov. cn。

蚌埠市科学技术与知识产权局网站：http：//zwgk. bengbu. gov. cn。

安徽省科技厅网站：http：//www. ahkjt. gov. cn/technologi/index. htm。

王惜梦：《中国成功发射世界首颗量子科学实验卫星“墨子号”》，参考消息网，2016 年 8 月 16 日，http：//www. cankaoxiaoxi. com/china/20160816/1269298. shtml。

专 题 篇

Special Topics

B.11
合芜蚌示范区在安徽区域内融合发展报告

张 彪*

摘 要： 国家赋予合芜蚌示范区加快推广实施先行先试政策的使命，当前合芜蚌示范区建设成果纷呈，但在推动科技成果转化、完善体制机制、集聚创新资源等方面的融合发展还存在诸多问题，本文在深入剖析问题产生根源的基础上，有针对性地从四个方面提出了融合发展的对策建议。

关键词： 区域经济 融合发展 利益共享

* 张彪，中共安徽省委党校副教授，研究方向为区域经济学。

2016年6月8日，国务院常务会议决定：在福建省的福州市、厦门市、泉州市三市（简称“福厦泉”）的国家高新区和安徽省的合肥市、芜湖市、蚌埠市三市（简称“合芜蚌”）的国家高新区分别建设国家自主创新示范区，重点在于深化简政放权、放管结合、优化服务，打造科技体制改革和创新政策先行区、搭建高端人才与“双创”结合的重要平台、探索新产业新业态集聚带及升级发展。

一 国家赋予合芜蚌示范区加快推广实施先行先试政策的使命

合芜蚌示范区推行的先行先试政策主要包括：第一，对技术人员和管理人员实施股权奖励政策，技术人员和管理人员可以在5年内分期缴纳股权奖励的个人所得税；第二，对于有限合伙制的创投企业，将项目或资本投资于未上市中小高新技术企业2年以上的，可享受企业所得税优惠；第三，转让5年以上非独占许可使用权的企业参照技术转让给予所得税减免优惠；第四，中小高新技术企业向个人股东转增股本，其应缴纳的个人所得税，可以允许在5年内分期缴纳。

二 合芜蚌示范区建设成果纷呈

（一）合肥市打造创新高地，领衔发展呈现新活力

合肥市推进创新示范区建设结硕果，“高、新”产业份额不断提升。2016年前三季度，全市规模以上服务业企业（含省重点，下同）实现营业收入728.9亿元，同比增长21.5%，高于上年同期6.8个百分点，呈现加快的发展态势。2016年上半年，合肥市国家联网直报企业1212家，营业收入增长17.8%，增速居中部省会城市第一，同比提高2.1个百分点；营业收入增速排在安徽省第5位，较去年同期前进了1位。2016年，合肥市高新技术服务业实现营业收入235.6亿元，高于上半年5.1个百分点，实现营业

利润34.6亿元，增长8.8%，高于去年同期3.2个百分点。其中新一代信息技术产业增长22.0%，节能环保产业增长15.1%。高新技术服务业和战略性新兴产业营业收入、利润增速均较前期显著提高。

合肥市瞄准高端产业，产业转型迈出新步伐。2016年，合肥市战略性新兴产业实现增加值685亿元，增长13.5%。合肥市大力推进新一轮工业技术改造，完成技改投资1350亿元，占工业投资的62%；规模以上工业实现增加值2270亿元，增长9.8%。

合肥市大力推进现代服务业集聚区建设，滨湖国际金融后台服务基地入驻机构增至16家，万达文旅城等重大项目建成运营，研发设计、大数据等高技术服务业和电子商务、服务外包等新兴业态蓬勃发展，成功举办国际徽商大会、家博会、农交会、文博会等重大展会，获批全国旅游标准化示范城市。消费结构加快升级，社会消费品零售总额达到2440亿元，增长12%。

由于合芜蚌国家自主创新示范区建设取得成功，合肥综合性国家科学中心也获得国务院批准建设。世界首条量子保密通信网络“京沪干线”合肥至上海段已经率先开通，重大创新平台必将加速建设形成体系，创新成果密集涌现的局面指日可待。

（二）芜湖市打造核心产业链，不断蓄积创新动力

芜湖市注重打造核心产业链、构建产业支持平台、培育龙头企业三个关键环节，实现产业链关键环节的技术和产业化突破。通用航空产业集聚发展和机器人项目正在形成量产、产业化体系。新能源汽车产业快速推进，销售量比2015年翻一番。新材料产业加快布局，钻石航空发动机项目基本建成。

芜湖自主创新示范区建设加速推进农业现代化。2016年，农作物耕种收综合机械化水平达66%，农产品加工产值超600亿元，在安徽省率先打造覆盖全国的三农互联网服务业平台。

芜湖自主创新示范区建设迈出新步伐。推行“互联网+政务”服务，市级和县区行政权力及公共服务事项全面实现网上运行，开展物流标准化试点，编制中国（芜湖）托盘指数。吸引高层次科技人才团队110个，以参

股形式扶持芜湖市 45 个重点团队达 4. 8 亿元。芜湖自主创新示范区内各类市场主体达 21. 3 万户，增长 16. 8%。芜湖高新技术创业服务中心被批准为全国百强科技企业孵化器，兑付科技创新系列政策资金达 2. 5 亿元。芜湖自主创新示范区每万人口有效发明专利拥有量达 21 件，稳居安徽省第一。新增省级重点实验室和省级工程技术研究中心 9 家。芜湖自主创新示范区高新技术产业增加值达到 815. 8 亿元，增长 17. 5%。

（三）蚌埠市加速构建多点支撑的战略性新兴产业发展体系

蚌埠市把战略性新兴产业作为发展的突破口，科学谋划，初步形成了以新能源产业、节能环保产业、新材料产业、高端装备制造产业、生物产业、新一代信息技术产业为代表的六大产业体系，稳增长作用凸显。2016 年，战略性新兴产业产值首次突破千亿元，对全市工业产值增长贡献率达 35. 7%。

截至 2016 年末，蚌埠市战略性新兴产业企业由 2011 年的 75 户增加到 243 户，净增 168 户。战略性新兴产业产值由 2011 年的 295. 3 亿元增加到 2016 年的 1000. 7 亿元，增长超 2 倍。全市战略性新兴产业主营业务收入在 2016 年达到 816. 4 亿元，较 2011 年的 263 亿元增长了 2. 1 倍；全市战略性新兴产业利润总额由 2011 年的 8. 7 亿元提高到 2016 年的 29. 8 亿元，增长了 2. 4 倍。2016 年，全市战略性新兴产业产值及增速均居安徽省第三位。目前，蚌埠市已成为安徽省重要的硅基产业基地、电子信息产业集聚区、高端装备制造基地。未来，蚌埠市还将加速构建多点支撑的战略性新兴产业发展体系，重点培育电子测量仪器仪表、8. 5 代液晶玻璃基板等先进制造业。

（四）合芜蚌自主创新示范区综合实力不断增强

随着国家批准建设合芜蚌自主创新示范区工作的加速推进，合芜蚌自主创新示范区综合实力也在不断增强，集聚带动作用持续提升。尤其是高新区建设实力不断增强，其中，合肥国家高新区综合排名已经居全国第 8 位，成为全国“家电第一区”，也已进入国家创新型产业集群试点，建有国家智能语音高新技术产业化基地和公共安全国家火炬特色产业基地等示范基地。

（五）合芜蚌自主创新示范区建设步伐加快

安徽省近年来紧紧围绕构建技术和产业、金融和资本、平台和企业、制度和政策四大创新体系，制定科学、务实的《蚌埠市建设国家自主创新示范区实施方案》，编制示范区建设任务清单、责任清单，确保各项任务按期完成。

第一，加强技术和产业创新体系建设。加快构建以硅基新材料、生物制造、智能装备制造、专用电子器件等产业为主导的创新型现代产业体系。开展重大科研项目攻关，力争在重点产业领域取得一批重大科研成果，加快把技术优势转化为产业优势。

第二，加强金融和资本创新体系建设。加快推进高新区、经济技术开发区金融商务综合服务中心建设。做大做强市级产业投资引导基金，科学运作 30 亿元硅基新材料产业投资基金、23 亿元安徽省高新投资叁号子基金和 20 亿元安徽省电子信息产业投资基金，加快设立 2 亿元天使投资基金，设立风险投资补偿基金，全力构建涵盖不同行业、不同企业、不同发展阶段的基金群。

第三，加强平台和企业创新体系建设。加快实施高新技术企业培育行动和创新型百强企业培育工程，积极引导中小企业成为细分行业科技小巨人。加快研发平台建设，力争到 2020 年在全市 50% 规模以上工业企业建立研发机构。构建线上线下融合技术转移平台，建设一批新型孵化载体，为大众创新创业提供支撑。

第四，加强制度和政策创新体系建设。结合国家赋予示范区建设的重大使命，进一步完善全市自主创新政策，以政策引导企业走创新发展之路。推进机制建设，编制合芜蚌自主创新示范区建设路线图和施工图，压实工作链、责任链，确保各项工作科学有序推进，取得看得见、摸得着的成果。

三　合芜蚌示范区在安徽省融合发展存在的主要问题

（一）合芜蚌自主创新示范区园区合作共建体制机制不完善

合肥、芜湖、蚌埠三个高新技术开发区相互开发合作涉及面窄，基本是各自为政、分头行动。由于缺少强有力的合作，特色不明显，缺少整体完善设计，与国内外500强企业的合作层次低，升级能力弱，产业集聚效应不突出，合芜蚌自主创新示范区特色产业集群尚未真正形成，高新科技企业的规模不够大，难以形成组团式发展态势。尤其体现在合芜蚌自主创新示范区三个市政府之间的合作力度不够，以及合芜蚌自主创新示范区内有效合作也不多，示范区合作共建园区层次有待提高。

（二）合芜蚌自主创新示范区建设内部不同地区之间存在竞争

合肥、芜湖、蚌埠三市自主创新示范区建设由于在产业发展方面各自为政，必然会出现重复建设和产业同构与竞争的状况，如基础设施重复投资等，这样不仅浪费了资源，而且发展效率也会大大降低，最重要的是会导致三市在产业和产品上的同质化竞争。三市之间在产业布局和产业发展方向上存在较大程度的交叉和重复，比如，合肥、芜湖两市都把汽车产业作为主导产业，合肥、芜湖、蚌埠三市都在积极发展汽车零配件产业，太阳能光伏、平板液晶显示、新型材料也同时成为三市招商引资的重头戏，没有形成错位发展的格局。地方政府为了追求本地区 GDP 快速增长，往往也存在急功近利的思想，导致招商引资在示范区内部不同地区之间的恶性竞争。

（三）高新技术型特色产业创新集群不明显

企业集群发展，不仅能为区域带来经济集聚效应，对企业来说，还能够不断增强企业的竞争力，进而在促进区域经济的整体发展上显示出强大的影响力。近些年来，芜湖市的奇瑞汽车已经成为当地的主导企业，它借助区位优势不断发展壮大，汽车及其零部件制造产业发展迅速。自国家提出战略性新兴产业以来，合肥市除了在家电制造业方面逐渐形成集群式发展，还在节能环保产业以及装备制造业方面形成自己的强大优势。正是通过这些产业集聚推动了合肥市和芜湖市经济的快速发展。相反，蚌埠市在经济发展的机遇期，其产业发展集聚优势不明显，将来可能会影响区域经济的整体发展。

四　加快推进合芜蚌自主创新示范区融合发展的对策建议

（一）坚定自主创新，推进示范区融合发展的指导思想

一是要大力实施创新引领。以创新为示范区建设的生命线，支持创新、引领创新、为创新营造良好的环境。二是实施开放崛起战略。以开放促创新，进一步加快开放步伐、提高开放水平，不断树立“开放是常态，不开放是例外”的指导思想，打造开放平台，为创新注入强大的动力与活力。三是狠抓政策细化情况和工作落实情况。常言道：“一分设计、九分落实”。合芜蚌自主创新示范区的建设，关键是要狠抓改革创新试点的落实工作，先行、先试，真正探索出创新发展的新路径。四是以只争朝夕的干劲推动合芜蚌自主创新示范区建设，在建设创新型强省中切实发挥好示范引领作用。

（二）切实处理好自主创新推进示范区内融合发展的关系

作为安徽省创新发展的核心区和示范区，合芜蚌国家自主创新示范区应坚持创新是利长远、强后劲的发展理念，立足自身科技创新优势和产业基础，坚持有所为有所不为，强化园区创新特色，聚焦主导产业，引导经济发展由速度数量型向科技创新型转变，避免同质化竞争带来的不利影响。因此，需要在几个方面处理好示范区内融合发展的关系：一是促进产城融合；二是推动绿色集约发展；三是创新园区体制机制；四是建设人才发展高地；五是摸准人才建设重点领域。

（三）建立利益分享机制，支持示范区内三市之间合作共建

重点支持示范区内三市与国内外著名企业合作共建、政府间的合作共建、园区间的合作共建。市区之间的合作共建一定要坚持“优势互补、互利共赢”，当涉及税收、规划、土地、环保、GDP 核算等深层次的成本与利

益分配问题时，就需要安徽省政府牵头尽快制定协调政策，处理好各自的责任与利益分享的问题。示范区建设可依据协议统一制定支持创新发展的各项政策标准和服务规范，在法律、商贸、研发等服务业需求上实现共建共享，在同等基础条件下，可以尝试优先介绍或委托给另外两方，尽可能增加合作另一方的投资增长点。

（四）推动示范区的创新发展重在落实

推动示范区的创新发展重在落实，各级党委和政府要有把示范区打造成为安徽“金招牌”的勇气和决心，配备强班子人员和机构，定期深入研究和听取汇报，严格考核目标责任。一是要汇聚创新资源，二是要拓宽创新途径，三是要推进创新融合，四是要把握创新要求。

B.12

国内外自主创新的经验及对合芜蚌示范区的启示

殷民娥*

摘　要： 2016年是合芜蚌示范区发展的开局之年，探索出一条具有安徽特色的以重点区域带动安徽省自主创新发展之路，需要放开眼界，向国内其他示范区取经，走出国门，借鉴国外自主创新的经验。本文重点总结美国自主创新政策、德国多元主体参与的自主创新发展模式、台湾创新型人才战略等创新经验，并分析了北京中关村科技园区自主创新初期发展特点和上海张江国家自主创新示范区新体制、新模式的发展路径，指出合芜蚌自主创新示范区应从优化政策环境、突破体制机制、培育创新型产业等方面提高自主创新能力。

关键词： 自主创新政策　创新型人才战略　自主创新模式

从自主创新试验区到国家级示范区，“合芜蚌”经过多年的努力，取得了丰硕的科技成果、产业成果、人才成果和改革成果。2016年是示范区发展的开局之年，如何利用好国家层面的优惠政策，结合自身发展特点和安徽特色，初步探索出一条具有安徽特色的以重点区域带动安徽省自主创新发展之路，“合芜蚌”亟须在总结国内外自主创新经验的基础上，从优化政策环境、突破体制机制、培育创新型产业等方面提高自主创新能力。

---

* 殷民娥，安徽省社会科学院社会学研究所助理研究员，研究方向为应用社会学。

一　美国自主创新政策及对合芜蚌示范区的启示

相对于技术引进和模仿而言，自主创新是在自主知识产权这一独特的核心技术基础之上实现新产品价值创造的过程。自主创新过程既追求新知识和新技术的生产能力，也注重新知识和新技术的经济价值的转化能力。因此，提高自主创新能力已经被许多国家上升到国家发展战略层面，美国政府认为完全依赖市场驱动的自主创新存在极大的风险，政府越是参与其中，制定完备的自主创新政策体系，越能够促进各经济主体的创新活动，提高自主创新的能力，从而发挥自主创新政策的效用。

1. 创新政策的制定以市场需求为导向

通过自主创新推动经济发展，贯穿着美国经济发展的各个时期，技术创新成为历届政府实现经济增长的基本动力。19 世纪的美国还是一个投资和对外贸易只占很小比重的相对封闭、内向的经济体，自主创新和国内需求成为美国政府引领经济崛起的主要动力。最终，美国在 19 世纪后期发展成为世界第一大工业国。二战前，美国的自主创新主要以市场需求为导向，私人部门为主体，政府支持和干预很少。二战后，美国政府加大对本国自主创新的投入和支持力度，依靠市场竞争来促进技术创新。政府对科技创新的经费支持，从战前占 GDP 的 0. 35% 迅速增长到战后占 GDP 的 2. 5% 以上。政府强调科技创新的基础研究应适应市场需求，冷战时期发展起来的信息技术在克林顿政府时期成功地向商业转化，克林顿政府时期也维持了美国历史上最长的经济增长期。

2. 初级阶段的创新政策以重点领域创新为抓手

二战结束后，美国因为畸形发展初级产品出口导向型经济，导致海外市场局限在以英国为主的大西洋沿岸，国内市场十分狭小，基础设施也极为不便，因此极大地阻碍了国内市场的发展。因此，美国提出了“内部改善”的构想，将道路、交通、教育、邮政等设置为公用事业，作为国家的基础设施，通过政府干预、运用关税收入等手段，以公共投资的形式，促使整个经济的总体成本逐步下降，提升了国内市场运转的整体效率和竞争力。

世界许多落后国家在赶超时期的经济发展速度很快，一旦发展进入中等收入阶段，会陷入“中等收入陷阱”。美国从拉美经验找到突破口，打破这个陷阱，依靠自主创新，改变装备制造业依赖发达国家进口的状态。美国在崛起初期就高度重视装备制造业，一批土生土长的技术群体迅速成长起来，通过自主创新，为以后美国在国际上的技术领先地位打下了坚实的基础。

“教育—科研—推广”三位一体所构成的农业创新体系是美国经济崛起时期发展起来的独具特色的创新模式，为本国发展资本密集型和技术密集型的现代农业生产奠定了基础。为此，美国先后制定了三个里程碑式的农业科学化法案。《莫里尔法案》通过联邦政府资助高等农业教育，解决了农业教育的经费问题。《哈奇法案》通过建立农业实验站，解决了农业科研中的实际问题。为了解决农业教育和科研与农业生产的实际对接，促进农业生产技术转化，美国政府于1914年通过了以建立农业推广站为核心的《史密斯-利弗法案》。世界上第一个科学化和现代化的农业创新体系自此在美国建立起来，从此改变了人们对农业在经济基础中重要性的认识。

3. 新兴产业创新政策重视组织创新环节

美国在经济崛起时期，抓住新技术经济范式并以战略性新兴产业为核心组织创新环节，超越英、德等国，在科技创新上后来者居上。美国在组织创新基础上，研制出了福特制新型组织模式，进而引发了一系列生产组织模式的变革，从而奠定了美国在资本密集型产业和规模工业生产领域的国际领先地位。美国凭借对前沿性的战略性新兴产业的组织创新，不仅使新技术能够得到有效利用，而且也形成了技术和管理网络的有机组织，培育了美国土生土长的国家技术群体。

4. 美国自主创新政策对合芜蚌示范区的启示

第一，美国的自主创新经济表明，市场比技术重要，在自主创新中更加强调对国内市场的保护和激励。我国占有巨大的人口内需市场，与美国相比，这个国内巨大的内需市场并没有引起我们的充分重视，美国的自主创新经验值得我们深刻的借鉴与反思。第二，对于一个崛起中的大国来说，抓住战略性新兴产业的自主创新尤为重要。保护好国内需求市场，创新发展战略性新兴产业和先进的制造业，以此打造战略性新兴产业的国际领先地位。

二　德国多元主体参与的自主创新发展模式

“德国制造”已经成为高品质的代名词，也是德国在国际市场上成功的形象标志。从布谷鸟时钟到啤酒杯垫，从管风琴到钢琴弦，从车辆的缓冲器到博物馆展柜，德国领先市场的产品与服务极其多样化、专业化。同时，欧洲和日本企业平均寿命为12.5年，美国企业为8.2年，而德国企业平均寿命高达13.6年，相比较，我国国内企业的平均寿命只有3.7年，与德国相差近10年，德国制造能够做到如此极致，其“国家—高校—科研机构—企业”多元主体参与的自主创新模式为其经济和社会发展注入了强大的动力。

1. 国家创新环境为德国自主创新提供强大支持

一直以来，德国实行的是社会市场经济模式，也就是在市场与国家关系上，采取的是国家尽可能少的干预市场行为，国家运用政策法规促进自主创新，致力于构建创新型国家。德国除了制定一系列与科技有关的法律之外，还制定种类繁多的科研规划，以规划引领科研发展和技术进步。

德国始终高度重视科技研发工作，政府实施“高科技战略”，确立研发重点领域，加大产业研发支持。从2012年经济合作与发展组织（OECD）的主要科技指标分析看，2009年，德国的政府研发强度为0.84%，不仅如此，德国政府研发支出占29.7%，在国内研发总支出中占的比例也较高。

2. 高校与科研机构是德国自主创新的丰富源泉

德国重视教育，认为教育是科技实力的基础，教育水平决定着德国的创新潜力。德国的科研机构和高校的管理模式、人才的培养和创新活动，将基础研究、应用研究与企业实践结合起来，在德国的科学体系中相互渗透，水乳交融。德国的大学采取双元制模式，注重学以致用，学生一方面接受学校的理论学习，另一方面到企业或机构中从事实践活动。因此，德国现代高校毕业生较传统高校毕业生更容易就业，德国生产体系中人才队伍能够得到及时更新。除了高校外，德国还建立了完备的职业教育体系，德国职业教育改革最为突出的特点是灵活的结构、现代的专业。双重职业教育体系，将学习和实践过程放在职业学校和公司里完成，经过三年的时间，实现理论学习和业务实践相互渗透，最终促使学生实现职业社会化。

3. 企业是德国自主创新的行为主体

一直以来，德国理论界认为，企业既是创新的发起者，也是投资者，更可以说是创新成果的使用者，一定意义上说企业决定创新的力度。《2012 年联邦研究与创新报告》数据显示：2009 年，德国各类企业研发经费的支出在国内自主创新研发经费支出中占比为 66.1%。德国拥有一批自己的科技研发部门，也拥有具有强大创新能力的大型企业，他们投入较高的研发经费，用来建设自己的科技实验室，在进行应用研究和实验研究的同时，企业自己还担负着科技基础研究，为企业储备了多层次的应用型人才。

德国的中小企业也是创新体系的重要支柱之一，在德国 10 多万的创新型企业中，员工人数少于 500 人的中小企业占 95%。这些中小企业销售的新产品和服务，其比重已经超过大企业。为了发展壮大中小企业，政府成立了德国工业研究协会联盟，为其合作研究提供平台，享有共用技术的优惠。在此基础上，德国涌现出了大量中小企业“隐形冠军”，他们具有创新能力强、专业化程度高、富有活力等特征，并打造出了“Made in Germany”品牌，这一品牌成为国际质量优良代名词。

4. 德国自主创新模式对合芜蚌示范区的启示

一是德国多元主体参与的自主创新模式，强调企业在创新中的行为主体地位，但是政府运用税收激励政策却很谨慎，考虑到我国的国情和税收激励政策在激发自主创新中的作用，我们可以建立一套由政府和企业共同承担的研发风险机制，针对中小企业研发环节，设置税收激励政策，激活中小企业自主创新的内在动力。二是借鉴德国双元制教育模式，我们亟待建立创新型人才公共服务体系，完善创新人才流动机制，引导科研院所、高等院校和职业学校与企业进行科技人才的双向交流，搭建平台，为创新人才提供转岗培训和后勤保障。

三 中国台湾地区创新型人才战略

中国台湾地区将创新型人才发展提高到台湾当局的战略层面，对人才的培养、引进和使用均做出全局性的、宏观的、重大的计划和安排，创新型人才战略成为其自主创新的支撑点。中国台湾地区创新型人才战略成效显著，为中国台湾地区经济的快速崛起发挥了至关重要的作用。《2010 年全球竞争力报告》数据表明，在 139 个参评国家和地区中，中国台湾地区竞争力排名已升至第 13 位，其中“创新与成熟度因素”排名跃居第 7 位。台湾当局构建的创新系统是中国台湾地区创新型人才开发的有力保障。

1. 政府创新体制持续保障中国台湾地区创新型人才开发的顺利实施

台湾当局自 20 世纪 50 年代起，非常重视人才培养和开发，并宏观指导人才开发，在 60 年代一系列人才开发的政策和规划基础上，70 年代推出了激励创新的政策，并逐渐形成了政产学研互相支撑、相互带动的自主创新体系。

2. 中国台湾地区教育体系注重培养学生的创新意识

从 20 世纪 80 年代开始，中国台湾地区建立了一套从小学到大学的培养学生创新思维的运行机制。中国台湾地区教育的显著特色是从学生到教师、从教材到教学设施均强调国际化教育，强化教师的国际教育专业技能，重点研发国际教育理念并将之融入课程教材，建设中小学国际教育网和数据库，采取多元入学方案，注重学生综合能力表现。多元技职教育体制为中国台湾地区培养了高级专业人才，邀请业界人士参与技职的课程规划，担任技职教师。针对中国台湾地区六大新兴产业，政府鼓励学校与企业合作，采取上课与实习交替进行的人才培养模式，试办了“五专精英班”，为政府培养了一批高级专业人才。

3. 台湾当局创建研发园区，聚集创新型人才

自 20 世纪 80 年代台湾当局启动建设区域研发园区以来，不断为企业提供创新研发平台，发挥创新型人才聚集效用。最早建立的科学园区吸引了大批高层次的创业创新型人才。为适应工业发展需求，台湾当局建立了智慧工业园区，为岛内高新技术产业的发展及研究提供了优良的环境和载体。为进一步优化创新环境，台湾当局专门设立了创新园区，吸引岛内外厂商进驻，建构自己开放的实验室，通过共同研发或转型，从而达到整合区域科技研发资源、形成催生相关产业群聚效应的目的。

4. 依靠产学研合作培养创新型人才

产学研合作培养创新型人才也是台湾当局自主创新的发展理念，为此成立“创新育成中心”，利用创业创新与教育研究一体化，促进创新型人才的培育。建立“开放实验室”，让企业间的知识、资金等创新资源实现共享和流通。

5. 人才引进是台湾当局人才战略的重要部分

引进人才分为两部分，一部分是拉回海外留学生，另一部分是揽进海外人才。台湾当局设立“行政院青年辅导委员会”作为专门的引才机构，并出台《加强培育及延揽高级人才方案》等鼓励政策，积极实施海外人才引进计划，加大对海外留学生的延揽力度。

6. 中国台湾地区创新型人才战略对合芜蚌示范区的启示

一是注重提高科技创新效果。台湾当局构建的创新型人才战略和自主创新体系，其落脚点都在科技的应用上，所以合芜蚌科技创新也应秉持以“产”为主导、以“用”为目标、以“研”为基础，引导科研院所和高校面向市场搞研发，把产业化导向贯穿科技创新的全过程，为实现“科研—产品—市场—科研”的良性循环，建立对产学研项目和计划执行效果进行公正考核、评估和反馈的机制，可以考虑加大企业界专家在科技项目评审中的权重。二是积极揽储科技人才。合肥、芜湖、蚌埠三市科技资源丰富，高校和科研院所多，科技创新基础条件厚实，借鉴中国台湾地区“育才、引才、聚才”并举的人才战略，利用本地科研院所在人才培养训练方面的优势，将职业教育与专业教育结合，充分发挥人才“蓄水池”和“发动机”作用，为示范区科技创新和高科技产业发展集聚高层次创新型人才。

四　大陆其他地区自主创新的经验借鉴

国家自主创新示范区是经国务院批准，在推进自主创新和发展高技术产业方面允许先行先试、探索经验并作出示范的区域。从2009年3月开始，国家先后批准建立了8个国家级自主创新示范区和一个综合性试验区，其中，北京中关村科技园区（以下简称“中关村”）、上海张江国家自主创新示范区（以下简称“上海上江”）是设立最早、发展最快且政策最活的国家自主创新典型区域。多年来，各示范区依据自身发展特点，出台了相应政策来推进工作的开展，其发展各有特色，对合芜蚌自主创新示范区来说，可以博采众长、取长补短。

1. 北京中关村自主创新初期的经验借鉴

1988年，北京市高新技术产业开发试验区（中关村科技园区前身）成立，历时近30年，中关村的成长路径为后来的科技园区和自主创新提供了宝贵经验。

第一，创新先从创业开始。20世纪80年代的中关村是由一批创业者建立的，也称为第一次科技创业潮。在国家政策的扶持下，科技创业者们走出了一条“自筹资金、自由组合、自主经营、自负盈亏、自我约束、自我发展”的创业之路，并形成了国内外著名的中关村“电子一条街”。中国第一个国家级高新技术产业开发区正式在中关村“电子一条街”基础上成立。中关村抓住电子信息技术，不断挖掘，不断创新发展，在此后一段时期，中关村在电子信息产业的高端环节突破诸多技术难关，取得了产业领域的重要技术成果。中关村科技创新的前20年形成了优势产业集群，并逐步占领了操作系统、应用软件、信息安全等领域的国内广大市场，实现研发、信息服务、创意设计等产业环节向高技术服务业转型。

第二，建立完善的区域创新体系。中关村形成了以高新技术企业、高等院校、科研院所为主体的“三位一体”区域创新体系。整合以企业为主体、产学研相结合的资源，凝聚投资机构、专业中介机构、协会组织广泛参与的创新要素，中关村坚持以自主创新为核心，发展高新技术产业，不断转化科技成果，推动产业化发展，形成了研发型、总部型、服务型的高端产业化模式，发挥高端产业的聚集辐射作用，同时坚持以产学研和协同创新的模式打造出一大批国家级专业园和产业基地。

第三，敢于突破体制机制的束缚。中关村突破体制机制的束缚，首先在法制建设和财政税收等方面拉开了自主创新试点改革，制定并实施了《中关村科技园区条例》。中关村用了20年的时间，不断突破人才发展体制和机制的限制，形成了创新型人才的有效引进机制、培养机制和流动机制。打造了一批如柳传志、王小兰、邓中翰传奇式的创业者，如联想、方正等追求高技术的品牌企业，诸多科技创业投资家和企业家的队伍在中关村不断扩大。

第四，注重创新文化的培养。勇于变革、敢为天下先、永不僵化的精神构成了中关村自主创新的文化软实力，强调凝聚力、创造力和生产力的人文精神推动着中关村“电子一条街”的孕育形成，“鼓励创业、宽容失败”的创新文化，为中关村营造了一种自主创新创业氛围，成就了一批以“民族品牌、自主创新、产业报国”为使命的企业和企业家，如联想集团、方正集团、用友集团、神州数码股份有限公司、同方股份有限公司等，成为推动自主创新的强大动力。

2. 上海张江自主创新的经验借鉴

张江国家自主创新示范区致力于探索中国特色的自主创新道路，在理顺管理体制、突破重点领域、集聚创新资源、优化政策服务等方面开辟了一条新路径。北京的中关村和武汉的光谷将管委会主任与区域行政官员重叠设置，与此模式不同，张江示范区创造了自己独特的管理体制，面对政府与市场两只纠缠在一起的手，张江演绎出了“海派特色”，成立了一个隶属上海市政府派驻机构的张江管委会，仅设置4个处，由13个在编人员组成。张江要打造一个小政府大社会的高效管理体制，“以政府为引导、以企业为主体、以社会组织为纽带”的管理体制既解决了问题，又不增加政府支出，合理地配置社会资源。示范区采取一区多园管理模式，下放审批权到各个园区，展开了一场分园管理体制机制重组的变革。

第一，股权激励作为整体布局的排头兵被首先推出。国有经济依然占据上海经济总量的半壁江山，张江根据自身发展特点，将国企的创新能力看作为上海转型发展最重要的驱动力，转变思维观点和制度设计，建立自己的科技研发、成果转化评价机制，研究出台与自主创新导向相适应的职务科技成果股权和分红激励办法。各园区也针对该政策出台并实施了配套支持，对达到股权激励条件的个人或团队，若是因为暂时拿不出足够的钱来兑现分红，可以通过张江设立的总额达5亿元的“代持股专项资金”来先行垫付。

第二，张江探索自主创新的新模式。张江也意识到中小企业是经济发展的重要动力。管委会与银行达成科技融资协议，由创业中心出面向银行贷款，然后企业从创业中心再借钱，这一模式也被称为“批贷批还”的融资模式，从而解决了中小企业在创业初期资金难的问题。上海创星园区是一家国家级孵化器，与闵行区政府联手打造的全国第一家低碳科技孵化器，探索建立“创业苗圃+孵化器+加速器+产业园”的孵化模式。美国的硅谷和中国台湾地区的新竹是生态园区的典范，上海张江正在着力打造中国生态园区，在促进科技产业化的基础之上，将人们纳入示范区的视野中，围绕人们的需要去搭建配套的社会服务体系，通过聚焦“产城融合”，将自主创新示范区在物理空间上，由单一的园区升华为一座综合的城市。

3. 国内自主创新对合芜蚌示范区的启示

第一，拓宽融资渠道，为企业创业中后期提供资金保障。在企业壮大时期，创投机构会有见好就收的退出意愿，而这时企业发展需要大量资金，因此需要创新“投贷保联动”和创投基金托管等业务，完成创投业与金融业对接联动。

第二，培养高素质的创业投资人才。安徽省在国内区域人才竞争中处于劣势，营造优良的人才、资金、技术和环境对安徽省这样的后发省份来说尤其重要，充分利用好合肥、芜湖、蚌埠三市的高校、科研院所和企业，培养和引进高科技人才，解决发展创业投资的瓶颈问题。

第三，建立系统化的创业投资服务体系。当前，合芜蚌示范区尚未建成服务于创业投资的社会中介体系，扶持基础设施及配套建设的政策尚不完善，还需要对示范区企业进行信用增信评级，对创投协会、技术转移机构、服务机构、律师事务所、专利库等形成管理和监督体制，为各类创业园区和创业孵化基地优化服务环境。

参考文献

潘玉香：《美国创业风险投资税收政策演变及其启示》，《中国科技论坛》2012 年第 7 期。

赫德森：《保护主义：美国经济崛起的秘诀（1815～1915）》，中国人民大学出版社，2010。

陈昭峰：《美国科技投入社会化的制度创新途径分析》，《科技与经济》2003 年第 6 期。

赵沁平：《加强高校技术转移推动产业结构调整》，《中国高校科技与产业化》2003 年第 3 期。

侯高岚：《台湾地区科技创新的“制度陷阱”》，《亚太经济》2011 年第 4 期。

银丽萍、张向前：《中国台湾地区创新型人才开发研究》，《经济问题探索》2012 年第 10 期。

张克俊：《国家高新区提升自主创新能力的战略思考》，《中国科技论坛》2008 年第 3 期。

牛冲槐、江海洋：《硅谷与中关村人才聚集效应及环境比较研究》，《管理学报》2008 年第 3 期。

龚静、王春：《大张江崛起　昂首创新最前沿》，《中国高新区》2012 年第 4 期。

B.13
后　记

合芜蚌自主创新综合配套改革试验区建设是安徽省委、省政府的一项重大战略决策。2008 年 10 月，安徽省委、省政府召开安徽省推进自主创新暨建设合芜蚌自主创新综合配套改革试验区动员大会。此举标志着安徽省力图通过体制机制的突破，探索依靠自主创新引领区域经济发展的新路径。

合芜蚌自主创新综合配套改革试验区建设经历了艰难路程。2009 年 12 月，经国务院同意，合芜蚌自主创新综合配套改革试验区进入国家推进层面。2011 年 7 月，经国务院批准，国家同意合芜蚌自主创新综合配套改革试验区参照中关村自主创新示范区建立企业股权和分红激励试点，并适用与之相关的政策。2011 年 11 月，科技部将合芜蚌自主创新综合配套改革试验区与北京中关村国家自主创新示范区、武汉东湖国家自主创新示范区、上海张江国家自主创新示范区作为“3 + 1”试验区序列，列入国家“十二五”科技发展规划和国家自主创新能力建设规划。2012 年 9 月 25 日，安徽省委、省政府召开安徽省科技创新大会，会议明确，要进一步深化科技体制改革，加快合芜蚌试验区建设。2012 年，国务院在《关于大力实施促进中部地区崛起战略的若干意见》（国发〔2012〕43 号）中明确要求：完善自主创新体制机制，支持合芜蚌自主创新综合试验区加快发展，推进安徽省国家技术创新工程试点和合肥市等国家创新型城市建设，这为安徽省科技创新两大战略平台赋予了新动力。2013 年 11 月 25 日，科技部致函安徽省政府，同意《安徽省创新型省份建设方案》，标志着安徽省继江苏省之后成为全国开展创新型省份建设试点工作的省份。2015 年 8 月，中共中央办公厅、国务院办公厅印发《关于在部分区域系统推进全面创新改革试验的总体方案》，确定安徽省将依托合芜蚌试验区开展先行先试，成为全国 8 个全面创新改革试验区域之一。2015 年 10

月，科技部高新司到安徽省调研合肥、芜湖、蚌埠三市创建国家自主创新示范区工作。2016 年 6 月 16 日，国务院正式批复同意合芜蚌国家高新区建设合芜蚌国家自主创新示范区。根据国务院批复精神和《安徽省系统推进全面创新改革试验方案》《合芜蚌国家自主创新示范区建设实施方案》等要求，合肥、芜湖、蚌埠三市精心组织编制《自主创新示范区建设工作方案》，系统谋划自主创新示范区建设。2016 年 7 月，安徽省委、省政府召开安徽省科技创新、科技奖励合芜蚌国家自主创新示范区建设暨系统推进全面创新改革试验工作大会，标志着合芜蚌示范区建设在向更高层次迈进。

合芜蚌自主创新综合配套改革试验区建设成就辉煌。9 年来，合芜蚌区域的自主创新水平和能力得到显著提升，形成新型区域经济增长极。近年来，合肥、芜湖、蚌埠三市 GDP 增幅均居安徽省前三位。其中，2015 年，三市 GDP 分别增长 10. 5%、10. 3% 和 10. 2%，三市以占安徽省 16. 8% 的土地面积创造了安徽省 42. 4% 的经济总量。示范区成为安徽中部崛起的重要创新路径，成为带动安徽省经济社会发展的重要动力和引擎，也成为安徽省发展程度最好、发展基础最优、竞争力最强、环境最优良的区域，具有带动安徽省经济发展的龙头地位，在全国引起强烈的反响。

多年来，我们一直积极关注和开展合芜蚌自主创新的研究。2010 年 9 月，我们完成了安徽省软科学研究计划项目“合芜蚌自主创新综合配套改革试验区发展研究”（项目编号：09030503058），研究报告以调查研究为基础、以动态发展为依据、以理论创新为手段、以服务决策为目的，提出了合芜蚌自主创新综合配套改革试验区建设迫切需要解决和突破的难点问题，并运用大量的第一手资料和数据提出了发展思路，预测了发展态势。研究报告采用问题导向和目标导向，提出合芜蚌自主创新综合配套改革试验区与合肥经济圈、皖江城市带、沿淮城市群之间的内在经济联系，对如何统筹安徽省这四大“板块”协调发展，处理好自主创新与综合配套改革、技术引进与技术创新的关系，如何加强试验区改革的总体规划做出了客观分析和符合实际的判断。分管副省长批示：“报告对合芜蚌自主创新工作两年多来的实践总结提炼精辟、符合实际，对下一步工作的建议针对性强，请创新办、科技厅借鉴参考”。2014 年 6 月，我们又完成了安徽省软科学研究计划项目“提升合芜蚌新区创新能力和服务功能的路径研究报告”（项目编号：12020503065）。报告认为，合芜蚌试验区是以自主创新为动力，是培育安徽省经济增长极的重大战略举措。合芜蚌试验区要实现区域经济一体化发展，推动自主创新，当下要建立有利于自主创新能力建设的服务平台，寻求有效服务路径。从产业角度出发，可以建立不同产业的专业创新服务平台，为企业的科技研发提供便利服务；从区域角度出发，可建立跨区域的服务平台，如建立连接皖北经济带、皖江城市带及长三角经济圈的综合型创新服务平台；从创新平台构成角度出发，加大为科技人员创新创业搭建有效载体平台的建设力度，如建立科技企业孵化器、大学科技园、博士后工作站、科技创新服务中心、留学生创业园等；从知识产权交易角度出发，可以建立一个跨地区的产权交易综合服务平台，为成立专利联盟提供服务。

为全面系统的从理论上总结和概括合芜蚌试验区建设的经验，扩大合芜蚌试验区的龙头效应，2015 年 7 月，《安徽省人民政府办公厅关于修订印发〈实施创新驱动发展战略进一步加快创新型省份建设配套文件〉的通知》发布后，安徽省社会学学会动议组织编撰《合芜蚌自主创新蓝皮书》，得到了时任安徽省创新办主任、安徽省科技厅厅长徐根应的支持。2016 年 3 月，安徽省社会学学会申报安徽省软科学重大课题“加快合芜蚌自主创新综合试验区建设的实证研究”获得立项。不久，安徽省社会学学会名誉会长王开玉研究员率编撰团队及时拿出了课题的写作大纲。我们先后三次到安徽省科技厅汇报工作并听取指导意见，安徽省科技厅党组成员、安徽省创新办副主任夏辑介绍了合芜蚌试验区的现状及发展态势，并就该课题的写作提出了许多具体建议和意见。

本书旨在研究从合芜蚌试验区建设到示范区的新发展、新路径、新思路，为在“大众创业、万众创新”的背景下，推动合芜蚌示范区发展提供智力支持。

本书由编委会组织审稿，由方金友修改统稿，由殷民娥、周艳、陈丽雯校修。本书的作者主要是从事经济社会方面研究的专家学者和政府相关部门的负责人，文中数据来源口径不一，观点源于研究所得及工作总结。

在本书的编写过程中，作为主编之一的王开玉先生积劳成疾不幸去世，我们深感痛心。该书的出版，也是对王开玉先生的告慰。本书的出版得到了社会科学文献出版社社长谢寿光的指导和支持，社会科学文献出版社皮书研究院执行院长吴丹和丁阿丽同志也对本书撰写提出了修改意见，做了大量的工作，在此一并致谢。

安徽省社会学学会会长　蔡　宪

2017 年 6 月于合肥

皮书起源

“皮书”起源于十七、十八世纪的英国，主要指官方或社会组织正式发表的重要文件或报告，多以“白皮书”命名。在中国，“皮书”这一概念被社会广泛接受，并被成功运作、发展成为一种全新的出版形态，则源于中国社会科学院社会科学文献出版社。

皮书定义

皮书是对中国与世界发展状况和热点问题进行年度监测，以专业的角度、专家的视野和实证研究方法，针对某一领域或区域现状与发展态势展开分析和预测，具备原创性、实证性、专业性、连续性、前沿性、时效性等特点的公开出版物，由一系列权威研究报告组成。

皮书作者

皮书系列的作者以中国社会科学院、著名高校、地方社会科学院的研究人员为主，多为国内一流研究机构的权威专家学者，他们的看法和观点代表了学界对中国与世界的现实和未来最高水平的解读与分析。

皮书荣誉

皮书系列已成为社会科学文献出版社的著名图书品牌和中国社会科学院的知名学术品牌。2016 年，皮书系列正式列入“十三五”国家重点出版规划项目；2012~2016 年，重点皮书列入中国社会科学院承担的国家哲学社会科学创新工程项目;2017 年,55 种院外皮书使用“中国社会科学院创新工程学术出版项目”标识。

S 子库介绍

Sub-Database Introduction

中国经济发展数据库

涵盖宏观经济、农业经济、工业经济、产业经济、财政金融、交通旅游、商业贸易、劳动经济、企业经济、房地产经济、城市经济、区域经济等领域，为用户实时了解经济运行态势、把握经济发展规律、洞察经济形势、做出经济决策提供参考和依据。

中国社会发展数据库

全面整合国内外有关中国社会发展的统计数据、深度分析报告、专家解读和热点资讯构建而成的专业学术数据库。涉及宗教、社会、人口、政治、外交、法律、文化、教育、体育、文学艺术、医药卫生、资源环境等多个领域。

中国行业发展数据库

以中国国民经济行业分类为依据，跟踪分析国民经济各行业市场运行状况和政策导向，提供行业发展最前沿的资讯，为用户投资、从业及各种经济决策提供理论基础和实践指导。内容涵盖农业，能源与矿产业，交通运输业，制造业，金融业，房地产业，租赁和商务服务业，科学研究，环境和公共设施管理，居民服务业，教育，卫生和社会保障，文化、体育和娱乐业等 100 余个行业。

中国区域发展数据库

对特定区域内的经济、社会、文化、法治、资源环境等领域的现状与发展情况进行分析和预测。涵盖中部、西部、东北、西北等地区，长三角、珠三角、黄三角、京津冀、环渤海、合肥经济圈、长株潭城市群、关中—天水经济区、海峡经济区等区域经济体和城市圈，北京、上海、浙江、河南、陕西等 34 个省份及中国台湾地区。

中国文化传媒数据库

包括文化事业、文化产业、宗教、群众文化、图书馆事业、博物馆事业、档案事业、语言文字、文学、历史地理、新闻传播、广播电视、出版事业、艺术、电影、娱乐等多个子库。

世界经济与国际关系数据库

以皮书系列中涉及世界经济与国际关系的研究成果为基础，全面整合国内外有关世界经济与国际关系的统计数据、深度分析报告、专家解读和热点资讯构建而成的专业学术数据库。包括世界经济、国际政治、世界文化与科技、全球性问题、国际组织与国际法、区域研究等多个子库。

法律声明